ドイツのインクルーシブ教育と障害児者の余暇・スポーツ

移民・難民を含む多様性に対する
学校と地域の挑戦

安井友康／千賀 愛／山本理人 [著]

明石書店

はじめに

　ドイツのインクルーシブ教育と余暇・スポーツについて書いた『障害児者の教育と余暇・スポーツ──ドイツの実践に学ぶインクルージョンと地域形成』を2012年に出版してから7年がたった。この間ドイツでは、インクルーシブな社会形成に向けた取り組みが進むとともに、シリア難民の大量流入などの大きな社会変動があり、教育や地域スポーツの取り組みも大きな変化を迫られてきた。本書は、「多様性（ダイバーシティ）へのドイツ社会の対応」という視点から、ドイツ・ベルリン市州とニーダーザクセン州を中心に教育と地域の余暇・スポーツの取り組みについて紹介するものである。

　第1部では、ドイツ全体のインクルーシブ教育に関連した教育の動向を概観するとともに、ベルリン市州の取り組みとして、インクルーシブ教育に取り組むフレーミング基礎学校の実践を中心に紹介する。特に2017年から適用された多様な特性を持つ子どもに対応した新しい学習指導要領が、実際の学校現場の取り組みにどのように反映されているのかについて解説した。

　ご存知の通り、ベルリンはドイツの首都であるとともにヨーロッパ随一の巨大都市であり、ドイツ語を母国語としない人々の比率も高い。ドイツ国内では早くからインクルーシブな社会形成に向けた取り組みを始めた地域でもある。東西統合後の急激な社会変化、大量の移民・難民の流入という激動の最前線にある地域の取り組みとして、多様な社会資源の活用と連携について検討した。

　第2部では、2012年にそれまでの分離型教育からインクルーシブな教育へと舵を切ったニーダーザクセン州について、地方都市での特殊学校、特別支援学校と通常学校の連携、福祉機関の余暇支援、スポーツクラブの取り組みを中心に紹介する。

　インクルーシブな教育と社会への転換が進められるなか、比較的軽度の障害のある子どもを対象としてきた特別支援学校の大幅な規模の縮小とともに学校機能の変換が進められている。さらに農業、酪農を中心とする地方都市も、移民・難民への対応は容赦なく降りかかっている。教育現場では、大きな社会変革への対応に追われてはいるが、移民・難民やインクルーシブ教育への取り組

みが、教師の指導スキルの変革を迫るとともに児童生徒のポジティブな変化にもつながったというとらえ方もみられた。

　さらに教師のキャリア形成として、特に学校の管理職になった教員に焦点を当てて、その歩みや思いをひもとくことで、教員の視点から教育動向を探ることを試みた。

　第3部では、ドイツにおける障害者のスポーツ参加の動向について紹介するとともに、余暇・スポーツの実践を紹介する。さらに地域のスポーツクラブなどが果たしてきた公益性として社会的統合機能などについて検討した。

　ドイツの学校教育については、これまで「PISAショックなどの学力向上へのニーズや日本のクラブ活動にあたる活動の導入という視点から、学校の就業時間を伸ばし全日制学校への移行が進められている」ということが話題になってきた。学校教育に「余暇・スポーツ支援を中心とした社会機能を取り込む」というこの取り組みは、多様なニーズを持つ子どもやその家庭の学力、文化などにおける格差是正のための社会機能を持っていることがうかがわれた。

　さて2019年は、ベルリンの壁が崩壊してからちょうど30年となる。著者の安井がベルリンで開かれた「国際アダプテッド身体活動学会のシンポジウム（7thISAPA）」参加のため、初めてベルリンに足を踏み入れたのもこの年であった。奇しくも同じ年、著者の一人、千賀もギムナジウムの生徒としてドイツに滞在しており、それ以来様々な形でドイツの教育や生活に関わることとなった。このような形でドイツの教育、障害児への余暇・スポーツの実践に触れてから、特に2005年以降は、著者の安井、千賀、山本が共同で毎年1－2回の訪問を継続し調査を行ってきた。

　本書はおもに2012年以降のドイツのインクルージョンと移民・難民などへの対応において、教育現場がどのように対応しようとしてきたのかに焦点を当てている。多様なニーズを持つ人々を地域社会が受け入れていく際に、余暇やスポーツの組織やクラブがどのような役割を果たしてきたのかという視点からまとめたものである。なおドイツは16州からなる連邦国家であり、それぞれの州の独立性が高く日本の学校教育法や学習指導要領にあたる制度も州ごとに大きく違う。そのため本書のタイトルとして「ドイツの」とはしているものの、紹介する実践内容に関してはドイツ全体の取り組みというわけではなく、都市部のベルリンと北部のニーダーザクセン州の事例であることをお断りしてお

はじめに

く。なお本書で紹介した実践などについては、事前に調査の趣旨と内容を説明し、関係者の了解を得た上で進められた。快く調査にご協力いただいた皆様に、心からお礼申し上げる。

　本書の読み方については、ドイツの教育における全体の取り組みや制度について書かれた第1章から順に読み進めても良いが、それぞれの章はある程度独立した内容となっていることから、興味あるテーマや領域を中心に読み始めていただき、その後に全体の様子を確認するという読み方をしていただいてもかまわない。

　また本書は、先に出版した『障害児者の教育と余暇・スポーツ――ドイツの実践に学ぶインクルージョンと地域形成』の続編にあたるものである。本書に示した学校や福祉機関の背景、これまでの取り組みなどについて興味を持たれた方、さらに詳しく知りたい方は、そちらも併せてお読みいただくことで、より深い理解につながるものと思われる。

　本書を出版するにあたっては、多くの皆様の協力があった。特にベルリン自由大学のグードルン・ドルテッパー教授（Prof. Dr. Gudrun Doll-Tepper）には、長きにわたり調査への協力をいただくとともに多くのご教示をいただいた。また石光・グロートゥ・祐子さんには調査の打ち合わせや通訳など多様なご協力をいただいた。そのほか、調査にご協力いただいたベルリン自由大学のジグルーン・シュルツ（Sigrun Schurtz）さん、障害者情報センターのエリカ・シュミットゴット（Erika Schmit-Got）さん、フレーミング基礎学校のガーリント・クラジウス（Gerlind Crusius）教頭先生、ニコル・ママーニ（Nicol Mammani）先生、クリスチーネ・ヴェント（Christiane Wendt）校長先生、ツォイネ盲学校のブリッタ・ホッペ（Britta Hoppe）先生、スポーツクラブ「SGHベルリン」の会長、マーティン・シュミット（Martin Schmidt）さん、フィラ・ドナースマーク所長のクリステル・レカート（Christel Reckert）さん、リンデン特別支援学校のエッバーハート・タハ（Eberhard Thamm）校長先生、ペーター・シュラケ（Peter Schlake）先生、ヤーヌシュ・コルチャック特別支援学校のフランク・ベックマン（Frank Beckmann）校長先生、ゼルジンゲン基礎学校のユルゲン・マーヘア（Jürgen Marherr）前校長先生と現校長のヘルムート・ウィンケルマン（Helmut Winkelmann）先生、ツェーベン市KGSのスウェン・エファース（Suen

Evers）校長先生、クラインメッケルゼン村スポーツクラブの皆さんなどなど枚挙にいとまがない。この場をお借りして、厚くお礼申し上げる。

2019 年 6 月

著者一同

目　次

はじめに　　1

第1部　ベルリン編──新しい学習指導要領の導入とインクルーシブ教育の深化

第1章　ドイツのベルリン市州におけるインクルーシブ教育

1．ドイツの学校教育とインクルーシブ教育　10

2．ベルリン市のインクルーシブ教育と新学習指導要領　14

3．ベルリン市のインクルーシブ教育と障害のある子ども　16

4．ベルリン市の学習指導要領の特徴　18

5．ベルリン市におけるレベル段階別評価の導入　21

6．評価方法の改革と卒業資格　22

7．変革が進むドイツの教育　25

第2章　フレーミング基礎学校におけるインクルーシブ教育の授業づくりと内的分化

1．インクルーシブ教育を推進する「フレーミング基礎学校」　26

2．フレーミング基礎学校の学校運営と教師のメンタルケア　29

3．インクルーシブ教育の実践における内的分化による授業　32

4．インクルーシブ教育の実践例　33

5．インクルーシブ教育の前提条件と授業の実際　43

第3章　フレーミング基礎学校におけるインクルーシブなスポーツ授業

1．ベルリン市州の学習指導要領改訂とスポーツ授業　45

2．「トゥルネン（体操）」の実践例　51

3．ステーション型のスポーツ授業　58

4．スポーツ授業の改革　63

第4章　視覚支援学校と地域スポーツクラブとの連携

1．学校と地域スポーツクラブの連携　66

2．盲学校と通常学校の余暇・スポーツを通した地域連携の実際　68

3．重度の障害への対応と地域連携　84

第2部　ニーダーザクセン編
──インクルージョン時代に合わせた地方の学校と地域の変革

第5章　インクルーシブ教育の推進と特別支援学校のセンター的機能の拡大
1．ニーダーザクセン州の教育動向　88
2．ヤーヌシュ・コルチャック特別支援学校と地域の学校の連携と支援　91
3．通常学校への支援の実際（ゼルジンゲン基礎学校）　102
4．センター的機能と連携　107

第6章　地方都市ゼルジンゲンの基礎学校におけるスポーツ活動
──多様なニーズへの対応と学校づくり
1．地域に開かれた学校づくり　110
2．ゼルジンゲン基礎学校　111
3．スポーツ活動の推進　116
4．変化する地域と学校の役割　124

第7章　リンデン特殊学校とローテンブルガー・ヴェルケ
──学校と地域の余暇・スポーツ連携
1．リンデン特殊学校と地域の機関　127
2．リンデン特殊学校の動向と支援の実際　128
3．地域スポーツクラブ「シュパス・ブス」の取り組み　136
4．福祉法人ローテンブルガー・ヴェルケの余暇支援　143
5．特殊学校と地域連携　144

第8章　「森の幼稚園」における教師と子どもたちの関わり
──「自己形成空間」という視点から
1．自己形成空間と自然環境　149
2．ドイツにおける「森の幼稚園」　151
3．フィールドノーツおよびインタビュー調査から　153
4．自己形成空間としての可能性と教師の関わり　164
5．わが国における普及と今後の課題　165

第9章　ドイツにおける学校教員のキャリア形成
1．ドイツの学校教員におけるキャリア形成の特徴　167
2．特別支援学校のベックマン校長のキャリア形成　168
3．共同型総合制学校の管理職へのインタビュー　179

目　次

第3部　ドイツにおける本人主体の余暇支援とスポーツ

第10章　障害者のスポーツ参加動向と支援環境——アスリート支援と地域スポーツ

1．ドイツにおける障害者のスポーツ支援　186

2．障害者スポーツの組織と動向　188

3．障害者のスポーツクラブにおける運営形態　190

4．障害者のスポーツにおける専門指導者　192

5．競技スポーツ　194

6．地域スポーツクラブの運営　200

7．社会環境の形成とスポーツ参加　202

第11章　ドナースマークによる余暇支援プログラム——ガーデニングと旅行支援

1．ドナースマークの余暇支援　205

2．ガーデニング活動　206

3．日帰り旅行とクルーズ　210

4．重度障害者の余暇保障　216

第12章　地方小規模集落におけるスポーツクラブ
　　　　——クラインメッケルゼン村のクラブづくり

1．注目される地域スポーツクラブ　218

2．ドイツにおけるスポーツクラブと公益性　219

3．クラインメッケルゼン村の概要と人口動態　220

4．「クラインメッケルゼン体操・スポーツクラブ」の活動　222

5．スポーツクラブの公益性　225

6．地域スポーツクラブのあり方　231

文献等　234

索　引　243

おわりに　246

著者略歴　248

第1部

ベルリン編

新しい学習指導要領の導入とインクルーシブ教育の深化

第1部　ベルリン編

第 **1** 章

ドイツのベルリン市州における
インクルーシブ教育

　ドイツのインクルーシブ教育は、学校教育の重要な課題の一つとして位置づけられ、従来の特殊学校・支援学校の在籍者が減少する一方、通常の学級で支援を受けながら学ぶ子どもが増えている。本章では首都であるベルリン市州のインクルーシブ教育の動向と 2017/18 年度から全面実施された新しい学習指導要領の内容について検討した。ベルリンの学校では 2015 年にシリア難民の子弟が多く入学し、初歩的なドイツ語を学習する「ウェルカム学級」を数多く開設して対応に追われた。ベルリンでは人口増加に伴い、将来的にも就学児童の増加傾向が続く見通しのなかで、新しい学力観だけでなく様々な子どもが参加する余暇や地域スポーツも視野に入れた学習指導要領が施行された。
キーワード：ベルリン市州、インクルーシブ教育、学習指導要領、評価

1．ドイツの学校教育とインクルーシブ教育

　ドイツの学校教育は、各州の文部大臣から構成される常設文部大臣会議（Kultusminister Konferenz：以下、KMK）が提示した全体方針をふまえて、各16州で教育法や学習指導要領を定めて教育政策が展開されている。このため「ドイツの教育」のあり様は地域色が強く、例えば日本の小学校にあたる基礎学校の教育機関は 6 年間の州と 4 年間の州が存在する。転勤の多い日本から見ると非効率にも見えるが、それは地域の教育資源や特性を活かした政策を具体化する創意工夫の余地も大きいことを意味する。例えば、筆者らが調査してきたベルリン市州とニーダーザクセン州では、ドイツ語を母国語としない子どもの

支援を強化するというように、KMK の方針を具体化する方策も異なっている。ベルリン市州では、短期的にドイツ語を集中的に学ぶための「ウェルカム学級」を学校内に設けて、その後はドイツ語の時間やプロジェクト学習の時間にドイツ語の支援を行っている。これに対してニーダーザクセン州は小規模な地方都市が多く、各学校に難民・移民は学んでいるが少人数であるため最初から各学級で過ごしつつ、ドイツ語支援の授業を受けている。

　本書では、学校におけるインクルーシブ教育だけでなく、障害のある子どもの余暇支援、スポーツ活動に注目した。その背景としてドイツでは難民・移民や障害のある子どもが参加できる活動を提供する「全日制学校（Ganztagschule）」の取り組みが重要な役割を果たしていることを指摘しておきたい。2000年の国際学力調査（PISA）の結果、ドイツの国際的な学力的競争力の低下や学校種間の学力差が問題となり、学力向上政策がとられた。その具体策として、午前中を中心とした学校スケジュールを見直して、午後にも教育活動を行う全日制学校が導入された（KMK: 2015）。

　ドイツの学校の「終日制化」への移行を検討した吉田（2013）によれば、「個々の生徒の家庭・地域状況に『学力』の成果が大きく左右されている」問題に対して、「とりわけ移民の子どもやドイツ語を母国語としない子ども、多様な教育機会を享受できない子どもの『学力』を底上げするために、学校での『時間』をより長く提供する政策が打ち出された」（p.113）。これは「学力向上」のために子どもの学習時間を延長し、教師の授業時間を増やすという方策とは全く性質が異なるものであり、吉田（2013）の言葉を借りれば「教育と福祉」の問題（p.111）であった。シュレスヴィッヒ・ホルシュタイン州のインクルーシブ校を調査した窪島（2016）によれば、全日制学校の午後のプログラムは担任教師の授業時間が終了した後に行われるため、「教科の授業はなく総合的学習の時間やクラブ活動のような内容になっている」（p.20）。KMK（2015）によれば、全日制学校の政策にはもう一つの目的として、「"未来の教育とケア"への投資プログラム」を提供することによって、終日労働に従事する保護者や仕事と家庭を両立させるための女性支援や家族支援を目指していた（p.2）。つまり、学校教育とは別の学童保育を追加的に導入するのではなく、学校教育の役割を拡大して子どもを含む家族を支援することを意図している。これは子どもの側から見れば、学校という同じ場所で「個別や能力別の教科と社会性の学習を同時に提供できる」ことを意味する（ibid.）。「全日制学校の活動への参加を通して認知的・社会的能力を発達させる」ことが期待され、「社会的弱者の児童生徒の教育的成

第1部　ベルリン編

功を支援することによって教育機会を高める」ことに寄与するという（ibid.）。ドイツではすでに地域のスポーツ活動や音楽・芸術活動が幅広い年齢層に向けて展開され、午後のプログラムへの参加は義務ではない。しかし、社会的・経済的に困難な子どもが参加できるように、あくまで教育活動と位置づけて十分な財政支援のもとでスポーツや文化プログラムの提供を行っている。その具体的な取り組みについては、本書の第6章を参照されたい。

　ドイツの学校教育において「インクルーシブ教育」の対象は障害や病気等の子どもを意味しているのに対して、移民・難民は「インテグレーション（Integration）」政策の対象である。2006年7月に連邦議会がインテグレーション計画をまとめた政策文書を決議し、各州の学習指導要領にもドイツ語支援を強化する基本方針が盛り込まれることなった（Die Bundesregierung: 2007）。ドイツの学校統計や報告書の大部分では、児童生徒数の内訳として、性別とドイツ語以外を母国語とする者（又は外国出身者）が示され、公教育全体として移民や難民の教育を行う姿勢が示されている。

　ドイツでは2008年から2017年の10年間の就学人数は難民が流入した翌年の2016年を除いて一貫してマイナス0.4～1.7％の減少傾向が続いており、特に特殊学校・支援学校へ通う児童生徒数は2008年から2017年にかけてマイナス19％と大きく減少した。窪島（2016）によれば、「ドイツの2011年の障害者権利条約の批准以来」、インクルーシブ教育が学校システム全体に影響を与え、「総合制学校運動の試みに関わらず、長い間頑として微動だにしなかったドイツ中等学校制度がきわめて短期間の内に一部とは言え大きな改革がおこった」(p.25)。具体的には中等教育段階において、小学校にあたる基礎学校の後に進学する基幹学校は52.5％減、実科学校は35.3％減、ギムナジウムは10.7％減となり、これらの学校種を統合した統合型総合制学校（Integrierte Gesamtschule）の在籍数は93.5％増と約38万8千人も増加した（KMK: 2019a, p.VII&IX）。2019年現在のKMKでは、各州に対して①相互認定の要件として統一され比較可能な成績と卒業資格の協定、②学校、職業教育、高等教育における質的基準の確保に向けた取り組み、③教育・科学・文化の各機関との連携を促進する、という3つの政策方針を示している（KMK: 2019b）。中等教育段階の卒業資格は従来の基幹学校（Hauptschule）、実科学校（Realschule）・ギムナジウムが想定されているが、本章で後述するようにベルリン市州ではさらに細かいレベル別の卒業資格を設定し、幅広い能力の生徒が何らかの卒業資格の段階に到達できるよう制度改革を行った州もある。

第1章　ドイツのベルリン市州におけるインクルーシブ教育

表1-1　児童生徒数の就学に関する変化（単位：人）　※職業学校を除く

区　分		2013年	2015年	2017年
ドイツ全体	全児童・生徒数	842万0,062	833万5,061	834万6,856
	特殊学校	34万3,343	32万2,518	31万7,480
	就学前教育	2万7,696	2万6,964	2万8,196
	初等教育	277万2,129	280万8,853	290万3,636
	中等教育Ⅰ・Ⅱ	527万6,894	517万6,726	509万7,544
ベルリン市州	児童・生徒数	32万8,186	32万4,606	32万8,186
	特殊学校	9,435	8,507	8,151
	就学前教育	—	—	—
	初等教育	11万4,733	12万2,398	12万9,176
	中等教育Ⅰ・Ⅱ	1万1,307	8,961	21万7,236
ニーダーザクセン州	全児童・生徒数	86万9,262	84万6,609	83万9,681
	特殊学校	3万1,304	2万6,968	2万4,333
	就学前教育	2,864	2,651	2,867
	初等教育	28万9,587	28万3,725	28万5,414
	中等教育Ⅰ・Ⅱ	54万5,507	53万3,265	52万7,067

出典：KMK（2014）、KMK（2016）、KMK（2019）等の資料をもとに著者ら作成。

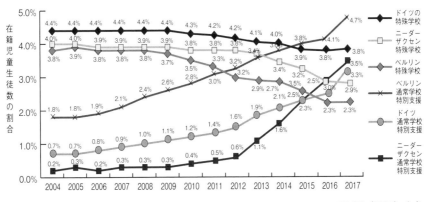

図1-1　特別な支援を受ける児童生徒比率の変化

　表1-1 は、職業学校を除いた初等教育から中等教育段階の就学状況について、ドイツ全体と本書で検討するベルリン市州、ニーダーザクセン州を示したものである。
　2004年から2017年に特別な支援を受ける児童生徒数の比率がドイツ全体とベルリン市州・ニーダーザクセン州でどのように変化したのかを見てみよう（図1-1）。ドイツの就学児童生徒に占める特殊学校の割合は、2004−2009年の4.4％

第1部　ベルリン編

をピークとして2017年には3.8％まで低下した。これに対してドイツの通常学校で特別な支援を受ける子どもの割合は、2004年の0.7％から2017年には3.3％と4倍以上も増加した。ドイツでは通常学級には特別学級が設置されていないため、主に教職員の加配や特殊学校・特別支援学校[註1]から専門の教師が訪問して指導する形態となり、特殊学校のセンター機能が強化されていることが分かる。ニーダーザクセン州では、特別な支援を受ける子どもの主な就学先は特殊学校であったが、2016年にはその比率が近接し、2017年には通常学級で支援を受ける子どもの割合が3.5％、特殊学校が2.9％と逆転した。本書の第5章では同州のヤーヌシュ特別支援学校のセンター的機能、第7章では知的障害のある子どもの教育を担うリンデン特殊学校の取り組みを検討する。

　インクルーシブ教育では子どもの多様な困難やニーズに対応する必要があるため、1クラス当たりの学級規模も重要な環境条件であろう。ドイツの学校の学級規模は、平均で基礎学校20.9人、基幹学校21.9人、実科学校25.3人、統合型総合制学校24.2人、ギムナジウム25.6人、学習遅滞の特殊学校は10.4人となっている（KMK: 2019a, p.XXIII）。さらに実際の授業の教師・児童生徒の比率は、2008年には基礎学校18.5人、基幹学校12.8人、実科学校18.6人、ギムナジウム17.3人であったが、その後は徐々に少人数化が進み2017年には基礎学校16.2人、基幹学校11.2人、実科学校15.6人、ギムナジウム14.9人ときめ細かい指導体制を整えてきている（KMK: 2019a, p.XXV）。

2．ベルリン市のインクルーシブ教育と新学習指導要領

　2018年12月現在、ドイツの首都であるベルリンの人口は、約374万8千人であり、住民の20.0％（74万8千人）が外国人、65歳以上の高齢者が19.1％（71万6千人）である一方、18歳以下の未成人が15.9％（59万6千人）となっている（ベルリン市・ブランデンブルク市統計局: 2018）。近年は外国人が急増しており、かねてから指摘されていた移民を背景にもつ者との様々な格差の問題（木戸: 2009）は、ベルリンの学校教育においても大きな論点になりつつある。2015年には100万人に及ぶ難民がドイツに流入し、ベルリン市でもドイツ語を母国語としない通級指導を行うウェルカム学級（Willkommensklassen）が1100学級も開設される事態となった（ベルリン市学校統計, 2017, C1）。2014年末におけるベルリンの外国人は57万人であったが、1年後には62万人を超え、2016年末までに67万人と短期間に大きく増加したことが分かる（ベルリン市・ブランデンブルク市統計局: 2018）。

14

第1章　ドイツのベルリン市州におけるインクルーシブ教育

　2017年9月現在、ベルリン市の学校で学ぶ外国人児童生徒5万人のうち最も多いのはシリア人であり、出身国別で15.4%（7700人）を占めている。難民の急激な流入は落ち着いたものの2016/17年度から2017/18年度にかけて全体の就学人口は5981人（2%）増加し、2025年度までの就学人口のモデル計算でもすべての学年・学校種で増加すると予測されている（ibid., C2, p.6）。主に生活言語としてのドイツ語の習得を目的とするウェルカム学級は、各種職業学校にも設置されており、2016/17年度には2677人、2018/19年度には2721人が学んでいる（ベルリン市学校統計, 2018, p.4）。難民の流入が落ちついた2016年以降は、ウェルカム学級で学ぶ生徒数は減少しているが、多様な背景をもつ生徒を対象にした学校教育は、義務教育段階にとどまらず、社会に送り出すまで徹底していると言えよう。

　ドイツ全体の就学人口は1999年に前年度から減少して以降、徐々に学校に通う児童生徒が減少し、2017年には4800人減（0.4%）と減少幅は縮まっているが減少傾向は変わらない（KMK: 2019a, p.VIII）。都市部であるベルリン市は、全国的な傾向とは異なり、就学人口の増加により教員不足を招いている。正規雇用されている教職員のうち介護や育児に従事している者はパートタイム就労が認められているため、表面的な学校の教員数だけでは教師不足の現状を把握することは難しい側面もある。ドイツの学校教員は勤務時間を厳密に管理しているため、正規教員の身分のままパートタイム就労を行い、減らした就労時間に合わせて何割か減額した給与を受け取る。各校はパートタイム就労で浮いた予算を集めて別の教員を雇用し、学校全体として必要な授業時間を確保するという非常に合理的な就労管理を行っている。日本では正規教員といえばフルタイムを意味し、介護や育児等で退職したり臨時採用の教員に就くケースが問題になっているが、教員の安定的な雇用を確保するためにもドイツのような「正規教員のパートタイム就労」に対応した給与体系を検討する価値はあるだろう。

　ベルリン市の教員充足率は2014/15年度には100%であったが、2015年度以降は99.3%（2015/16）、99.7%（2016/17）と厳しい状況が続いている（ベルリン市学校統計, 2018, D1）。ベルリンの基礎学校では、文化的・宗教的・能力的にも多様な背景のある子どもとともに学ぶことを積極的に位置づけ、「学習の目標は学んだことを学校の内側と外側で同じように適用可能にすることである」とし、新しい学習指導要領には児童生徒が教科的・学際的なコンピテンスを獲得して広げ、深めることが明記された（ibid., p.18）。インクルーシブ教育については、通常の学校に特別学級を設けるのではなく、通常の学級で支援を受け

15

第1部　ベルリン編

ながら障害のある子どもが学ぶ形態をとり、その際にはドイツが批准した国連の障害者権利条約に従って「多様性の尊重」「違いはあるが平等に」「偏見のない教育への権利」「児童生徒の可能性を信頼する」「社会的教師・学習空間としての地域」「共同学習へのすべての参加」「発達の持続可能性」という価値観のもとに学校教育を行うとされている（ibid., p.44）。

　インクルーシブ教育推進には、法的な整備も不可欠である。ベルリン市州の教育法では2004年から通常学級における特別な対応を規定し、保護者が特殊学校か通常学校の就学先を選択しても教育条件に不利益がないような運用が始まった。さらに2013年からベルリン市州は諮問委員会のインクルーシブ教育に関する勧告を受け、学校教育におけるインクルーシブ教育推進のため、対応が難しい情緒的・社会的発達的困難のある児童生徒への対応を重点的に取り組み始めた。その後、2015年末にかけては各教科におけるインクルーシブ教育の実践的な取り組みを蓄積し、市内の12区で学校心理士およびインクルーシブ教育相談支援センター（SIBUZ）の運用が始まった。ベルリン市各区の支援センターでは、児童生徒や保護者、教職員からの相談を受け付けており、障害別の特殊学校とも連携しながら読み書き困難や行動の問題、発達の遅れや健康問題、子ども同士のトラブルやいじめ、非行などの領域に対応している（Senatsverwaltung für Bildung, Jugend und Familie）。このセンターの正式名称は、「学校心理士およびインクルーシブ教育相談支援センター（Schulpsychologisches und Inklusionspädagogisches Beratungs- und Unterstützungszentrum：SIBUZ）であり、2014-15年度に運用が始まった。各校を支援するためベルリン市内の全12区に1か所ずつ設置され、相談支援センターとして、各区内の公立・私立の学校からの相談に応じている。直接の対応時間帯は毎週木曜日の15-18時に設定され、その他は電話やEメールでの相談が可能である。同センターは、保護者と子どもからの個別の相談だけでなく教職員からの相談も受け付けている。学校心理士は、心理療法、救急心理学、スーパーヴィジョン、コーチング、教育指導を含む心理学の専門家である。様々な文化的背景や障害等の困難を抱える児童生徒・保護者だけでなく、対応にあたる教職員を支援することで、多様化が急速に進む学校をサポートしている。

3．ベルリン市のインクルーシブ教育と障害のある子ども

　ベルリン市の学校教育の就学状況はどうなっているのだろうか。2018年現在、

第1章　ドイツのベルリン市州におけるインクルーシブ教育

表1-2　公立学校で特別な支援を受ける子ども

	在籍数	特別な支援	割合（％）
基礎学校	161628	10036	6.2
総合制中等学校	81807	6986	8.5
ギムナジウム	69054	543	0.8
特殊学校	6934	–	2.2

出典：ベルリン学校統計（2019）p.3, p.43 より筆者ら作成。

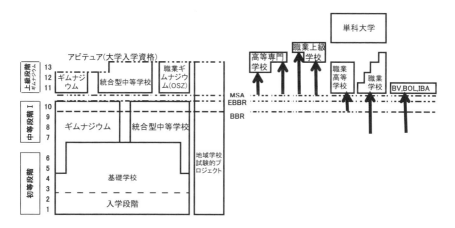

図1-2　ベルリン市州の学校制度
出典：Senatsverwaltung für Bildung, Jugend und Familie（2016），Das Berliner Schulsystem より著者ら作成。

　ベルリン市内には65校の特殊学校があるが、障害のある子どもの約65％が通常の学級を選択しており、通常の学級で学ぶ障害のある子どもの割合は4.7％である（ベルリン市学校統計, 2017/18, p.43, pp.54-55）。これに対してベルリンでは2010/11年度に特殊学校に通う児童生徒の割合は3.5％であったが、2008年以降の特殊学校に通う児童生徒数は減少傾向が続き、2017/18年度には2.3％まで減少した（ベルリン市学校統計, 2017/18, p.15 & p.65）。
　表1-2 は、2018年9月時点のベルリン市の公立学校で特別な支援を受ける子どもの就学先を示している。基礎学校では6.2％、総合制中等学校では8.5％、大学進学を目指す高校のギムナジウムでは0.8％の子どもが特別な支援の対象

第 1 部　ベルリン編

となっている。公立学校の就学人数に対する特殊学校の在籍人数の割合は2.2％である。特別な支援の対象となる障害・困難は、弱視・全盲、ろう・難聴、言語障害、身体障害、病弱・慢性疾患、情緒・社会性発達（障害）、知的障害、自閉症である。基礎学校と統合型中等学校にはこれらすべての障害種、ギムナジウムは知的障害を除く障害種の子どもが在籍している（ベルリン市学校統計, 2019, p.43）。基礎学校では学習遅滞・言語障害・情緒障害の３つだけで全体の７割を占めている。統合型中等学校では、情緒障害と学習遅滞が全体の７割、ギムナジウムでは肢体不自由が３割と情緒障害が２割のように、学校種ごとに障害の特徴は異なっている（ibid.）。2018年10月に発表されたベルリン市の学校調査によれば、ベルリンの特殊学校で学ぶ子どもの割合は、2016/17年は2.4％、2017/18年度は2.3％、2018/19年度は2.0％と減少傾向がみられる。

　ベルリンでは義務教育後の職業学校の段階でも障害のある生徒を対象にしたきめ細かい教育が行われている（ベルリン市学校統計, 2018/19）。ベルリン市では公私立の職業学校313校のうち14校（うち公立13校）が「特別支援職業学校（Berufschule mit sonderpäd.Aufgabe）」であり、2749人の生徒が学んでいる。このうち３割はドイツ語を母国語としておらず、特別支援職業学校の１学級あたりの平均生徒数は9.9人と、ベルリン市内の職業学校の平均19.7名より小規模の学級規模となっている（2018/19,p.1）。

４．ベルリン市の学習指導要領の特徴

　ベルリン市州・ブランデンブルグ州では、2017年秋から学校教育の学習指導要領が全面的に改訂され、新しいレベル段階評価のシステムが導入された。2017年秋から全面実施された学習指導要領では、初めて知的障害や学習困難のための特別支援学校も含めて１年生から10年生のすべての児童生徒を対象に、共通した内容を幅広く設定した上で、卒業までにどこのレベル段階を目指すのか、一定の基準が示される形となった。

　これまでベルリン市では日本の小学校に相当する６年制の基礎学校の後、中等教育段階は基幹学校、実科学校、ギムナジウムの３つに分岐し、これらを合わせた統合型中等学校の内部で学力達成や選択教科によって異なる卒業資格を目指すという複雑な進路が混在していた。基礎学校は６学年制であるが、ギムナジウムへ５年生から進学することも可能になっている。さらに、一部の特殊学校では、例えば教科学習を行う盲学校に大学進学の資格を得るギムナジウム

第1章　ドイツのベルリン市州におけるインクルーシブ教育

表1-3　新学習指導要領における教科横断的な言語教育

入力：聞いて理解する	・文章を聞いたり、媒介して伝えたりしたことを理解し、活用する ・理解して聞き取るための戦略を用いる
入力：読んで理解する	・文章を理解し、活用する ・読むスキルや読む戦略を用いる
出力：話す	・事実内容と情報を要約して示す ・テーマについて考え、議論する ・説明を行う
出力：書く	・文章を書く ・書く戦略を用いる
対話	・話し合いにおけるスピーチへの対応
言語意識	・日常生活や教育的・専門的言語の単語や形式を区別する ・単語形成のパターン、例えば接頭語や接尾語 ・多言語の使用

出典：ベルリン市学習指導要領コンパクト版：2017, p.8.

のコースが設置されていたり、基幹学校の卒業資格が取れる学習遅滞や知的障害の特別支援学校も運営されている。ドイツでは高校・大学入試という入り口の試験を行うのではなく、卒業試験や最終学年の各科目の成績によって次の進学が決まる。したがって、従来の学習指導要領は学校種毎に作成した上で、ギムナジウムでは5年生から早期に入学してくる生徒と7年生から入学する場合とで在籍期間が異なる等、かなり複雑な仕組みになっていた。こうした学校別の学習指導要領の複雑な運用ではなく、一括して学校種を超えてレベル段階にカリキュラムを組めるように選択肢を広げたことが今回の全面改訂の特徴である。

　新学習指導要領では教科横断的な観点から言語教育とメディア教育が重視された。これは単にドイツ語教育に力を入れるといった単純なことではない。

　移民等のためドイツ語が第二、第三外国語である児童生徒にとって、学校の内外で学ぶ言語能力をより効果的に身につけるため、特定の言語を超えた「言語能力」を教科横断的に位置づけたのである（ベルリン市学習指導要領コンパクト版：2017, p.8）。

　表1-3 は、新学習指導要領に示されたすべての教科を横断して学習すべきとされる言語能力の構成要素を示している。前書（2012）でも紹介したようにベルリンの学校でもスポーツ授業[註1]を含む各教科で話し合いや調べた内容、考

19

えたことの発表や意見交換は各教科で積極的に行われており、旧来の教育方法では支配的となっていた教師の話や教科書の内容を理解することを「入力」として整理し、「事実内容と情報を要約して示す」ことや「テーマについて考え、議論する」「説明する」ことを"話す"という「出力」として位置づけている。

次に、すべての教科で共通する基本カリキュラムとして提示された「メディア教育」を取り上げる。新学習指導要領によれば、情報社会に生きる我々の生活において不可欠となっている様々な「メディアは言語、文章、音声、画像や動画を通して情報や内容、メッセージを発信する役割を果た」している（ベルリン市学習指導要領コンパクト版：2017, p.9）。

新学習指導要領では、メディア教育は一般教育の重要な構成要素であるとし、「メディア教育の目的は、子どもたちや若者がこうしたメディア社会の増大する要求を自覚し、必要な能力を獲得できるようにする」こととした (ibid.)。図1-3 は新学習指導要領で示されたメディア・リテラシーの概念である。ここではメディア・リテラシーは情報の受け手側の観点から情報の読み取りや整理して発表するのみならず、新たにメディアの内容を「作り出す」という発信する側にも目が向けられている。つまり「メディアで学ぶ」とは「学習者が主体的に相互作用のもとで協力して情報を取得することを意味している」(2017, p.9)。「すべての教科では、メディア分野、すべてのメディアタイプ、その内

図1-3 メディア・リテラシーの概念
出典：ベルリン市学習指導要領コンパクト版：2017, p.9.

容を学習の対象とし、それを分析し、批判的に検討する様々な機会を提供する」
(ibid.)。単なるメディアの消費者という「賢い」受け手を育成するのではなく、
既存のメディアを批判的に検討し、自らも他者と協働して新たなメディアを創
造して送り出すことが目指されている。

　具体的にメディアには動画も含まれるため、例えばスポーツ授業で活動の様
子を動画で撮影し、自らの動きを振り返り（反省する）、改善点について分析し、
他者に伝えたり、話し合いを行って発表し、再び情報の発信者となるサイクル
が可能となる。

5．ベルリン市におけるレベル段階別評価の導入

　2017年秋の年度から全面的に実施された新しい学習指導要領では、どの教科
をいつから始めるのか、義務教育の段階は一括して示された。表1-4 に示すよ
うに一般科目では、基礎学校の1年生から10年生まで共通してドイツ語・算
数（数学）・美術（図工）・音楽・スポーツ[註2]の5科目が必修科目である。さ
らに、1－4年生は理科と社会を合わせた「生活」科を学び、5年生から理科
や社会へと分かれていく。また情報の科目はすべての科目で行うとしていたが、
選択科目として7年生から学ぶ。第一外国語は3年生から始まり、大部分の学
校では英語を学習する。ギムナジウムの7年生から始まる第二外国語では、従
来からあったフランス語や古代ギリシャ語・ラテン語に加えて、ドイツ語手話、
トルコ語、ヘブライ語、イタリア語、日本語、現代ギリシャ語、ポーランド語、
ポルトガル語、ロシア語、スペイン語と選択肢が広がった。言語習得が困難な
聴覚障害の生徒にとっては、大学進学を目指す際に必要な第二外国語としてド
イツ語手話が入っている意義は大きいだろう。また移民が増加している背景か
ら、多様な言語を第二外国語として認めることで、ギムナジウムへの進学を促
すことも期待できる。

　上述した一般科目に加えて、各学校では学年を問わず「第二～第四外国語」
「演劇」「社会科学／経済学」「哲学」「心理学」「情報／IT技術」を追加するこ
とができるとされ、各校が重点化した独自のカリキュラムを実施することが推
奨されている（ベルリン市学習指導要領コンパクト版 . 2017, p.7）。

　本章の前半で示したように難民や移民を背景とする児童生徒にとって、低学
年から第二外国語の授業で母国語を保障しながら、演劇を通して子ども同士の
交流や表現活動を促すことは重要な意味を持つだろう。

第1部　ベルリン編

表1-4　一般科目の修学年（1－10年生）

　　　○＝必修　　✓＝いずれかの科目を7年生から

科目／学年	1	2	3	4	5	6	7	8	9	10
ドイツ語	○	○	○	○	○	○	○	○	○	○
算数（数学）	○	○	○	○	○	○	○	○	○	○
第一外国語 （英語／仏語）[1]			○	○	○	○	○	○	○	○
第二外国語[2][3]							○	○	○	○
生活	○	○	○	○						
社会科学5-6					○	○				
地理							○	○	○	○
歴史							○	○	○	○
公民							○	○	○	○
倫理							○	○	○	○
自然科学5-6					○	○				
生物							✓	✓	○	○
物理							✓	✓	○	○
科学							✓	✓	○	○
情報／IT技術							✓	✓		
ISSについての経済・労働・技術（WAT）							○	○	○	○
美術（図工）	○	○	○	○	○	○	○	○	○	○
音楽	○	○	○	○	○	○	○	○	○	○
スポーツ	○	○	○	○	○	○	○	○	○	○

出典：ベルリン市学習指導要領コンパクト版：2017, p.7. より筆者ら作成。

※1）ヨーロッパ校と実験学校では、1年生の段階から他の言語も提供されている。

※2）ギムナジウムでは第二外国語を選択必修で学習することになっている。

※3）一部の基礎段階のギムナジウムでは、第二言語が5年生又は6年生から始まる。

6．評価方法の改革と卒業資格

　ドイツでは伝統的に基礎学校の4年間を終えた後に、ギムナジウム・実科学校・基幹学校へと早期に分岐する教育制度を維持してきた。日本の中等教育システムでは高校や大学で入学試験が行われるが、ドイツでは各学校の卒業試験の成績や最終学年の成績をもとに入学が決定される。このため卒業試験に落ちて卒業資格が取れない場合には就職や進学の機会は非常に限定的となる。ギムナジウムで2回留年すると、専門的な職業を目指す実科学校へ、実科学校で2回留年すると、高度な技能を必要としない職業を目指す基幹学校へと移るが、基幹学校の卒業資格が取れない場合は、無資格となる。基幹学校の卒業資

格が取れずに修学を終える若者が一定数いることや学力の国際的な競争力の向上が課題となっていた。特に外国人が多いベルリンは現在でもドイツ16州のうち基幹学校の卒業資格がない卒業生の割合が10％と最も高くなっている（2019, Dok217, p.XXXI）。

　こうした諸課題を解決するために、ドイツ全体では統合型総合制学校（Integrierten Gesamtschule）や複数の教育進路を含む学校（Schularten mit mehreren Bildungsgängen）への移行が始まり、2008年以降には基幹学校と実科学校の就学人数が年々減少する一方、統合型総合制学校の人数が増加している（2019, Dok217, p.VIII）。2017年時点での８年生（日本では中学２年生）の時点での学校種別の分布によれば、ギムナジウムが最も多く36.4％、統合型総合制学校19.0％、実科学校18.0％、複数の教育進路を含む学校12.3％、基幹学校9.8％、特別支援学校3.6％、私立シュタイナー学校0.9％となっている。2008年の時点と比較するとギムナジウムは34.2％と微増にとどまるが、実科学校26.4％、基幹学校19.3％、特別支援学校4.5％の割合とは大きく変化した（2019, Dok217, p.XVI）。報告書（2019, Dok217）では特別支援学校が減少する一方で一般学校においてインクルージョンが進み、特別な教育的支援を各校で受けられるようになったことが指摘されている（ibid.）。

　さて2017年度実施の学習指導要領から導入されたレベル段階の評価やカリキュラムについて説明しよう。ベルリンで導入されたレベル段階モデルでは、１年生から10年生を対象に達成水準毎にＡから難易度が最も高いＨまでアルファベット順に区分され、最終的には10年生でどこまで達成するかによって異なる卒業資格（ＥからＨ）を得ることになる。このレベル段階モデルはすべての科目で適用される（図1-4）。

　基礎学校においては、選択的な授業も行われるが、すべての児童が共通した基礎教育を受けるとされる（ベルリン市学習指導要領コンパクト版：2017, p.12）。基礎学校では１年生の半数以上はＡ段階、２年生が終わるまでにＢ段階、３－４年生と５年生の半数程度がＣ段階、５年生の半数程度と６年生がＤ段階へと進むことを基本とするが、各人の進度によっては次の段階へ進まないことや、他の子どもよりも早めに次の段階へ進むことも想定されている（ibid.）。特に入学段階の１－２年生では、学年混合クラスを編制する学校も多く、様々な教科で個人差に対応できる仕組みを整えた。大学進学を目指すギムナジウムに進学する場合には４年生の後半頃には主要科目がＤ段階に到達し、６年生の終わりにはＥ段階へ到達するレベルを求められる（ibid.）。

第１部　ベルリン編

1	2	3	4	5	6	7	8	9	10	進路別の卒業資格のレベル
A	B			C			D		E	就職を目指す卒業資格（BOA）
A	A	B			C		D	E	F	職業教育資格（BBR）
A	A	B		C		D		E	F	G	継続職業教育資格(eBBR)
A	A	B	C		D		E	F	G		中等教育卒業資格(MSA)
	B		C		D		E	F	G	H	ギムナジウム上級段階進学資格

図1-4　10年生までの到達レベル段階モデル
出典：ベルリン市学習指導要領コンパクト版：2017, p.12. より一部改編。

表1-5　学習指導要領のレベル段階

10 年生時の達成段階	進路別の卒業資格のレベル
E	就職を目指す卒業資格（BOA）
F	職業教育資格（BBR）
G	継続職業教育資格（eBBR）
G	中等教育卒業資格（MSA）
H	ギムナジウム上級段階進学資格

出典：ベルリン市学習指導要領　コンパクト版：2017, p.12. より筆者作成。

　これに対して「学習面で特別な支援を必要とする児童生徒」に対しては、基礎学校の３年生から５年生を中心とする学習内容を３年生から７年生の始めの頃まで倍の時間をかけて学習する（図1-4）。知的障害のある子どもを対象とした学習指導要領は別に定められており、通常の学級で知的障害のある子どもが学ぶ場合には特別な教育課程が適用される（ベルリン市：精神発達を中心に特殊教育学的な支援を必要とする児童生徒の学習指導要領：2011）。したがって、義務教育が終わる 10年生までに E段階に到達することが求められる子どもは、知的障害というより様々な発達障害を含めた学業不振の子どもが想定されており、卒業資格が得られないまま教育課程を修了する問題を解決しようとしている姿勢がうかがえる。

　表1-5 は 10年生の段階で学習がどのようなレベル段階に達するかによって、就職を目指す卒業資格（BOA）、職業教育資格（BBR）、継続職業教育資格（eBBR）、中等教育卒業資格（MSA）、ギムナジウム上級段階進学資格の５つに分かれている。就職を目指す卒業資格（Berufsorientirender Abschluss：BOA）は、特に学習面で特別な教育的支援を必要とする児童生徒を想定している。従来の学習指導要領では通常の学級に在籍して支援が必要な場合に特殊学校の学習指導要領を個別に適用する方法をとってきた。今回の改訂では、学習面で特別な支援

第1章　ドイツのベルリン市州におけるインクルーシブ教育

を必要とする子どもに対しても何らかの卒業資格を取ることができるようになっている。知的障害等があり10年生にレベル段階Eに達していない場合には10年生をD段階で終えることになる。

　2つめの職業教育資格（Berufsbildungsreife：BBR）は、従来の基幹学校の卒業資格に相当し、この資格があれば特定の職業学校へ進学することが可能になる。継続職業教育資格（Erweiterte Berufsbildungsreife：eBBR）は、実科学校の卒業資格に近いものであり、より専門性の高い職業学校へ進学することができる。中等教育卒業資格（Mittlerer Schuleabschluss：MSA）は、実科学校の卒業資格よりもやや上級の中等段階の学校の卒業資格であり、職業教育を行うギムナジウムへ進学することができる。Hレベル段階を修得した場合のギムナジウム上級段階進学資格は他の4つのような「卒業資格」ではなく、大学進学の卒業資格を得るためのギムナジウムの上級段階へ進学することができる。

7．変革が進むドイツの教育

　ドイツでは特別な教育的支援を必要とする障害等のある子どもを通常学級で学ぶ比率が高まり、インクルーシブ教育が推進されている。近年では、通常学級における移民・難民や経済的・社会的に困難な家庭の子どものドイツ語支援や全日制学校という学校教育の改革が行われ、より多様な背景をもつ子どもへの対応が進んでいる。ベルリン市州では、2017年から新しい学習指導要領が適用され、中等教育段階の卒業資格の幅が広がり、学習面で支援が必要な子どもを含め、文化・芸術・スポーツの活動についても学校や子どもの実態に合わせた特色あるカリキュラムが展開できる基盤を形成しつつあることがわかった。

註
1）本書では、旧来の障害のある子どもを対象とした学校であるSonderschule
　　を「特殊学校」と表記した。また発達障害や軽度の知的障害などの子どもを
　　対象とするFörderschuleについては、これまで「促進学校」と訳されていたが、
　　現行の日本の制度に合わせ、「特別支援学校」と表記することとした。
2）ドイツでは体育（Physical Education）ではなく、教科名としてスポーツ
　　（Sports）が学習指導要領や学校現場で広く使用されるため、本書もこれに従う。

25

第1部　ベルリン編

第 2 章

フレーミング基礎学校における
インクルーシブ教育の授業づくりと内的分化

> 　ドイツ・ベルリン市州のフレーミング基礎学校への訪問・インタビュー調査をもとに、障害や移民・難民など多様な背景をもつ子どもがともに学ぶインクルーシブ教育の授業づくりと多様な課題に対応する教師のメンタルケアの観点から検討を行った。同校では保護者・児童、教師のストレスや悩みに対しては教員免許をもつ心理士が支援にあたっていた。インクルーシブ教育の授業づくりの実践例では、同校のインクルーシブ学級（2年生）の図工の授業とドイツ語の授業を紹介する。インクルーシブな授業づくりの例として、内的分化を行ったドイツ語授業を紹介する。
>
> **キーワード：ベルリン市州、インクルーシブ教育、授業づくり、教師のメンタルケア**

1．インクルーシブ教育を推進する「フレーミング基礎学校」

　ベルリン市州のフレーミング基礎学校は1975年以来、過去40年以上にわたり障害のある子どもとない子どもがともに学ぶインクルーシブ教育の実践に取り組んできた（安井友康・千賀愛・山本理人：2009, 2012, 2018）。

　フレーミング基礎学校は「ドイツ全体でも初めてのインテグレーション教育の実験学校として知られ」、1970年代後半の当時から障害のある子どもが通常学級で学ぶ「インテグレーション学級に参加するかどうかについて、障害児の場合も非障害児の場合も保護者の意志」による「自由意志の原則」のもと、インテグレーション学級を担当する教師の場合も教師自身の意志による（窪島：1998, pp.94-96）。

26

第2章　フレーミング基礎学校におけるインクルーシブ教育の授業づくりと内的分化

表2-1 フレーミング基礎学校における子どもの主要な出身国（2015. 6）

国名	人数	国名	人数
トルコ	29	アメリカ合衆国	3
ポーランド	9	イラン	3
エジプト	8	イスラエル	3
イタリア	5	コソボ	3
スペイン	4	スリランカ	3
中国	4	タイ	3
レバノン	4	日本	3
ペルー	4	ロシア	3

　現在のフレーミング基礎学校は、学校全体で"Eine Schule für alle: Vershieden und einander ebenbürtig mit und ohne Behinderung "（すべての者の学校：違いや障害の有無があってもお互いに平等だ）というコンセプトを全面に掲げて共同授業を実施している。フレーミング基礎学校が位置するTempelhof-Schöneberg区は、ベルリン市内12区のうち基礎学校への就学人数は3番目に多いが、比較的落ち着いた住宅街にある。

　フレーミング基礎学校では約600人の児童数に対して、出身国は58 か国にのぼり、ドイツ語以外の36 の言語を母語としている。表2-1 は、2015年6月訪問時に公開されていた子どもの出身国リストのうち3名以上の国を示しており、多言語・多文化を背景とする子どもの様子がうかがえる。同校の報告書（Schulprogramm: 2015）によれば、ドイツ語を母国語としない子どもが41%、13% の家庭が経済的な困難から教材等を無償で提供されており、約12%の子どもが特別な教育的支援を受けている（p.4）。こうした多様な背景を持つ子どもに対して約50人の教員（正規雇用のパートタイムを含む）が対応にあたっている。また同校では2005年8月から全日制学校を導入し、朝6時から7時半に早朝ケアの提供、午後14時半から16時までは文化・スポーツ活動のプログラム、その後も運動や遊びの場所を提供して18時まで対応が続く。こうした全日制学校のプログラムは、「学校を学びと生活の場に」というベルリン市の方針のもと、授業担当ではない児童教育士が対応にあたっており、障害のある子どもにも対応できるよう治療教育学や特殊教育学を学んだ児童教育士の資格を持つ補助教員も配置されている。放課後の活動のため自由参加であり、フレーミング基礎学校では約半数の子どもが参加している（Schulprogramm: 2015）。

第1部　ベルリン編

　フレーミング基礎学校の6学年はそれぞれ95-100人が各学年4つの学級に分かれ、教育やケアを受けている。特別なニーズのある子どもがいる各学級には、担任教師の他に補助教員（Pädagogisch Mitarbeiter）が加配され、特別なニーズと子どもの日課について熟知している。なお本書で補助教員とは、基礎学校以上の教員資格とは異なる「児童教育士（Erzieher/in）」を持ち、担任の補助的な役割を果たす教員を指す[注1]。各学年団には1名の特別教育の専門教師が追加的に加配され、担任教師は必要に応じて補助的なサポートや助言・支援を受ける。重度の障害のある子どもの学級では、授業の計画やアイディアを議論し、気持ちを共有し課題を分けるために、関係する教員が週に1度は集中的に打ち合わせを行い、各学年団の打ち合わせも週に1度の頻度で定期的に行われている。学年団に配属されている特別教育の教師と補助的なコーディネート教師とは、1-3年生は半期に1度、4-6年生は年に1度、インクルーシブ教育の実践に関する組織的な会合が開かれている。また、教室の様子は、ドイツの一般的な学校と同様、子どもは5人一組のテーブルに座り、全体指導とグループワークや個別の学習も取り入れた学習形態をとっているが、担任の方針やクラスの状況によっては異なる配置をとっている。

　担任教師のデスクは日本のような職員室ではなく、各学級の教室内に置かれている（写真2-1, 2-2）。職員室は、打ち合わせ等のミーティングスペースとして活用され、休み時間には教師が集まって談笑している姿が見られる。また学

写真2-1　教室に置かれた教師のデスク

第2章　フレーミング基礎学校におけるインクルーシブ教育の授業づくりと内的分化

写真2-2　教室の教材や活動スペース

年が上がっても教室の移動はないため、必要な教材や用具が置かれた充実した環境づくりや年度替わり時期の負担軽減にもなっている。

2. フレーミング基礎学校の学校運営と教師のメンタルケア

　教員の人事異動は学校長の権限であり、本人の希望か、力量不足と評価されて校長から転勤を勧告される場合に限られる。インクルーシブ校として評価の高いフレーミング基礎学校の教員は、学校の特色を理解した上で教育実践にあたっている。

　同校では1－4年生までは持ち上がりの学級でクラス替えはなく、担任も基本的には持ち上がる。日本とは異なる点として、担任の教材や仕事机は教室にすべて置かれ、一般教員にとって職員室は会議や休み時間の休憩や打ち合わせで使われるのみである。学校運営では校長の人事・予算権限は日本よりはるかに大きいが、管理職の校長・教頭であっても授業を担当し、子どもと接する「現場」の感覚を一般教員と共有して学校運営にあたっている。

　ベルリン市立フレーミング基礎学校では、8－10週間に1度の割合で自主的な参加による「インクルージョン会議」が開かれ、特別なニーズのある子どもの教育やケアに関わる教職員が集まり、自由な議論の場を設けている。そこでは、自分の気持ちやストレスを率直に語り、お互いに質問するなどしながら、自分たちの経験を共有する場となっている。さらに、隔週の頻度で心理療法士の資格をもつ教員1名が中心となって、教員のストレスを緩和するための自主的な

第1部　ベルリン編

表2-2 インクルーシブ教育のための校内体制（フレーミング基礎学校）

組織的ツール	内　容
①チームで取り組む	特別なニーズのある子どもの学級には、担任の他に1名の補助教員がいる。各学年には特別支援教育の教師1名が全体を補助的サポートし、直接の支援、教師への助言をする。良いチームとは、それぞれの役割は異なるが上下関係はなく、お互いの信頼の上に成り立っている。
②定期的な打ち合わせ	新年度の開始時は、特別なニーズのある子どもの保護者と集中的に面談を設け、保護者と教職員の面談は少なくとも3か月毎に行う。転校前に担任が特別支援教育の教師と特別支援学校を訪問することもある。教職員・保護者・セラピストとの面談は、最初は3か月毎、その後は6か月毎に実施。
③教職員への助言	隔週の固定された日程で心理士の資格を持つ教師によるスーパーヴィジョンの会議に自主参加する機会をもつ。参加者同士の助言、自尊心の感情や無力感の感情の共有、知識と経験の共有が目的。
④保護者へのカウンセリング	定期的な面談の他に、保護者は教師や補助教員、学校心理療法士との個別面談を希望することができる。さらに校内で対応が難しい場合は、さらなる支援先として校外の心理士、理学療法士、言語療法士を紹介する。

※ 2015年6月訪問および2016年7月ニコル先生の報告内容から筆者ら作成。2016年度9月は新年度を迎えて、心理士退職に伴い新しい心理士の資格を持つ教師（ドイツ語担当と兼任）が赴任した。

校内研修が開かれている。教員が問題を共有し、悩みを率直に話し合う場が複数設けられており、インクルーシブ教育を支える教員のメンタルケアが充実している。校内体制については表2-2、カウンセリング室の様子は写真2-3・2-4に示す。

教師のスーパーヴィジョンの取り組みは、フレーミング基礎学校で1980

写真2-3　カウンセリング室

写真2-4　カウンセリング室の教材の棚

第2章　フレーミング基礎学校におけるインクルーシブ教育の授業づくりと内的分化

年代に校内で特殊教育のコーディネートを担っていた教師のツィバート（E. Ziebart）氏の提案によって開始し、現在に至るまで継続的に取り組まれてきた。当時から基礎学校の教師と小児療法士だったヘイヤー（J. Heyer）氏によれば、特殊教育の調整をしていた同僚のヘアトリング（T. Hertling）氏とヘイヤー氏が協力して、この提案を前進させた。教師や補助教員によるスーパーヴィジョンへの参加は、任意で無料とし、校長も個人的な話に参加することもあったが、参加を命じるようなことはなく、教師の自由意思に任されている。

　教師のスーパーヴィジョンの場となるグループワークは、①特別な支援が必要な子どもとの関わりに関する特殊教育学的な相談、②個別のコーチングやチームのスーパーヴィジョン、バリントグループの原則に基づくスーパーヴィジョン等のその他の心理分析的な重点に関する内容から構成される。

　この方法は精神科医・精神分析家でハンガリー出身のバリント（Michael Balint）に基づいて行われている。バリントは、ソーシャルワーカーと医師とのケース検討を行い、その中で参加者が学ぶことで、精神分析論を背景として患者との仕事の無意識的なプロセスへの認識が改善するとしている。小嶋（2011）によれば、このグループセッションは医師患者関係を改善するためにイギリスで1945年に始まり、その後はアメリカの家庭医療研修プログラムとして広く採用されたという。バリントグループワークの方法論的要素は、事例に対する自由な報告であり、職場の上下関係は持ち込まない。最大8名の参加者が輪になって、基本的にはグループの参加者が1人の児童への対応について叙述する。その後、グループでは同僚との自由な話し合いや自由な連想や空想を試みて、それにもとづいて児童生徒と教師の関係を認識する。中心的な問いは、「その教師は子どもと何をしていますか？」「その子どもは私たちに何をしますか？」「それは私たち（そして他のグループ参加者）にどのような感情を引き起こすのか？」といった内容である。

　小嶋（2011）によれば、バリントグループでは、議論が終わった後には話し合った内容を一切口外しないという「守秘義務」、安心感を持ってグループに参加するために「他者を批判しない」、“Problem solving attitude”の排除という「答えを探さない、押し付けない、求めない」という約束事を必ず確認してから話し合いを始める。つまり、その場で問題解決や課題の解決方法を話し合ったり、互いの知識や認識を批判するのではなく、教師の感情を表出し、言語化し、同僚と共有し、振り返ることが重要とされる。

　インクルーシブ教育の担い手となる通常学級の教師は、障害のある子どもを

第1部　ベルリン編

学級の一員として迎え入れる過程で、授業の工夫や周囲の子どもや保護者への対応が求められ、ストレスを抱えて孤立しやすい。もともとフレーミング基礎学校では、インクルーシブ学級の定員を通常学級の25人から18人に減らした上に、特殊教育免許を保有する専門の教師がサポートに付き、障害が重たい子どもには常に補助教員が学級に入っている手厚いサポート体制がある。しかし、単に校内のシステムを整えるだけでは全校生徒の1割近くを障害のある子どもが占める学校で、インクルーシブ教育を継続することは困難である。さらに、第1章でも紹介したように、ベルリン市内の基礎学校ではドイツ語を母国語としない子どもが12%を超えており、多言語・多文化や障害を含めた子どもの多様性を前提にした学校づくり、授業・学級づくりに対して教師が求められる力量は複雑化している。

　日本は他の先進諸国に比べて学級定数が非常に多く、通常学級の教師は十分なサポートを得ていない状況下でインクルーシブ教育の担い手として期待されている。教師による体罰、暴言、心理的ストレスを背景とする離職を減らすためにも、一人ひとりの教師を校内で孤立させないことが前提となる。校内支援体制を充実させる一方で、教師のメンタルケアは、日本でも喫緊の課題となっている。日本の学校にはスクールカウンセラーが定期的に訪れているが、子どもや保護者、教師への個別的な対応に終始しがちである。教師がカウンセラーのサポートを受けて少人数で集まり、自身の経験を語り、共有すること、自身の経験を振り返る機会を定期的に設けることも、フレーミング基礎学校から日本の私たちが学ぶべき貴重な実践であろう。

3．インクルーシブ教育の実践における内的分化による授業

　本章では、フレーミング基礎学校の担任教師・教頭のインタビューと授業の参与観察から、障害のある子どもを含む授業実践の例として、内的分化とステーション型授業の実践について取り上げる。ドイツの学校制度は、基礎学校以降に基幹学校・実科学校・ギムナジウムへと進路が分岐する「外的分化」の特徴をもっていると指摘されてきた（Lanig, 2013, p.11）。これに対して、多様な能力をもつ子どもから成る学習集団を前提とする内的分化（Innere Differenzierung）とは、ドイツのインクルーシブ教育の実践研究においてしばしば登場する概念である。多様な能力の子どもから成る学習集団の場合、一律の教育目標や選択の余地がない教材や課題で授業を行うことは困難である。そ

こで、同じ単元の授業であっても、異なる課題や教材・発表方法を用意することによって、様々な認知的・社会的・心理的領域の特性を持つ子どもに対応する学習プロセスを保障することができる（Klippert: p.53）。内的分化の授業では、個人の興味や選択に基づいて課題を選択することも可能であるが、小集団で課題に取り組むように設定することも可能である（Paradies & Linser: 2010, p.24）。

　内的分化を伴う授業では、多様な背景や能力をもつ子どもの参加を可能にするため、共通の目標や複数の評価の観点のもとに複数の課題を用意したり、小集団で互いに協力したり話し合ったりしながら学習に取り組むことが多い。スポーツ授業の、例えば「跳躍」が課題となる単元では、授業計画を「踏み切り」「飛ぶ」「着地」の3つに区切り、マットの種類や跳び箱の高さの調整、跳躍時の動画撮影後の振り返りや話し合いを通して授業の内的分化を行う。車椅子の子どもや歩行困難な子どもが参加する場合には、大型セラピーボールの上で跳ねたり、トランポリン（ミニサイズを含む）やしっかり張ったスラックラインで支えられてジャンプしたりすることを個々に試しながら配慮する（Reuschel, Kania: 2015, p.95 & p.104）。

　本章では、1年生の内的分化を取り入れたドイツ語授業を紹介する。

4．インクルーシブ教育の実践例

1）インクルーシブ教育における通常学級教師の取り組み

　ニコル・ママーニ（Nicole Mammani）先生は、1972年に生まれ、大学卒業後に1999年からフレーミング基礎学校で2年間の実習期間を経て、2001年から正規採用され現在に至っている。2008年から学級担任になり、2010年から言語科（Languages Department）の学科長を務め、担任の学級の授業のほかに英語の授業も受け持っている。2015年の訪問時、ママーニ先生は1年a組の担任として、24名の学級を受け持っていた。24名はアスペルガー症候群、自閉症（男児）、場面緘黙（女児）、診断はないが学習の遅れがある子ども、軽度の片麻痺のある子ども各1名を含む。個別指導は専門の特別教師が行い、必要に応じて支援・指導を行う。1年a組には保育十資格をもつ補助教員がサポートに入っている。1時間の授業の前半を全体で進め、後半から廊下や別の場所で個別指導を行うなど、特別教師は1単位時間にこだわらない指導時間を活用していた（写真2-5）。2016年6月に札幌市内でママーニ先生に実施したインタビューで「な

第1部　ベルリン編

ぜインクルーシブ学級を受け持つようになったのか」という質問に対して、「インクルーシブ学級では、様々な教師がチームで働くということが、とても気に入った。一人で何でも授業したりクラス運営をするのではなく、特別なニーズを持つ子どものアシスタント、セラピストなど、いろいろな人たちと一緒に働くことが楽しいと思ったので、インクルーシブ学級を担当するのも楽しいと思った」と語っていた。さらに「特別なニーズのある子どもについてわからないことがあれば、とても不安に感じることもあるかもしれないが、非常に面白いこと、予想外に楽しいことも起こる。例えば歩き回って、いろいろないたずらをしてみたり、予想外のことを言ったり、やってみたりする」とし、子どもが引き起こす予想外の出来事を「困った問題」ではなく、ユニークな面白い出来事としてとらえていた。表2-3 に示したように教師が問題を一人で抱えて孤立するのではなく、フレーミング基礎学校では特別なニーズのある子どもを含む学級の教育活動は、常にチームで取り組むという校内支援体制が機能しているためであろう。ヴォルブルグ先生が学校と共有しているインクルーシブ教育に期待する利点は、特別なニーズのある子どもにとっては、本物の社会的環境のなかで成長すること、親がいなくても（様々な）経験を得ること、仲間によるケアと愛情を経験すること、社会的ルールへの対処を学習すること、より情緒的なバランスがとれること、友人を見つけるチャンスがあること等である。一方で特別なニーズをもたないその他の子どもにとっては、本物の社会的環境のなかで成長すること、偏見のない経験を得ること、それを説明したり共有することによって知識が向上し深まること、予測できない状況に対処することを学習すること、仲間の誰かをケアすることを学ぶこと、より情緒的なバランスがとれること、友人を見つけるチャンスがあること等を期待しているという。

　フレーミング基礎学校は、1-4年生まで持ち上がりで教室の移動もなく、クラス替えはない。また1年生の時点でも他の子どもに障害についての事前の説明は行っていないが、保護者については事前にインクルーシブ学級への希望を確認している。入学後、特別なニーズのある子どもと接するなかで子どもから出て来た疑問に対しては、例えば子どもに「あの子は何か違っているけど、なぜ？」と質問された場合、「あら、あなたも他の人と違っている所があるわよね」と返し、子ども同士の理解には「得意なこと、不得意なこと、手伝いが必要なこと」などを場面に応じて話し合うスタイルをとっている。

第2章　フレーミング基礎学校におけるインクルーシブ教育の授業づくりと内的分化

表2-3　ニコル・ママーニ（Nicol Mammani）先生へのインタビュー

インタビュー項目	回答内容
なぜインクルーシブ学級を受け持つようになったのか	・インクルーシブ学級では、様々な教師がチームで働くということが、とても気に入った。一人で何でも授業したりクラス運営をするのではなく、特別なニーズを持つ子どものアシスタント、セラピストなど、いろいろな人たちと一緒に働くことが楽しいと思ったので、インクルーシブ学級を担当するのも楽しいと思った ・特別なニーズのある子どもについてわからないことがあれば、とても不安に感じることもあるかもしれないが、非常に面白いこと、予想外に楽しいことも起こる。例えば歩き回って、いろいろないたずらをしてみたり、予想外のことを言ったり、やってみたりするのが興味深い
インクルーシブ教育に期待されること	・特別なニーズのある子どもにとっては、本物の社会的環境のなかで成長する ・親がいなくても（様々な）経験を得る ・仲間によるケアと愛情を経験する ・社会的ルールへの対処を学習する ・より情緒的なバランスがとれる ・友人を見つけるチャンスがある
特別なニーズをもたないその他の子どもにとって期待される点	・本物の社会的環境のなかで成長すること ・偏見のない経験を得ること ・偏見のない経験を説明したり共有することによって知識が向上し深まること ・予測できない状況に対処することを学習すること ・仲間の誰かをケアすることを学ぶこと ・より情緒的なバランスがとれること ・友人を見つけるチャンスがあること

※インタビューは2016年6月、札幌のシンポジウムで招聘した際に行った。

2）1年生のドイツ語授業の実践

(1)　1年生の内的分化を取り入れたドイツ語授業（2015年6月8日訪問時）

　インクルーシブ学級である1年a組は、24名中4名が特別な教育的にニーズを持っている。4名の内訳は、ダウン症（男児）、軽度片麻痺（男児）、ADHD傾向のハイテンション（男児）、自閉症スペクトラム（男児）、またこの4名の他に場面緘黙（女児）が在籍している。最も障害の程度が重い自閉症のHくんは、特殊学校の教育課程が適用されており、一番後ろの席でひとり後ろを向いて机を置いて座り、常に補助教員が付き添っている（写真2-5）。窓側にはH君のコ

35

ーナーがあり、Hくんが好む砂やビー玉、おままごとの用具などが置いてあり、自由に遊んでいる。ほかの子どもが、その玩具で遊ぶ姿は見られなかった。

ドイツの一般的な基礎学校と同様に、5人一組の机を組み合わせた「島」の体制をとっている（写真2-6）。

一斉に行う授業もあるが、今回は個別の学習や小集団の学び合いの様子を紹介する。子どもの出身国や母国語、障害の有無や性別などのバランスを考慮してグループワークが成立するように決めるため、「島」の組み合わせは年度の始めに何度か試行錯誤して決めた後は動かさないことが多い。

1年生のドイツ語（教科）、アルファベットの授業では、ワークブックだけでなく、同じ題材（例えばChを含む単語）の場合には、複数の学習方法を子ども自身が選択できるようになっている。教師が用意した紙製の箱でできた30個の引き出しには、アルファベットとドイツ語の単語に多い"Ch""Eu"など、関連する単語を学べる教材やプリントが入っている（写真2-7）。

例えば、Chがつく単語を手でなぞる、クロスワードでChを含む単語を書く、クイズの答えにChが含まれている、Chを含む物語を読むなど、自分に合った単語の学習方法を選んでいる（写真2-8）。個別の課題の答え合わせをして、隣の子どもにチェックしてもらい、その証としてサインをもらう（写真2-9）。ある文字について一区切りがつくと、教師に最終チェックをしてもらうという流れになっている（写真2-10）。最終的には一人ひとりの子どもがすべてのアルファベットを学習することになるが、課題をどこまで進めるかはドイツ語の習得状況によっても異なってくる。

その他の内的分化の授業では、2016年7月のインタビュー時には、例えば車椅子利用で重複障害の女児がいた3年生クラスでは、理科の「懐中電灯と電気回路」の授業で他の子どもが電気の通り道や電池の使い方を学習している際に、同じ題材を用いて懐中電灯のスイッチの感触を感じたり、つけたり消したりすること、懐中電灯を両眼で追うこと、懐中電灯を使ったクラスのダンスでは真ん中に座って他の子に囲まれて雰囲気を感じ取るなど、特別支援の担当教師と相談しながら内的分化の内容を決めたという。また、4年生の理科の「冬の動物：スズメ」の単元では、知的障害のある女児は、他の子どもが教科書の解説を読む練習をしている間、別の本に載っているスズメの詩を読み、スズメの絵や物語を見ていた。また、同じ題材のスズメの絵を切り取り、異なる色でスズメの単語をなぞり書きしたり、粘土を使ってスズメの単語を形作ること、工作で木製の鳥の家を組み立てて、絵の指示に従って学校の調理室で鳥のえさを作

第2章 フレーミング基礎学校におけるインクルーシブ教育の授業づくりと内的分化

写真2-5 補助教師による個別対応

写真2-6 5人一組の島

写真2-7 教材が入ったボックス

写真2-8 教材

写真2-9 子ども同士で答え合わせ

写真2-10 教師による確認

り、鳥の家の近くに置くなどの活動が展開された。いずれも知的障害を伴う子どもの例であり、他の子どもと共通の題材を用いて、異なるテキストや教材を活用しながら学習を進め、その内容を他の子どもにも発表する機会を設けている。内的分化のアイディアは、単元計画を立てる際に、特別教育の担当者や補助教員と相談し、「この題材で子どもが参加できることは何か」というアイディアを出し合って進めている。

(2) 2年生の図工授業の実践

2018年8月にニコル・ママーニ先生が担任を務める学級2年a組を訪問した。児童数22名（男子11名、女子11名）のうち、3名が障害のある子どもというインクルーシブ学級のため、副担任で保育士資格をもつシューマン先生が補助教員として入っている（写真2-11）。各教科の学習やスポーツ授業の他に、金曜の1時間目は読書タイム、月曜の5時間目は個別学習とドイツ語支援、木曜の5時間目に個別学習と算数支援の時間を設定している。個別支援やドイツ語・算数支援の時間は義務ではないが、学校で宿題を終わらせたい子どもが残っている。ベルリン市から派遣された特殊教育を専門とする支援スタッフが教室に入り、子どもたちが宿題に取り組みながらの学習面の支援が行われている。20-25分程度の学習の後、集団遊びを行って、子ども同士が交流し楽しくできるよ

写真 2-11　担任と副担任の教卓

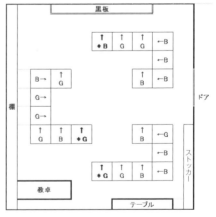

図 2-1　2年生の教室配置

第 2 章　フレーミング基礎学校におけるインクルーシブ教育の授業づくりと内的分化

う工夫しているという。

　個別の学習・支援と子ども同士の学び合いを成立させることを意図して、ママーニ先生は図2-1のような教室配置を行っている。Bは男子、Gは女子を指し、＊マークは障害があり特別な支援を必要としている子どもである。教室の後ろの窓側に担任と副担任の教卓があり、その横には絵本・遊具やクッションを置いた小さなコーナーが設定されている。

　図工の授業は担任のママーニ先生が高学年の英語の授業で不在の間に、補助教員とシュニーダー（Anette Schnieder）先生の2名で行った。シュニーダー先生は、ミュンスター大学で基礎学校の免許を取得し、図工・美術が専門である。2018年8月現在、フレーミング基礎学校で教えて約18年を数える。この日の図工は中休みをはさんだ2−3時間目の8時50分から始まった。

　表2-4は、2年a組の図工授業の展開を示したものである。はじめに8時55分ころから導入として活動の説明が行われた。夏の終わりの季節の花を話題にしてから、シュニーダー先生（MT）がヒマワリを教室で見せたところ、実物の花が登場して子どもたちは驚き、近くでよく見たいという気持ちが高まった。

　実際のヒマワリの花を見ながら、真ん中の茶色い部分が種であることを子どもが発見し、絵を描くときにも、ただクレヨンで塗りつぶすのではなく、種を一つずつ描いていくことを確認した。また花弁の形や色、重なり方にも注目し、子どもたちがよく知っているヒマワリの花の観察が丁寧に行われた。

　中休みを終えた後、再び絵を描く活動が続いた。描き終わった子どもは、ハサミを使ってヒマワリを切り取り、裏側に名前を書いて教室の廊下側のドアに貼り付けに行った。まとめの振り返りでは、青いドアに貼られた22個のヒマワリを眺めながら、子どもが想像力を膨らませて「空に浮いた花」「天国に咲く花」「湖に浮かぶ花」と例えながら発表していた。このヒマワリの作品は本書の裏表紙にカラーで掲載した。

　今回紹介したインクルーシブ授業は、季節の花を描くという図工の活動であったが、作業の仕上がりに個人差があっても良いように2時間続きの時間を確保し、補助教員が入って進められた。写真2-12のダウン症の女の子は眼鏡をかけているため、近くで花を見ながら進めていた。クレヨンを使っていたため、細かい描写は難しいが、実物を教室に持ち込むことによって、種や花弁の形状や特徴をとらえる丁寧な観察に基づいていた。

　図工・美術（Kunst）は、ベルリン市の学習指導要領において1年生から10年生まですべての学年で必修の科目となっている。義務教育段階を通して、芸

39

第1部　ベルリン編

表2-4　インクルーシブ学級の図工授業の展開

8：55　導入　活動の説明
MT：「机の上をきれいにして座ってください。新年度も始まったので、ドアにデコレー
　　　ションをしたいと思います。夏の終わりのお花がいいと思うけど、何がいいかな？」
　　　子どもからチューリップや雪見草の案も出るが、夏の終わりに咲く花を問いかけ
　　　た。
MT：「今は何の季節ですか？」
　C：「夏の終わりです」
　C：「ヒマワリはどうでしょう」
　C：「僕もそう言おうと思った！」
MT：「ヒマワリは、いま咲いていますね。先生は実はお花を持って来ましたよ」

9：00　ヒマワリの花の観察と話し合い
　　　教室の後ろの教卓の陰に隠してあった本物のヒマワリの花を持ってくる。1輪刺
　　　しの花瓶に入ったヒマワリの花と、造花のヒマワリを2本、黒板の前の机に置くと、
　　　子どもたちが驚く。
MT：「これはどんな見た目をしていますか？」
　C：「オレンジ色の花をしています」
MT：「どのあたりがオレンジ色かな？」
　C：「周りの花びら」
　C：「黄色にも見えるよ」
MT：「ヒマワリの種類によっては、オレンジの花びらもありますが、これは黄色ですね。
　　　真ん中はどうなっている？」黒板に円を描く。
　C：「茶色っぽいけど、黒もあるよ」
　C：「太陽みたいだね」
　C：ヒマワリの花に近づいて見る。「種だ！」
MT：「種になる実が見えますね」小さい○を茶色のチョークで円の中に描きこむ。
　C：「どんな匂いなのかな？」
MT：「あとで香りを嗅いでも良いですね。どうしてヒマワリ（Sonnnenblumen）とい
　　　うか知っていますか？」
　C：「いつも太陽の方向を向いているからでしょ」
MT：教師がヒマワリの花の形を両手で作る。「太陽が東の方から登ると、東の方を向
　　　いています。その後、太陽はどうなるのかな？」
　C：「真上の方へ行くよ」
MT：「太陽が高く上ると、花も上の方を向いて、西へ行くと西の方を向いて、夜は下
　　　を向いて休みます」
　C：「夜も星を見ていたりしないのかな？」

MT：「ヒマワリは太陽の方を向く花なので、夜はみんなと同じように休んでいますよ」

9：08　黒板を使ってヒマワリの描き方を確認する。
MT：「ヒマワリの描き方を確認しましょう。中心にはただ茶色を塗るのではなく、種が入っているから、小さい○を描いていきます。花弁はこんなふうに」。黒板に1枚の花弁の形を描く。
　C：「しずくみたいだね！」
MT：しずくの形を横にもう一つ描いて「少し似ていますね。花弁は、いつも同じではありません。形全体を描いて、次の花びらは、重なった所に気を付けて塗ります。花弁の描き方は、みんなわかったかな？質問がある人はいますか？」
MT：黒板に紙を貼って「真ん中の円を大きく描きすぎると、花弁が描けなくなってしまいます。手のこぶし大にしたら、ちょうど良いわね。何をするかわかったかな？わかった人は？」
　C：子どもたちがみな挙手をする。
MT：「何色を使うのかな？」
　C：「黄色！」「茶色！」。子どもたちは自分のクレヨンを手に取る。

9：12　活動開始
ST：後ろの席のダウン症の女の子の机にヒマワリの花瓶を運んでくる。「黄色の色（クレヨン）は使うわね」と使うクレヨンを確認してクレヨンケースから出す。【写真2-12】
　C：中央の種の部分を一つずつ描いていく子ども、周りの花弁から描いていく子ども、それぞれのペースで描き進めていく。【写真2-13】

9：34　「みんなヒマワリの絵が良く描けていますね。一度見せてもらってから、中休みの時間に朝ごはんを食べて、またヒマワリの絵をやります」

10：05　休憩（外遊びと朝食）が終わり、活動を再開する。
MT：絵を描き終わった子どもが図工の先生に見せに行く。手直しも終わった子どもには、絵の裏側に名前を書いて、切り取るように指示される。

10：30　作品の仕上げ
MT：子どもたちが制作したヒマワリをドアに貼り付け始める。終わった子どもは、教室に戻って自分の机の上を片づける。その後に先生を手伝いに来ている。【写真2-14】
10：45　片づけの確認
MT：「片づけが終わりましたね。あと3人、席に戻って下さい。さて、素晴らしい絵が完成していますよ。ドアの前に2列に並んで、廊下に出てみましょう」

第1部　ベルリン編

　　C：素早く席を立ち、ドアの前に並んで、廊下へ出る。
　　　「うわぁ！」と作品を見て子どもたちの歓声があがる。

10：49　まとめと振り返り　【写真2-15】
ドアの前に輪になって集まり、完成した22個のヒマワリの絵を見る。
MT：「さて素晴らしい作品ができました。青いドアの上に黄色のヒマワリが咲きました。
　　これを見て、どんなふうに思いますか？」
　　C：「まるで空の上に浮いているみたい」
　　C：「天国に咲いたヒマワリだと思う」
　　C：「湖の上にたくさんの花が浮いているように見える」
MT：「それぞれ素敵なアイディアが思い浮かびますね。このドアの飾りはしばらく貼っ
　　ておきます。みんなに見てもらいましょう」

10：54　終了

　　「　」は発言、Tは教師（MTはメインの教師、STは補助教師）、Cは子どもを示す
　　　　　　　　　　　　　　　　　　　　　　　　　　　　　　記録 2018/8/31

写真2-12　補助教員と一緒に描く

写真2-13　ヒマワリの絵を描く活動

写真2-14　教室のドアに作品を貼る

写真2-15　作品を見ながら振り返り

42

術的な観点で「認識する」、個別および協力して作品を「創造する」、芸術活動の経験を「振り返る」という３つのコンピテンスを獲得することを目指している（ベルリン市学習指導要領コンパクト版2017：p.46）。今回の図工の授業では、ヒマワリの花の形状や特徴を「認識」し、個別で絵を描いた後に切り取ってドアに貼り付けて一つの作品を「創造」し、最後にヒマワリで飾られたドアを鑑賞しながら想像力を働かせて「振り返る」活動が展開された。最後のまとめでは、絵画の技術的な側面ではなく、作品として鑑賞した時に、どのようなインスピレーションを得たかという側面が強調されていた。

5．インクルーシブ教育の前提条件と授業の実際

　フレーミング基礎学校のインクルーシブ教育で中心的役割を果たすのは、インクルーシブ学級を担任する通常学級の教師であるが、日常的な教育活動は複数の教職員によって成り立っている。同校の校内支援体制は、日本でもみられる「定期的な打ち合わせ」が位置づけられていたが、教職員のメンタルケアの機会も頻繁に設けられていた点は注目に値する。インクルーシブ教育に取り組む学校の教師は、多様な言語・文化的背景をもつ保護者や子どもと障害や特別なニーズのある子どもという複雑な要素に対応しなければならず、日常的に少なくないストレスにさらされている。教師や補助教師がお互いの悩みやストレスを共有し、心理士の助言も得ながら元気に働けることは、インクルーシブ教育の推進の前提条件の一つになり得る。

　フレーミング基礎学校の全日制学校の取り組みでは、学校の半数程度の子どもが参加しており、特別支援の専門家から助言を受けられる個別学習やドイツ語・算数支援の時間が設定されていた。これは障害等の判定を受けていない子ども、親がドイツ語を話さないため宿題の補助ができない等、様々な事情を抱える子どもにとっては気軽に支援を受けられる取り組みである。日本のように学校から教育委員会を経由して様々な手続きを踏んで、自分の学校に通級指導教室がない場合には、他校へ通級指導のために移動するといった負担感が全くないことも書き添えておきたい。

　フレーミング基礎学校では、同じ単元や学習目標であっても異なる課題や教材、発表方法を用いて、複数の学習プロセスを保障している。これにより、障害や困難のある子ども、学習進度が異なる子どもがともに学ぶことを可能にしている。ドイツ語の授業では個別の課題を取り入れ、ペアワークのもとで話し

第1部　ベルリン編

合いをしながら進めていた。3名の障害のある子どもが参加した2年生の図工の授業は、手先の器用さ、課題遂行のスピードに個人差があるため、特別支援の副担任や図工の教科担当の教師と事前に相談し、サポートのタイミングや全員が意欲的に取り組める課題を設定していた。学習指導要領においても技術面だけでなく、個別および協力して作り上げることや芸術的な観点から振り返り、多様な能力の子どもが参加できる教科になっていた。

註

1）坂野（2017）によれば、ドイツの幼稚園や保育所の就学前教育施設の中心を占めるのが児童教育士（Erzieher/in）である。この有資格者は基礎学校等で正規の授業を担当することはできないが、いわゆるアシスタントや支援員としての役割を果たしており、特別なニーズのある子どもを含む学級では不可欠な存在となっている。

　なお本書では、児童教育士の資格で、教育学的補助教師（Padagogisch Mitarbeiter/in）として学校で指導にあたる教員について、原則として身分や資格を表すときは、「補助教員」を、授業場面などにおいて教師として関わる際には「補助教師」と表記した。

44

第 3 章

フレーミング基礎学校における
インクルーシブなスポーツ授業

　インクルーシブな授業の導入にともない、学校現場では様々な授業の工夫が行われている。インクルーシブな授業実践に長年取り組んできたフレーミング基礎学校において実施された、新しい学習指導要領に対応したトゥルネン（体操）の授業と、多様な能力や背景を持つ子どもがともに学ぶステーション型授業を紹介する。スポーツ授業では、ハンドボールの単元で様々な運動要素から成るステーション課題への主体的な取り組みを促し、子どもの個人差に応じつつ、ペアワークや振り返りの議論の場が設けられていた。

キーワード：ベルリン市州、インクルーシブ教育、ステーション型授業

1．ベルリン市州の学習指導要領改訂とスポーツ授業[注1]

1）学習指導要領の改訂と教育学的観点

　第1章で紹介したように、ベルリン市州では、2017年秋から学校教育の学習指導要領が全面的に改訂され、新しいレベル段階評価のシステムが導入された。2017年秋から全面実施された学習指導要領では、初めて知的障害や学習困難のための特別支援学校も含めて1年生から10年生のすべての児童生徒を対象に、共通した内容を幅広く設定した上で、卒業までにどこのレベル段階を目指すのか、一定の基準が示される形となった（Senatsverwaltung für Bildung, Jugend und Familie: 2017）。

　スポーツ授業の目標や課題の設定についても、改訂で示された教育学的観点

第1部　ベルリン編

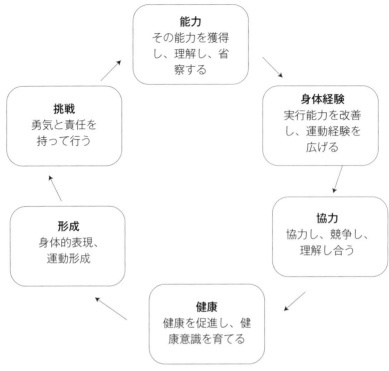

図3-1　教育学的観点
出典：Senatsverwaltung für Bildung, Jugend und Familie（2015），p.4 より一部改編して作成。

から行為の方向性が提示されている（図3-1）。これらは、どの様式や方法のスポーツ授業が強調されるのか、教育学的に求められるスポーツ授業の構成の例を示している。スポーツ授業で適切に配慮されている場合、児童生徒はスポーツ・運動感覚を確かめ、経験し、省察することを経験できる。また同時に教科的かつ教科横断的なコンピテンス（能力）の発達が支援されている。教育学的な観点の選択、重要性、関連づけは、教科会議の決定に基づいて教職員によって行われる（Senatsverwaltung für Bildung, Jugend und Familie: 2017）。

第3章　フレーミング基礎学校におけるインクルーシブなスポーツ授業

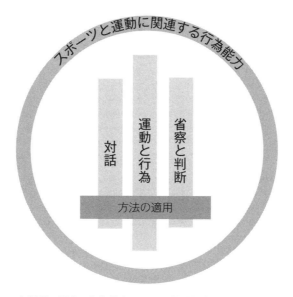

図3-2　スポーツと運動に関する行為能力における教科教育法のモデル
出典：Senatsverwaltung für Bildung, Jugend und Familie (2015), p.5 より一部改編して作成。

2）教科領域のコンピテンス（Fachbezogene Kompetenzen）

　新学習指導要領においてスポーツ授業の中心には、スポーツと運動領域で重要となる行為能力の発達が位置づけられ、以下の「運動と行為」「省察と判断」「対話」それらの「方法の適用」というコンピテンス領域が含まれる（図3-2）。「スポーツ・運動領域の行為能力は、児童生徒が様々な形でスポーツ・運動の文化に積極的に参加することを可能にし、学校外でも参加するとともに参加の恩恵を受ける」とされる（Senatsverwaltung für Bildung, Jugend und Familie, 2015）。

3）評価とテーマ領域

　第2章で紹介したレベル段階モデルは、スポーツ授業も含めすべての教科について適用される。この新しい学習指導要領においてスポーツ授業でどのように示されているのかを見ると、テーマ領域の枠組みに大きな変更はないものの、新学習指導要領では学年別に代わって上述したレベル段階別に教育課程の内容

第1部　ベルリン編

表3-1　新学習指導要領「スポーツ」のテーマ領域・内容

テーマ領域	可能な内容
走る、跳ぶ、投げる、投擲	様々な区間距離を走る、野外の団体競技、オリエンテーリング；遠い・高い障害物、棒高跳び；距離や高さを標的にした様々なスポーツ用具、物体を投げる、ぶつける、投げて飛ばす
ゲームスポーツ	運動遊び、ゴールシュート・バスケットゴール型スポーツ、打ち返し型スポーツ、エンドゾーンスポーツ、打撃型スポーツ
用具を使う運動	伝統的な様式のトゥルネン（体操）運動、現代的／選択的な様式のトゥルネン（体操）運動（例えばパルクール、スラックライン）、クライミング様式
格技（ルールに基づいた戦い）	身体的ポジショニング、身体接触、競争する場所、2人で対戦する競技、自己防御の基本に関する題材
運動を伴う様式や表現	ダンス的な体操様式（例えば、エアロビック、縄跳び、リズムスポーツ体操）、ダンス様式（例えば、若者文化のダンス、社交ダンス、フォークダンス）、移動芸（例えば、アクロバティック体操、ジャグリング）
水の中での運動	水慣れ／水への対応、水泳、ダイビング、ジャンプ、救命、水球
走行する、転がす、滑る	転がす：ロールブレッド、インラインスケート、ウェイブボード、スケートボード 乗る：一輪車、自転車、車椅子 氷と雪：スケート、スキー、スノーボード 水：ボート、サーフィン、ウォータースキー、水上スキー

出典：Senatsverwaltung für Bildung, Jugend und Familie（2017），p.81 より一部改編して作成。

が示された。さらに話し合いや振り返りの時間も重視されている。また、特別な教育的支援を必要とする児童生徒とも共通する学習指導要領に改訂されたことで、「走行する、滑る、転がす」領域に車椅子が示されるとともに、「遊び」の領域でゴールボールや車椅子バスケットボール、シッティングバレーボール、ボッチャが選択肢に入るなど、よりインクルーシブな取り組みにつながる教育内容となった。

　表3-1に示すように、スポーツ授業では7つのテーマ領域が設定されているが、基本的に男女は平等に扱うこととされ、共同でも男女別でも授業を行うことができる。性別よりもむしろ重視されているのは「児童生徒の年齢と発達に応じた共通理解に基づいて」スポーツ授業を行うことであり、必要に応じて授業内容を選択し計画に取り入れるが、「これはとりわけ障害のある児童生徒にもあてはまる」とされた。

　「調整力やコーディネーション能力、緊張とリラクゼーションの様式のような俊敏さや姿勢の訓練は、スポーツ授業のすべてのテーマ領域と内容を統合する要素」である。基礎学校の1-4年生では、7つすべての領域に関わるスポーツ授業を行い、とりわけ速さや俊敏さが促進される。5年生と6年生では、「異

第３章　フレーミング基礎学校におけるインクルーシブなスポーツ授業

表3-2　スポーツと運動領域の行為能力に関する分野別基準（省察と判断、対話、方法の適用）

	省察と判断	対話	方法の適用
	児童生徒は～することができる		
A B	スポーツと運動に様々な形で親しむ	簡単なスポーツやボール運動に関連する状況で一定のルールを守って対話する 簡単で身近な状況のもとで特定の機能に中立的な責任を引き受ける（例：協力して模倣する運動のような簡単な協力課題における支援）	自分の学習段階と能力の発達を評価する ガイダンスを受けて身近な学習環境を安全に組み立てる 簡単な支援を理解して実践する 事故や怪我を防ぐために指示に従う
C	スポーツと運動に様々な形で親しみ、自分なりにアクセスする	簡単なスポーツやボール運動に関連する状況で一定のルールを守って対話し、協力してルールを考案する	スポーツや運動に関連する行為について個々の特性のフィードバックを受ける 自分の学習段階や能力の発達について一定のツールを用いて記録する 簡単な情報（例えば資料、フィードバック）を運動に反映させる 運動の効果を引き出す 簡単な支援を理解して実践する
D	自分のスポーツや運動に関連する行為について質問する	簡単なスポーツや運動に関連する状況で規定のルールや協力して考案したルールと対話する 指導のもとで様々な機能（例えば審判員、ゲーム、小集団の活動のリーダーやキャプテン）に部分的な責任を負うこと	簡単なスポーツや運動に関連する行為の一定の特徴（強調）を認識し、気づき、修正する メディアから情報を取り出し、運動行為に置き換えること 自分の学習段階や能力の発達について、指導のもとで基準に沿って記録する 自主的に身近な学習環境を安全に組み立てる 支援や安全の位置づけを理解し、認識する
E F	スポーツや運動に関連する行為に対する決定を下し、その理由を示す	複雑なスポーツや運動に関連する状況で規定のルールや協力して考案したルールと対話する 指導のもとで様々な機能（例えば審判員、ゲーム、小集団の活動のリーダーやキャプテン）に責任を負うこと	自分の学習段階や能力の発達について、基準に沿って記録する メディアから重要な情報を取り出し、運動行為に置き換えること スポーツ上の負荷や回復の影響について説明する パフォーマンスを向上させるための練習や訓練の可能性について指摘する 支援や安全な手立てや方法を理解し、認識する
G H	自分のスポーツや運動に関連する行為に対して基準にもとづいて判断を行い、その理由を示す	複雑なスポーツや運動に関連する状況で規定のルールや協力して考案したルールと対話し、機能的に発展させる 自発的に様々な機能（例えば審判員、ゲーム、小集団の活動のリーダーやキャプテン、専門家、練習のリーダー）に責任を負うこと	スポーツや運動に関連する行為を指摘し、認識し、修正する メディアや運動描写から自主的に重要な情報を取り出し、それを他者に伝えたり運動行為に移す パフォーマンスを向上させる可能性のある練習や訓練を説明する 影響の関連性（例えばスポーツの身体的な負荷や回復）について指摘する 安全な学習環境を自主的に組み立てる 支援や安全な手立てや方法を理解し、確実に実践すること

出典：Senatsverwaltung für Bildung, Jugend und Familie（2015），pp.18-19 より一部改編して作成。

表 3-3　運動と行為のコンピテンス領域の基準「用具を使う運動」

	要素グループ（Elementgruppen）				
	揺れる、スウィングする、ぶら下がる	支える、登る	バランスをとる、立つ	跳躍する、着地する	転がる、曲がる
	児童生徒は～することができる				
A B	様々な用具で体の緊張を伴いながら揺れたり、スウィングしたり、ぶら下がる	様々な用具を支え、登る	様々な運動方向に対して、（狭い）様々な用具の上でバランスをとる　様々な支援面を保ちながら異なる体の姿勢で立つ	異なる高さからの低い跳躍で体の緊張を伴って着地する	様々な用具で転がり、曲がる
C	様々な用具で体の緊張を伴いながら揺れたり、スウィングしたり、ぶら下がる	様々な用具を支える、登る	様々な運動方向に対して、（狭い）異なる用具の上でバランスをとる　様々な支援面を保ちながら異なる体の姿勢で立つ	異なる高さからの低い跳躍で体の緊張を伴って着地する	様々な用具で転がり、曲がる
D	様々な用具で体の緊張を伴いながらリズミカルに揺れる	様々な障害物・用具を乗り越えるために用具を支え、登る	安全にバランスをとって特定の連続した運動を提示する　小さな支持面や様々な支持面の上で異なる体の姿勢で立つ	助走して1本又は2本の脚で障害物を乗り越え、床で跳躍したり、安全に着地したりする	身体の緊張を示しながらも、回転運動を行い、滑らかに転がり、曲がるという決められた一連の運動を行う
	5つの異なる要素グループからの要素を使って、あらかじめ決められた一連の動きを提示する				
E F	身体の緊張を伴った一連の運動の枠組みのなかでリズミカルに揺れる	一連の障害物を様々な形で乗り越える際に支え、登る	指示を受けて様々な要素グループの要素から成る一連の運動でバランスを取り、提示する　小さな支持面や様々な支持面の上で異なる体の姿勢で立つ	助走して床や障害物を飛び越えて安全に着地し、必要であれば一連の運動を続けて、速い助走スピードを出す	指導のもとで身に付けた、転がす・曲がる一連の運動について、身体の緊張を示しながらも滑らかに行う
	指導の下で様々な要素グループの要素から成る一連の運動を組み立てて提示する				
G H	身体の緊張を伴った一連の運動の枠組みのなかでリズミカルにスウィングする	一連の障害物を様々な形で乗り越えるために支え、登る	バランスをとるための一連の運動を自主的に形成し、提示する　小さな支持面の上や様々な支持面の上で異なる体の姿勢で立つ	助走して床や障害物を飛び越えて安全に着地し、必要であれば一連の運動を続けて、速い助走スピードを出す	自ら獲得した、転がす、曲がる、回転運動を伴う一連の運動について、滑らかに、身体の緊張を示しながらも行う
	様々な要素グループのエレメントから成る一連の運動を自ら組み立てて提示する				

出典：Senatsverwaltung für Bildung, Jugend und Familie（2015），pp.24-26 より一部改編して作成。

なる内容の3つの運動領域について広げ、深め」られる。7年生から10年生では、「5つの運動領域が可能な限り異なる内容について広げ、深め」られる。

　5年生以上では半年毎に少なくとも1つの運動領域について、特に持久力が促進され、再評価される。毎年度、3つの可能な運動領域で青少年団体の行う大会などの準備をさせ、試合または多種目競技を実施する。身体的発達の促進と同時に、フィットネスや健康、さらに中等教育後期における運動領域で求

第3章　フレーミング基礎学校におけるインクルーシブなスポーツ授業

められる「フィットネスへの準備」も行われる（Senatsverwaltung für Bildung, Jugend und Familie: 2017）。

表3-2 は、「スポーツと運動に関する行為能力（図3-2）」における「省察と反省」「対話」「方法の適用」の各分野における到達基準を示したもので、各分野について、図1-4 に示した卒業資格の到達レベル別の達成段階の内容が示されている。また表3-3 は、同様に「運動と行為」のコンピテンス領域における到達段階の基準のうち、テーマ領域「用具を使う運動」の例を示したものである。なおこれらの基準の実際の適用方法については、授業例を参考に後述する。

2．「トゥルネン（体操）」の実践例

1）対象クラス

　5 年生（児童数26名、男児12名、女児14名）のクラスが行った「用具を使う運動：トゥルネン（体操）」の授業について記録と分析を行った。このクラスには発達障害のある児童など「他の児童とのコミュニケーションがやや難しい子ども」が含まれているが、「活動には大きな支障なく参加できる」とのことであった。「自閉症児やダウン症児など、より重度の子どもが入るときは、それぞれの障害の状況に合わせてセッティングや活動のアレンジをする」こともある。活動が上手にできない子には、他の子どもが手で支えるなどのサポートをしながら活動を進め、子どもたちが相互に補助をしながら活動に参加する様子が見られた。

2）授業者

　担当の教師A氏（30歳代）は、スポーツ、ドイツ語、数学の教員免許を有し、フレーミング基礎学校で教鞭を執るのは 2 年目である。フレーミング基礎学校に赴任する前には、別の基礎学校 2 校で、計 5 年間の指導経験がある。A氏によれば、「これまで経験してきた他の学校に比べて（フレーミング基礎学校は）子ども同士のけんかやトラブルが少ないと感じている。学校が多様な子どもを受け入れ、いることによる影響があるのではないかと思っている。またフレーミング基礎学校に赴任して初年度に研修を受けたが、その際に、バーント・ミュラー先生のスポーツ授業の資料や教材が引き継がれた。バーント先生には直接会ってはいないが、（スポーツ授業で使う）ゲームなどに関する多くの資料が

51

第1部　ベルリン編

残っており、参考にしている」とのことであった。

　1975年から2015年まで、フレーミング基礎学校のスポーツ教師であったバーント・ミュラー氏は、実践をもとにしたインクルーシブな授業方法などに関する著書や資料を多く残している（安井ら：2009）。これらの資料は、ベルリン市州の基礎学校のスポーツ教師の研修資料として用いられており、若い世代の教師にも、その指導ノウハウが受け継がれていることがうかがわれる。

3）授業について

　表3-5、3-6は、「用具を使う運動（体操：トゥルネン）」の最初の授業の様子である。前時までのバスケットボールの単元から、新しい内容として取り組みが始まったもので、約2か月をこの単元に費やす予定となっていた。なお授業の内容は、「トゥルネン（体操）」ではあるが、ウェイブボードなどを使った「滑る・転がす」に関する領域の動きも併せて行う。対象クラスは、水曜日に1時間、金曜日には2時間のスポーツ授業を行っており、今回は2時間続きの授業であった。

　「最初の1時間目の授業は、時間も限られているため簡単な設定にし、道具・用具の名前や器具の使い方を覚えるとともに、用具を使って、乗る、転がるといった色々な動きに慣れるようにしている」とのことであった。またスクーターボードは、「安全のため体育館の外側のラインを移動するとともに、ラインを挟んで一方通行に動き、赤い印の近くまで来たらその時だけ床に足がついても良い」などの取り決めを行っていた。

　活動のレイアウトについては、体育館にある用具を使って担当教員が工夫してアレンジしており、「さらにぶら下がるような活動を入れたい」と思っているが、「用具が限られているため、まだ十分なレイアウトになっていない」と感じている。また用具については、マットの下にロイター板を入れ、前転などの際に転がりやすいよう工夫されていた（図3-3）。

　今回取り上げられた、「用具を使う運動」について、学習指導要領（Senatsverwaltung für Bildung, Jugend und Familie：2015）では、「運動分野の中心には、様々な用具を使った運動課題に伴う児童生徒間の関わりが位置づけられている。この運動分野は伝統的なスポーツ種目である器機を用いたトゥルネン（体操）よりも多くを包括している。用具を使った現代の代替的・協調的な運動様式は、機会を拡大し、児童生徒が自分たちの生活圏で活動内容にアクセスすることを可能にする。これによって児童生徒が学校外やクラブだけでは限

第3章　フレーミング基礎学校におけるインクルーシブなスポーツ授業

定的にしか得られないような、より多くの活動経験や運動経験をもたらす。これらは例えば、強さや機敏さ、身体感覚や運動イメージの形成など、自身の発達の基盤となるものである」とされている。

さらに「このテーマ領域の内容は、社会科学や自然科学（例えば静力学、加速、力学、スポーツ史、スポーツ政策）などを教科横断的かつ教科間を関連づけて計画することができる。特別な学習機会は、多角的にアクセスすることにより可能になる。この運動領域では、以下のような教育学的観点を強調して示している」とされ、図3-1 に示した教育学的観点の内容として、「能力（例：特定の運動様式の実現）、挑戦（例：用具の組み立てに挑戦する際の対応）、デザイン（例：自由に要素間を関連づけた創造的なデザインや、用具をアレンジして個々に取り扱うこと）、協力（例：パートナーまたは集団による用具の取り扱い、用具を使った運動で協力して表現すること）、特定の支援や安全確保、身体経験（例：高いジャンプによる跳躍、高い所から下に跳躍して着地する、パートナーから支援を受けて目を閉じて用具に対処する）」が示されている。

なお表3-4 は、「用具を使う運動」領域において具体的な教材の例として示されているものである。伝統的な、「トゥルネン（体操）」の活動内容とともに、それらの用具を利用した「体操遊び」や若者のストリートスポーツとして人気があるパルクール、スラックラインさらにクライミングなど、学校外での身体運動につながる活動が示されている。旧来の「トゥルネン（体操）」から新しいスポーツ活動を含めて発展させ、「生涯にわたり運動を楽しむ」態度の形成につながる内容であることがわかる。

表3-4 「用具を使う運動」領域の内容

内容	例
伝統的な様式のトゥルネン（体操）運動	平均台、平行棒、馬（跳び箱）、床、鞍馬、鉄棒、ラート[註2]、（吊り）輪、（ミニ）トランポリン
現代的／選択的な様式のトゥルネン（体操）運動	障害物を使ったトゥルネン（体操）、パルクールスポーツ[註3]、スラックライン、用具を使うトゥルネン（体操）遊び
クライミング様式	ボルダリング、クライミング（例：ロープ、ウォールバー、クライミングポール）

出典：Senatsverwaltung für Bildung, Jugend und Familie（2015）, p.38 より一部改編して作成。

第1部　ベルリン編

4）授業展開（表3-5、表3-6参照）

10：15　2回の笛の音を合図に、児童が輪になって集合する。教師は3つの器具を使ってマットの上に立つことを説明し、用具の名称の確認を行う。さらに最後にマットに乗った子どもが、マットの上で前転または横転がりをすることを伝え、活動開始。まずはセッティングしてある用具をよけて自由に走りまわる。次に手をたたく合図の後に"柔らか（Weich）"というと子どもたちが柔らかいマットの上に集まる。続いて"スプリング（Spring）"というとロイター板が下に入れてあるマットの上に集まるという活動を繰り返す。最後に乗った子どもは、マットの上で横転がりをする。

　このようなゲーム的な活動を通して、トゥルネン（体操）で使う用具の名称を覚えていく。10：25床に引いてある黒いラインを目印に並び、次の活動の説明を受ける。床を海に見立てて、なるべく足がつかないように用具の上を移動して回る活動である。マット、巧技台、跳馬、平均台（バランスベンチ）など様々な用具の上を床に足をつけないように移動する。教師は上手にできた子どもに「スゴイぞ（Super！）」などの声をかけて、注意の持続を促している。活動に際し、器械体操という運動種目につながる活動ではあるが、空間を様々な場面にイメージさせることで、遊び的要素を取り入れながらモチベーションを持続させる工夫である。10：35集合して、前半の活動の振り返りを行った後、後半の活動の説明をしてから休憩となった。

　10：52再び集合し次の活動の説明を行う。小さいマットの上で横転がり、スプリングの入ったマットでは前転をするという活動である。安全管理や活動のルールについて質疑を受けた後活動を開始する。11：04次の活動、鬼（狩人）ごっこの説明。赤いたすきを掛けた鬼に捕まったら"死んで"しまうので、その時は復活のための梯子（肋木）を登ってフルーツに見立てたボールを取りに行くという活動である。また逃げる際は、用具の上を移動するが、スケートボードなどを使うこともできる。2人一組みで、手をつないだ鬼（狩人）が、その他の子どもを追いかける。途中、鬼（狩人）が交代する。11：20集合し活動の振り返りを行ったあと、用具の片付けを行う。その際、用具によって何人で運ぶかなどの指示を行う。特に大型用具の移動の際のけがの防止などに留意した指示が行われ、11：35解散となる。

　今回の授業は、「伝統的な様式のトゥルネン（体操）」の内容へとつながる「用具を使う運動（トゥルネン）遊び」である。伝統的な「器械体操」の用具と新

54

第3章　フレーミング基礎学校におけるインクルーシブなスポーツ授業

しい用具を組み合わせて様々なコース設定を行い、乗り越える、飛び降りる、渡る、登るなどの課題に取り組む内容となっていた。それぞれの用具や場を海や山に見立てたり、ストーリー性を持たせたり、さらに「鬼ごっこ」などの遊び的要素を加えるなど、多様な発達段階の子どもが興味を持続させながら、それぞれの課題に取り組めるような工夫と配慮が行われていた（表3-5、表3-6）。

5年生については、第1章の図1-4に示されたCまたはDの段階が、それぞれの子どもの到達目標となる。例えば教育学的目標の「省察と判断」の項目をみると、中等教育段階の修了時（10年生）に、「就職を目指す卒業資格：発達に障害のある子どもなどが多く含まれる」や「職業教育資格」に該当するレベルの子どもでは、C段階の「スポーツと運動に様々な形で親しみ、自分なりにアクセスする」が到達目標となる。一方、中等教育終了資格やギムナジウムを目指すレベルでは、D段階の「自分のスポーツや運動に関連する行為について質問する」などが到達目標となる。

さらに運動と行為のコンピテンス領域をみると、本授業で取り上げた「用具を使う運動」の例えば「跳躍する、着地する」の項目では、Cの段階「異なる高さからの低い跳躍で体の緊張を伴って着地する」、Dの段階「助走して1本又は2本の脚で障害物を乗り越え、床で跳躍したり、安全に着地したりする」、「5つの異なる要素グループからの要素を使って、あらかじめ決められた一連の動きを提示する」などが到達目標となる（表3-3）。また評価については、それぞれの到達基準に合わせ、個別の評価が行われる。

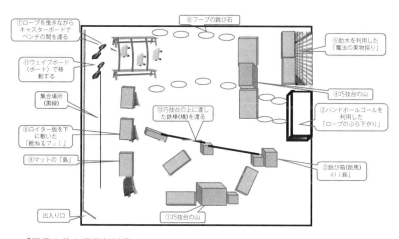

図3-3　「用具を使う運動」授業時のレイアウト

第1部　ベルリン編

表3-5　スポーツ授業（用具を使う運動）の様子（前半）

10:15　集合の合図（2回の笛） C：輪になって集合する T：「3つの器具を使ってマットの上に立ちます」道具の名前の確認 T：「1つ目は硬いスプリングマット"Spring"です」 「2つ目は、厚い柔らかいマット"Weich"です」「3つめは小さいマット"Kleine Matte"」 「最後にマットに乗った子どもは、マットの上で前転または横転がりをします」 「青いマットの上では、前転をします。できない人は、寝そべって横転がりをします」 「（置いてある）用具をよけて自由に走ってください」	 最初の集合
10:20　活動開始 T：合図（手を叩いて）"Weich" C：柔らかいマットの上に集まる T：合図（手を叩いて）"Spring" C：ロイター板が下に入れてあるマットの上に集まる、最後に乗った子どもは、マットの上で横転がりをする。 T：「動いて動いて」	 指示された用具の場所に移動・集合
10:25 T：「黒いラインに並んで」 「今度は用具の上を移動しながら好きに遊んで良いですが、床は"海"なので、なるべく足がつかないように遊んでみましょう」 C：マット、巧技台、跳馬、平均台（バランスベンチ）など様々な用具の上を床に足をつけないように移動する。用具の間は「海」で、落ちないようにジャンプしたり鉄のパイプの上を渡ったりしながら移動する。 T：上手にできた子どもに「スゴイぞ（Super！）」などの声をかける。	 落ちないように用具の上を移動
10:35　集合 T：「何ができたか、何が難しかったか教えてください」 C：「サッカーゴールの所のぶら下がるのが難しかった」 C：「ハシゴ（肋木）の所で、ボールを下へ持って行ってからまた上に置くのが難しかった」 T：次の活動の説明「床に落ちたら燃えてしまうから気をつけて。でも魔法の果物（ハシゴ（肋木）の上に置かれたボール）を触ると生き返ります」 C：活動開始、用具の上を移動しながら活動を行う。 10:46 -10:50 トイレ、水飲み休憩	 ロープと輪を使ったぶら下がり

「　」は発言、Tは教師、Cは子どもを示す　記録2017/12/8

第3章　フレーミング基礎学校におけるインクルーシブなスポーツ授業

表3-6　スポーツ授業（用具を使う運動）の様子（後半）

10:52 集合　次の活動の説明
T：活動の説明「小さいマットの上で横転がり、スプリングの入ったマットでは前転します」
C：「他の子どもがいるときは？」
T：「その子が終わるまで待ってください」「できない子は、前転ではなくても良いですよ」「巧技台の上から飛び降りた後、マットがずれたりしたときは自分たちで直してください」

10:55　活動開始

11:04　その場で活動の説明
T：「次の活動は鬼（狩人）ごっこです」「赤いたすきを掛けた鬼に捕まったら"死んで"しまうので、復活のためのフルーツを取りに行かなければなりません（フルーツは、はしごの上のボール）」「ウェイブボードに載って逃げることもできます」

11:07「1、2、3、始め」活動開始
2人一組で手をつないだ鬼（狩人）がいるので、捕まったらハシゴの上に行く。

11:15　ストップ、鬼（狩人）交代

11:20　集合（笛の合図）
T：「黒い線にちゃんと並んでいますか？　うまくいったこと、楽しかったこと、難しかったことは何かな？」
C：「2人で動くのが難しかった（狩人）」
T：「落ちた人は自分で正直に認めて、活動することが必要です」

11:23 片付け：4人でマットを運ぶ。指示に従い（ゴールの）ロープを外す。ベンチは3人で運ぶ。フープ、小さいマット、ウェイブボードなどを片付ける。

11:28　集合
T：大型の用具を運ぶ際に「バラバラに動くとケガをする場合があります」といった留意事項を伝えるとともに、大型マットや巧技台などの大きな用具については「4名で」などの人数を指示してから片付けさせる。

11:35　解散

キャスターボード

魔法の木の実を移動

ウェイブボードで移動

片付け

「　」は発言、Tは教師、Cは子どもを示す　記録 2017/12/8

第1部　ベルリン編

3．ステーション型のスポーツ授業

1）ステーション型授業

　ステーション型授業[註4]とは、一つのテーマをもつ単元で子ども同士のペアや小グループが複数の学習方法・課題によって構成されるステーションから活動を選んで行うものであり、基礎学校で多く取り入れられている方法である（Klippert: 2010, p.109-111）。これは教科領域の学習場面で活用される場合が多いが、スポーツ授業でも体力差・能力差が大きい子どもが活動に参加する際には一つの有効な方法となり得る。本書の第2章において内的分化によるインクルーシブな授業を取り上げたが、ステーション型授業は、内的分化の一つの形態といえる。

2）ハンドボールの基礎的なスキルを学ぶ授業の実際

　体育館で行われたハンドボールの様々な要素を練習するための例として4年生のハンドボールの授業の実践例を紹介する。本時は、ハンドボールの単元4－5回目の2コマ連続の授業である。4年生の20名のうち1名が重度の障害児であった。

　8：00体育館に輪になって集合し、活動の説明（写真3-1）が行われる。8：15全員でボールを1つずつ持って音楽に合わせドリブルを行う。時々音楽が止まりボールをその場で投げ上げてキャッチする（写真3-2）。次は3人一組で、2人のパスを間でもう一人がインターセプトしたら交替する。

　8：26集合して2人一組になり、各グループに、教師がステーションの課題が書かれたカードを配付する。子どもは2人組で、各課題のセッティングを行っていく（写真3-3）。教師は各グループに、適宜説明を行ったり用具の説明を行ったりする。その間、2人の児童がロイター板とマットを使い重度の障害児用の活動を作る。その後各グループの子どもたちが順番に自分たちが作った「ステーション」に移動して活動の説明を行う（写真3-4）。途中で重度の障害のある児童が、補助教師とともに授業に加わる。

　8：51ステーション活動開始。軽快な音楽とともに、各ステーションの活動を行っていく。音楽が止まると次のステーションに移動する（写真3-5）。障害

58

第3章　フレーミング基礎学校におけるインクルーシブなスポーツ授業

表3-7　ハンドボールの基礎的なスキルを学ぶ授業の展開

8:00	体育館集合　更衣室で着替え
8:13	輪になって集まる　活動の説明　（写真3-1）
8:15	全員でボールを1つずつ持って音楽に合わせドリブルを行う 時々音楽が止まりボールをその場で投げ上げてキャッチする　（写真3-2）
8:20	集合　次の活動の説明 3人一組、2人のパスを間でもう一人がインターセプトしたら交替
8:26	集合　2人一組になり、各グループに、教師がステーションの課題が書かれたカード^{注3}を配付
8:25	子どもが各課題を持って（2人組）セッティングを行っていく　（写真3-3） 教師は各グループに、適宜説明を行ったり用具の説明を行ったりする
8:31	2人の児童がロイター板とマットを使い重度の障害児用の活動を作る
8:36	輪になって集合 各グループの子どもたちが順番に自分たちが作った「ステーション」に移動して活動の説明を行う（写真3-4） 途中で重度の障害のある児童が、補助教師とともに授業に加わる
8:45	輪になって集合 教師が各グループがローテーションでそれぞれのステーションをまわっていくことを説明する ステーションをやってみて気になったことを子どもに尋ね、何名か発言する
8:51	ステーション活動：交代で実施：音楽をかけながら各ステーションの活動を行う 音楽が止まると交替（ローテーション）していく（写真3-5） 障害のある児童：補助教員とともにロイター板からマットに移って歩く活動を繰り返し行う（写真3-6）、その後、他の児童が行っている活動を見てまわる
9:16	輪になって集合 子どもたちによる授業の振り返り：ボールを使ったステーション活動をやってみて、うまくいったこと、楽しかったこと、気に入った活動について意見交流する
9:18	片付け
9:20	終了

（記録：2014/9/25）

のある児童は、補助教師とともにロイター板からマットに移って歩く活動を繰り返し行い（写真3-6）、その後、他の児童が行っている活動を見て回る。9：16輪になって集合し授業の振り返りを行う。片付けの後9：20に終了・解散となる。

　教師がカードに描かれた複数の課題を用意し、2人一組になってカードに書かれた用具のセッティングを行うという活動である。カードには必要な用具の指示、運動方法の絵と指示が示され、ペアになった2人が体育館の倉庫から用具を運ぶことから始める。全体で始める前にカードの指示に描かれた通りに、皆に活動の見本を見せることができるかを確認し担当の調整を行うなどしている。特に隣のステーションとの接続が適切であるかも配慮する。授業時の各ステーションのレイアウトは、図3-6に示す通りである。

　教師だけで各ステーションを準備することは限られた授業時間では難しいが、複数の子どもがグループで取り組む課題を自分たちで選ぶことで意欲や興味が

59

第1部　ベルリン編

写真 3-1　輪になって集合

写真 3-2　準備運動を兼ねたボール遊び

写真 3-3　ステーション作り

写真 3-4　ステーションの説明

写真 3-5　各ステーションをローテーションで体験

写真 3-6　重度障害の子どもへの個別の対応

図 3-1　カードの例（1）ゴールキーパーの練習

図 3-2　カードの例（2）動く標的

出典：Bracke, Julia（2011）Lernzirkel Sport 5: Ballspiele. Buch Verlag Kempen. より筆者らが改編して作成。

第3章　フレーミング基礎学校におけるインクルーシブなスポーツ授業

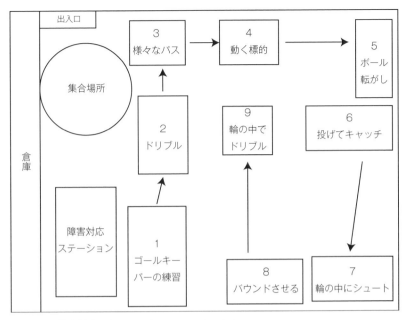

図3-3　体育館内の各ステーションのレイアウト

高まり、自分たちで他の子どもにステーションの使い方の見本を示すという責任感を伴う。次の授業では前回と異なるステーションを担当し、一つの課題にじっくりと向き合う機会も確保される。また、同じ「ハンドボール」という単元であっても、様々な運動要素を取り入れ、子どもによるスキルの個人差にも対応し、子ども同士の教え合いも促すことが期待できる。

　表3-8に示したハンドボールのステーション課題は、バウンド、ドリブル、パス、ゴールといった様々な運動要素が含まれている。また単に複数の課題を授業で同時進行するのではなく、各ステーションの内容もスキルの個人差に対応できるように設定されている。例えばフープに合わせて一定間隔でボールをバウンドさせる課題では左右の手で試したり（課題2）、動く標的では的の面積が大きな巧技台に当てた後にコーンにも当たるか試す（課題4）、壁に当てたボールをキャッチする活動で壁との距離を一歩ずつ下がって難易度を上げる工夫（課題6）など、ボールの扱いが難しい子どもから各運動要素のスキルをさらに高めたい子どもまで、自分のペースでレベルアップできるように微調整できる仕組みになっている。

61

第1部　ベルリン編

表 3-8 ハンドボールのステーション授業

課題	ステーション名	活動内容・用具	カード（テキストより）	実際の活動の様子
1	ゴールキーパーの練習（Torwart-Training）	2つのゴール（約3メートル離す）を向かい合って設置する。お互いにゴールに向かって投げ合う。必要な物：4本のボール、ボール		
2	ドリブル（Prellen）	大きな蛇の中をボールをドリブルして進む。右手と左手でもやってみよう。必要な物：フラフープ（小さめ）8つ、ボール		
3	様々なパス（Zupassen）	お互いにボールを投げ合う。距離を変えたり、様々なボールでもやってみる。立ったまま、座って、拍手をして、くるりと回って、バウンドして、足から覗いてとることもやってみよう。必要なもの：様々なボール		
4	動く標的（Bewegliches Ziel）	1人の子どもが台車をゆっくり引いて歩いたら、反対方向にも行く。巧技台に当ててみよう。コーンにも当てることができるかな？必要な物：キャスターボード、小さな巧技台、ロープ、小さなコーン2つ		
5	ボール転がし（Ball trelben）	ボールを投げる。壁まで届くように投げてみよう。必要な物：ロングベンチ2台、セラピーボール、ボール		
6	投げてキャッチ（Wurt und Fangschule）	壁に向かってボールを投げて、跳ね返ってきたらキャッチする。確実にできたら、いつも一歩ずつ後ろに下がって試す。輪とベンチからもやってみよう。必要な物：輪4つ、ロングベンチ、ボール		

62

第3章　フレーミング基礎学校におけるインクルーシブなスポーツ授業

表3-8 ハンドボールのステーション授業（つづき）

課題	ステーション名	活動内容・用具	カード（テキストより）	実際の活動の様子
7	輪の中にシュート（Torwurf）	走ってきてゴールに向けて投げる。フープの中や巧技台に当たるように投げてみよう。枠外に気を付ける。必要な物：ゴール（柔らかい床マット）、輪2つ、紐2本、小さい巧技台2つ、ボール		
8	バウンドさせる（Aufsetzer）	ボールをバウンドさせるように投げて跳ね返させる。ゴールラインの上にボールが当たるようにできるかな？必要な物：立てた柔らかいマット、マット用ベルト又はチョーク、ボール		
9	輪の中でドリブル（Prellen im Kreis）	2本の紐を使って2つの円を作る。円の周りを走りながら、紐と紐の間をドリブルする。右回りと左回りをやってみよう。必要な物：紐2本、ボール		

4．スポーツ授業の改革

　本章では、ベルリン市のスポーツ授業における新たな学習指導要領の内容とともに、インクルーシブ教育の実験校として知られるフレーミング基礎学校におけるスポーツ授業の様子を紹介した。

　これまでベルリン市州における学習指導要領とスポーツ授業について、障害のある子どもへの対応に焦点をあてて報告してきたが（安井ら：2009）、2017-2018年に全面的な改訂が行われた学習指導要領では、学習達成度に対応した学校種間で共通の評価基準を設けるなど、大幅な改革が行われていた。

　インクルーシブ教育については、国によってそのとらえ方に違いがあり、インクルーシブ体育についても、単に「障害のある子どもと健常児がともに行う授業」として、「交流及び共同学習」における体育授業などが取り上げられることも多い。一方、2013年の文部科学省事務通知「学校教育法施行令の一部改正について」に見られるように、障害のある子どもの就学先に対する柔軟な対応が認められるなど、通常学級に在籍する特別な教育的ニーズを有する子ども

への対応も求められるようになってきている。

　松浦（2017）は、小学校を通常学級で過ごした肢体不自由のある生徒の分析から、体育授業における指導方法・内容、支援体制とともに評価方法などの課題について指摘している。多様な教育的ニーズを持つ子どもが在籍する通常学級において、インクルーシブな体育を実現するためには、教育課程の編成と評価の方法についても検討していくことが求められる。

　今回のベルリン市州における学習指導要領の改訂では、初等教育段階から前期中等教育段階の1年生から10年生について、10年生での学習達成度に対応した学校種間で共通の評価基準を設けること、さらに運動パフォーマンスだけではなく、行為能力として多角的な達成段階が示されることで、教師が障害や多様なニーズに対応した教育目標の設定ができるようになっていた。さらにインクルーシブ教育の実験校として長らく様々な取り組みを行うとともに、現在も重点校として位置づけられているフレーミング基礎学校では、インクルーシブなスポーツ授業についてもそのノウハウが引き継がれ、授業展開に生かされている様子がみられた。

　今回取り上げた授業についても、伝統的な体操競技の教材や用具を使いながらも、遊び的な要素を取り入れるとともに多様なコースや課題を設定することで、様々な発達段階の子どもが活動に参加できるよう工夫が行われていた。また学習指導要領に示された「判断と省察」「対話」する場面として、子ども同士の助け合いや相談などを行う様子もみられた。さらに「教育学的な到達目標」を達成できるような授業構成が行われるなど、インクルーシブなスポーツ授業を指向する様子がうかがわれた。このような多面的な評価と卒業時の目標レベルに合わせた到達段階の設定による個々に合わせた指導については、日本においても、今後インクルーシブな体育授業を進めるにあたって参考となる視点であろう。

　またステーション型のスポーツ授業では、一般的に5−9つ程度の運動課題を同時に設定するため、一人当たりの運動量が増加するだけでなく、子どもたちが順番を待つ時間が非常に少ない。これは待つことが苦手な多動傾向のある子ども、見通しが持てないと不安になる発達障害の傾向のある子どもにとっても逸脱行動の機会が少ない活動の形態という意味を持つだろう。授業観察した際にも輪になって話し合う時間には、ボールを持ったまま立ち歩く子どもや輪に入らずにひとりで過ごす子どもがいたが、ステーションをまわる活動になると他の子どもと一緒に課題に取り組んでいる姿がみられた。

第3章　フレーミング基礎学校におけるインクルーシブなスポーツ授業

　このようにフレーミング基礎学校では、これまでのインクルーシブなスポーツ授業に関する教育実践の蓄積をもとに、様々な取り組みが進められている。特別教育の専門教師や補助教員と連携しながら、授業内で共通の単元・題材を用いて複数の課題を用意するとともに、発表方法の選択、学習支援の選択といった内的分化や多様な子どもが参加できる授業が行われるようになってきていた。

註

1 ）ドイツでは、1970-1980年代に体育からスポーツへという転換が行われており、本章においても「スポーツ授業」とした。詳しくは安井ら（2009）を参照のこと。

2 ）ラート（Rhönrad）は、2 本の鉄の輪を平行につないだ器具で様々な体操を行うドイツ発祥のスポーツ競技。

3 ）日本パルクール協会によれば、「走る・跳ぶ・登るといった移動に重点を置く動作を通じて、心身を鍛えるスポーツ（運動方法）」とされる。

4 ）ステーション型授業は、子どもたちが安全に用具を運ぶことができるように低学年のうちに指導を行っている。フレーミング基礎学校でも使われている教材のシリーズ（Lernzirkel Sport：スポーツの学習コンパス）には、授業に活用できる切り取り式のカードとともに、安全に関する子どもへの注意も示されている。例えば、「ステーションで学ぶ体操」では、ロングベンチや大小の巧技台を何名で運ぶと安全か、マットの使い方、平行棒の運び方などが示されている。またこのステーション型教材のシリーズには、冒頭に授業のルールが示されている。「合図があったら輪になって座る」「用具の組み立てと片付けの時には全員で手伝う」「他の人がプレーしている時は静かに見る」「お互いに助け合う」「組み立てと片付けの時には注意する。用具で遊んだり、用具を運びながら遊んだりしない：足に注意する！」など具体的な指示があり、多くの用具を子どもが使う際の安全管理に配慮している。

第1部　ベルリン編

第 4 章

視覚支援学校と
地域スポーツクラブとの連携

本章では盲学校（視覚支援学校）と通常学校の視覚障害児のスポーツ授業の様子とともに、地域のスポーツクラブ（乗馬クラブ）などの地域資源を活用した多様な取り組みを紹介する。さらに盲学校から地域の学校への巡回相談・授業などを行っている教師（盲学校コーディネーター）へのインタビューを通して、インクルーシブ教育の現状と、その進展に伴う課題についても検討する。本人と家族の希望や障害特有のニーズに合わせた盲学校と通常学校の柔軟な連携体制や、スポーツクラブや視覚障害の支援施設を活用した学校から地域移行に向けた連続的で柔軟な支援体制が構築されつつあった。一方、重度の視覚障害児も通常学校で学ぶようになる中で、児童によってはストレスを強く感じて、盲学校に在籍を変更するケースなども見られた。支援にあたるコーディネーターのインタビューからは、支援方法や学校選択などにおける模索が続いている様子もうかがわれた。

キーワード：ベルリン市州、視覚支援学校（盲学校）、地域連携、余暇、
**　　　　　　スポーツ**

1. 学校と地域スポーツクラブの連携

　ベルリン市州における視覚障害児の就学先の割合は、2013年以降、盲学校で学ぶ子どもの人数が減少し、通常の学校で特別な支援を受けながら学ぶ児童生徒や統合型総合制学校における教育支援をうける児童生徒の割合が増加している（図4-1）。

　さらにドイツでは、全日制学校への移行が進む中、学校と地域のスポーツク

第4章　視覚支援学校と地域スポーツクラブとの連携

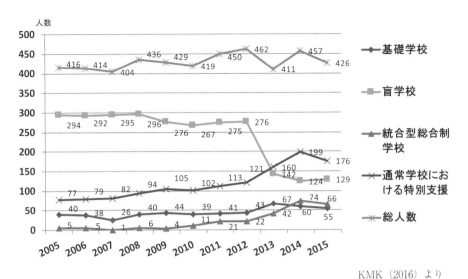

図4-1　ベルリン市州における特別支援（視覚）を受ける場の変化（実人数）

図4-2　各学校・機関の位置関係

第1部　ベルリン編

ラブの連携についての提言が出されるなど（DOSB: 2009）、地域の機関との連携のもと、新たな取り組みが進められようとしている。本章では、特別支援学校（盲学校）と通常学校のそれぞれの学校における支援体制やスポーツ授業の様子とともに、インクルーシブ教育の制度移行に伴う課題、スポーツクラブなどの地域連携の実際について取り上げる。なお図4-2 に、本章で紹介する盲学校とフレーミング基礎学校、乗馬クラブ、視覚障害協会の位置関係を示した。盲学校から見ると、それぞれの機関が3～8kmの範囲内にあり日常的な連携がとりやすい立地にあることがわかる。

2．盲学校と通常学校の余暇・スポーツを通した地域連携の実際

1）盲学校における支援

(1) ヨハン・アウグスト・ツォイネ盲学校について

ヨハン・アウグスト・ツォイネ盲学校（以下盲学校）は、1806年にベルリン市に開校されたドイツ最初の盲学校で、現在は図4-3 に示すとおり、就学前教育から職業教育まで幅広く教育的支援を行っている。なお現在ベルリン市州の視覚障害教育を専門とする学校は、ヨハン・アウグスト・ツォイネ盲学校と弱視および知的障害を対象とした特別支援学校（Paul und Charlotte Kniese Schule）の2校となっている。さらに各区で、実験的に視覚障害の特別支援学級を設置する試みなども始まっている。

本盲学校で学んでいる児童生徒は、基礎学校段階（1-6年）と前期中等教

ヨハン・アウグスト・ツォイネ盲学校

第4章　視覚支援学校と地域スポーツクラブとの連携

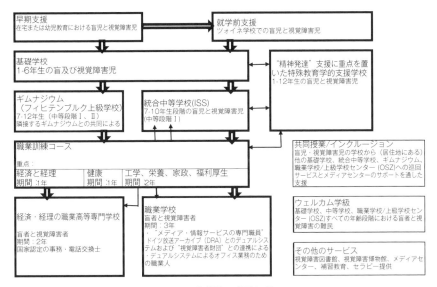

図4-3　ヨハン・アウグスト・ツォイネ盲学校の学校組織

育段階7-10年生までとなっている。その後は、職業教育へと進むが、成績優秀でギムナジウム（大学等の高等教育機関への進学コース）を希望する場合には、ドイツ・ヘッセン州のマールブルクにあるギムナジウム盲学校（Carl-Strehl-Schule）へ進学する場合もある。学校全体の児童生徒数は、約100名で、教職員は約50名である。なおベルリン市州の規程で、視覚障害児については、1クラス6名以下となっている。

（2）スポーツ授業①「インラインスケート（ローラースケート）」

視覚障害児に対する専門的な教育支援方法に関するノウハウの蓄積を活かした授業展開が行われている。授業を担当したのは、スポーツの教師は、ウヴェ・デットナー先生（Uwe Dettner、60歳）で、1989年に教師になり間もなく定年を迎えるが、「（再任用で）あと5年は続けるつもり」とのことである。校内ではスポーツ授業と移動訓練（歩行訓練等）を教えているが、英語の教員免許も持っており、前任校はギムナジウム盲学校に勤務するなど、視覚障害教育に対する高い専門性を有している。

授業は、4-5年生混合で、6名の男児と1名の女児（車椅子利用）の計7人である。それぞれ中～重度の弱視のほかに聴覚障害、肢体不自由、発達の障害

第1部　ベルリン編

などを併せもっていた。さらに主に車椅子の女児の支援をする補助教師（PA：
Pedagogschmitarbeiter）の女性が参加していた。

　インラインスケート（ローラースケート）は、4月の末（イースター休暇明け）
から開始され約1か月取り組まれていた。単元としてこの学校に導入したのは、
「数年前から」とのことである。当初、子どもたちにはヘルメットをつけさせ
ていたが、転び方も上手になり、体育館内では頭部をぶつける危険も少なくな
ったため、今は着用していない。教師も授業の際には実際にインラインスケー
トを履き、見本を見せるなどして授業が進められた。

　障害の程度や運動技能にあわせ、音による支援や視覚的な目印の活用、身体
各部位への直接的補助などを行いながら、「滑る感覚を楽しむ」ことを重点に
おいた授業が進められた。

　8：02子どもたちが体育館に集合し、学習の説明を受ける。8：12ウォーミン
グアップとして男児6名が4人と2人に分かれてトレーニング用のエアロバイ
クで運動を行う（写真4-1）。トレーニング器具を使った活動は、卒業後もスポ
ーツジムなどに通うなどの運動継続にもつながる活動である。それぞれのグル
ープで会話しながらの活動である。エアロバイクが使えない車椅子の女児は体
育館の周回をする。子どもたちがウォーミングアップをしている間、教師は高
跳びのバーを利用したくぐる課題、三角コーン（3本）を立てたスラロームコ
ース、体育館の四面を回る周回コースなどのセッティングを行った。

　8：22子どもたちがスケートを履く（写真4-2）。スケートを履いた子どもは体
育館の中を滑り出す。女児は補助教師とともに車椅子での運動や歩行器での
運動などを行う。時々スケートを履いた男児が車椅子を押す（写真4-3）。8：36
それぞれのペースで滑る子どものレベルに合わせ、教師が動きのアドバイスや
補助を行う（写真4-4）が、障害物やマットに躓いて、転ぶ子どももみられる。8：
44車椅子の生徒が、個別の対応のため補助教師とともに退室する。8：50コー
ス上の生徒が待機する場所に、グリーンのマットを敷いて目印を作る。9：01
手をつないでバックの練習などを行う。

　9：07ベンチに座って休憩。5分間の休憩のあと、生徒とともに陸上競技の
高跳びのバーの下をくぐるコースを準備する（写真4-5）。9：14生徒が一人ずつ
バーの下をくぐる。重度の弱視でバーの位置が見えない生徒に対しては、教師
がバーを叩くことで位置を知らせる（写真4-6）。9：20徐々にバーの高さを低く
して、難度をあげながら、繰り返しバーの下をくぐる練習をする。9:23終了し、
生徒とともに用具を倉庫に片付ける。

70

第4章　視覚支援学校と地域スポーツクラブとの連携

　スケートの取り組みについては、教師自身が好きでそれを「子どもたちに体験させたいという思いもあった」とのことである。なお学習内容については、柔軟な対応が認められるが、通常学校の教育課程にある程度準じており、第1、3章で紹介した通常の基礎学校の学習指導要領のテーマ領域「走行する、転がす、滑る」に対応した内容となっている。体育館の壁や目印を配し、障害の状況に合わせたコースセッティングを行うことで、「滑ることを楽しむ」ようにする工夫がみられた。一方、ただ滑るだけではなく、障害物をよけたり、教師の出す音を頼りにバーの下をくぐったりする活動を入れることで、環境の把握や身体のコントロール力を高めることにつながるなど、専門性の高い内容になっていることがわかる。

表4-1　インラインスケートの授業

8:02	体育館集合　今日の学習の説明を受ける
8:12	ウォーミングアップ。男児6名が4人と2人に分かれてトレーニング用エアロバイクで運動を行う（写真1）※
8:13	車椅子の女児は体育館の周回をする
	教師が体育館のセッティング
	・高跳びのバーを利用したくぐる課題
	・三角コーン（3本）を立てたスラロームコース
	・体育館の四面を回る周回コース
8:22	スケートを履く　（写真2）
8:25	スケートを履いて体育館の中を滑る
	女児はPA※※とともに車椅子での運動，歩行器での運動などを行う
	時々スケートを履いた男児が車椅子を押す（写真3）
8:36	それぞれのペースで滑る、子どものレベルに合わせアドバイスや補助を行う（写真4）
	障害物やマットに躓いて、転ぶ子どももみられる
8:44	車椅子の生徒が，個別の対応のため補助教師とともに退室
8:50	コース上の生徒が待機する場所などにグリーンのマットを敷いて目印を作る
9:01	手をつないでバックの練習などを行う
9:07	ベンチに座って休憩
9:12	生徒とともに棒の下をくぐるコースを準備　（写真5）
9:14	生徒が一人ずつくぐる
	重度の弱視でバーの位置が見えない生徒に対しては、教師がバーを叩くことで位置を知らせる（写真6）
9:20	徐々にバーの高さを低くして，難度をあげながら繰り返しバーの下をくぐる練習をする
9:23	終了。生徒とともに用具を倉庫に片付ける

※写真1は「写真4-1」を表す。以下本章では写真番号（4-　）となる。　　　※※ PAは補助教師注1)

（記録：2015/6/5）

第1部　ベルリン編

写真 4-1　ウォーミングアップ（バイク）

写真 4-2　各自インラインスケートを履く

写真 4-3　車椅子を押す生徒とPA

写真 4-4　各自でそれぞれの課題を練習

写真 4-5　生徒とコースを準備

写真 4-6　バーを叩き音で高さを教える

（3）盲学校におけるスポーツ授業②「運動遊び（心理−運動）」

　ウヴェ・デットナー先生による「運動と遊び（Bewegung & Spiel）」の授業で、1−2年生の男児3人女児2人の5名が参加していた。この授業は、「心理−運動（Psychomotorik）」[註2]の内容を取り入れ、おもにフープとトランポリンを用いた活動である。授業は音楽に合わせて体を動かしながら"楽しい雰囲気"の中で進められた。

　ウヴェ氏は、1987年に、「心理−運動」の指導者養成の拠点の一つであったマールブルク大学で半年間の研修を受け、それをもとに1989年から授業に取り

第4章　視覚支援学校と地域スポーツクラブとの連携

入れているとのことであった。授業は、スケートの授業と同様、「ベルリン市州の基礎学校の学習指導要領（スポーツ）に準じているが、子どもの教育的ニーズに応じて内容を変更しながら行っている」とのことである。なお学習指導要領「運動遊び（Spiel）」の内容に対応している。

授業は、活動内容などの説明の後、音楽に合わせてランニングから始まった。壁にはマットが各所に立てかけてあり、弱視の子どもの視覚的手掛かりになるとともに、走って壁にぶつかっても安全なように配慮されている。全力で走る体験が少なくなりがちな重度の視覚障害児への対応の工夫である。その後、「宇宙ロケット発射〜」などの歌詞に合わせて、手で回転させたフープが"止まった時の音"を頼りに輪の中に入る活動、フープを使って体を動かす活動、フープ跳び（フープを使った"縄跳び"）、転落防止用に安全網に囲まれたトランポリンを使っての活動などが行われ、最後に全員でフープの輪に入り終了となった。

表4-2　運動遊びの授業の様子

10:50	体育館集合　座って説明を聞く
10:53	壁際のマットに並んで立ち、音楽に合わせて四辺の壁際をみんなでランニング（写真7）
10:57	フロアの好きなところに座る　一人ひとつずつフープが配られる フープの中に座る 「宇宙旅行」の歌詞がついた音楽の指示や効果音に合わせフープを使った様々な動きをする：「上・下」「動いて」「ロケット」「着地」「重力」などの歌詞に合わせて動く（写真8）
11:08	音楽終了、フープを回転させ止まるときの音を聞く それぞれの子どもが回転させ止まったらフープの中に入る　（写真9）
11:15	フープ縄跳び、できない子どもには、教師が手を添えて教えていく　（写真10） フープ縄跳びをしながら体育館の中を歩いて移動
11:17	転落防止のネットで囲まれたトランポリンに乗り、フープ縄跳びをしながら一人ずつジャンプをする（写真11）
11:20	集合　全員で束ねたフープの輪の中に入り（写真12）、挨拶をして終了

（記録：2016/9/26）

写真4-7　音楽とともにランニング開始

写真4-8　音楽と歌詞に合わせてのフープ運動

73

第 1 部　ベルリン編

写真 4-9　フープを回し止まるのを音で判断

写真 4-10　フープ縄跳び

写真 4-11　トランポリンでフープ跳び

写真 4-12　みんなでフープに入り終了

(4)　盲学校コーディネーターへの聞き取り

　インタビューを行った盲学校のコーディネーター、ホッペ氏は、大学で教員資格を取得した後（1980年代）、アメリカ・ボストンに留学して[注3]視覚障害児の指導法を学ぶとともにドイツにアメリカ式の指導法を紹介・導入するなど長年、視覚障害教育に携わってきた専門家である。以下ホッペ氏のインタビュー（2015、2016年に実施）をまとめた。

①盲学校の支援体制

　盲学校の巡回指導の専任教員（コーディネーター）は、2名で（2015年現在）、ホッペ氏は、フレーミング基礎学校のほか2校を担当している。「子ども1人につき、週あたり8コマ分の授業・支援を受けることができ、各校4-5人の子どもを担当している」とのことであった。特別支援学校の教師は、週あたり25-26コマの授業を担当し、そのうち14-15コマ分を準備時間や相談時間に充てている。しかし移動時間については、「担当時間数に含まれないため負担に」なっている。また幼児期に視覚障害が疑われる子どもについては、医療機関からの紹介やチラシなどによる情報を通して相談が寄せられ、盲学校の教師が派

遣されることになる。3人がその担当として相談業務にあたっており、年間20人くらいの相談を担当している。

②インクルーシブ教育への移行

　視覚障害の子どものインクルージョンについては、「支援時間が限られるため、知的に高いか自分のことは自分でできる子どもではないと、一緒にやるのは難しいのが現状」とのことであった。巡回指導では、通常学級の環境設定を整えたり、拡大教科書・教材を用意したりするなどの支援をしており、基本的に「インクルーシブ教育の理念は良いと考えている」ものの、「通常の学級の盲児は、なかなか友達ができないことも多く、精神的に大きなストレスを抱えているケースが多い」と感じている。またドイツでは、教師個人の判断で副教材が使われているため、「インクルージョンの導入に伴って、休業期間中などに事前に点字訳などをしておいても、次の学期に行ってみると、急に教材が変わっていて点字訳が無駄になってしまう」というような問題も起きている。

　盲学校コーディネーターとして支援にあたる中で、「基礎学校段階の6年間は先に盲学校に通って、しっかりと専門的な学習をした方が良い」ように思っており、ある程度の基礎的な学習・生活スキルを培ったうえで「7年目からは、自分が望む通常の学校へ進んでも、支援時間が短くても十分にやっていけるようになるのではないか」と感じている。

　盲学校の弱視の子どもについては、発達障害などの重複障害の子どもが多くを占めるようになってきており、知的に障害のない子どもについては、ほとんどが通常の学校に行くようになってきている。一方で「2015/2016年度まで、全盲の8人がベルリン市内の通常学校で学んでいたが、2016/2017年度には4人に減った」とのことであった。その背景には、先に述べたとおり、「通常の学校に通ってはみたものの、様々なストレスを感じるケースも多く、盲学校に変更するケースが生じている」ことがあげられる。私たちの訪問に際しても、2015年にフレーミング基礎学校で会った全盲の児童に、翌年は盲学校で会ったというケースがあった。本人が通常学校から盲学校への在籍変更を希望したとのことであった。

　また「判定会議で親の希望通り通常学校での就学が認められ、フレーミング基礎学校に入学しようとしたところ、学校側の負担を理由に入学が認められなかったケースも出ている」などの混乱も生じている。

2）通常学校における視覚障害児への支援と盲学校との連携

⑴　フレーミング基礎学校

　フレーミング基礎学校では、視覚障害の児童に対しヨハン・アウグスト・ツォイネ盲学校との連携のもとに教育的支援が進められている。盲学校からの巡回指導・支援は、前述のホッペ氏を中心に進められ、就学に関する相談と保護者等との調整、学校における支援体制や環境整備への助言、日常の授業での支援の方法や指導方法のアドバイスなどが行われている。さらに歩行訓練など専門的な指導についても、盲学校からの派遣教員が対応している。

　前述のインクルーシブ教育への移行に伴い、通常学校のスポーツ授業においても、重度の視覚障害の子どもが参加する授業が行われるようになってきていた。しかし視覚障害の場合、聴覚情報の活用が重要な子どもによっては、スポーツの活動において他の児童の声などが、大きなストレスになる場面も見られた。状況によって、より適切な教育の場を、柔軟に設定する様子が見られた。これまでも多くの弱視児童を受け入れてきたフレーミング基礎学校ではあるが、全盲児の受け入れについては、「学校としても"チャレンジ"であった」とのことである。

⑵　スポーツ授業の様子

　表4-3 は、視覚障害（盲）の男児１名、重度の弱視女児１名を含めた２年生20人のスポーツ授業（トゥルネン：器具を使った運動遊び）の様子について示したものである。また図4-4 には、体育館のセッティングされた各課題のレイアウトを示した。8：00 からの授業では、開始時に①のパラシュートに輪になって集合し、ウォーミングアップを兼ねた運動遊びと説明などを聞いてから活動が開始された。視覚に障害のある子どもたちは、補助教師や体育教師に個別の支援を受けながら、それぞれの課題を行っていた。特に体の位置と用具の使い方などをことばと身体への直接的支援を通して伝えることで、多くの課題をこなす様子が見られた。また周りの子どもたちも自然にサポートを行うなど、協力関係が構築されているようであった。一方、授業中は、"活動が楽しくて盛り上がった"他の子どもたちが、大きな声をあげる場面が多くみられ、特にパラシュートでは大きな歓声が上がっていた。そのため授業後半になると、視覚障害のある女児が疲れを訴えて泣き出す場面もみられるなど、障害の特性に起因するストレスを感じる場面など、インクルーシブ教育を展開するうえでの課

第4章　視覚支援学校と地域スポーツクラブとの連携

表4-3　インクルーシブなスポーツ授業①「トゥルネン（器具を使った運動遊び）」

7:57	PA が玄関で視覚障害の児童2名をヘルパーから引き継ぎ、体育館へ移動する
8:08	真ん中にパラシュートを置き、輪になって挨拶「今日も良い日だ、こんにちは！」 今日の活動の説明
8:11	児童2人がボールを取りに行き、他の児童は輪になってパラシュートを広げる パラシュートを上下させ「1，2，3」の掛け声で中（上にあげたタイミングでパラシュートの下）に入る 　MT：パラシュートの中で「パラシュートから出たら、グループに分かれてそれぞれの課題に 　　　取り組みましょう」との指示のあと、皆でパラシュートの下から出る
8:13	グループに分かれて活動開始 　MT は各グループの活動を回りながら、それぞれの児童に助言や指導をする 　女児には PA、男児には試補教師[注1] 　視覚障害の児童には、それぞれに1名ずつ支援者が付き各コーナーを手で確認させながら説明 をし、活動を体験させる
8:20	MT が男児の指導を交替して各活動を指導する
8:29	女児がクライミングに取り組む　（写真19）
8:32	他の児童が女児のクライミングを助ける
8:38	パラシュートを膝にかけるようにして輪になって集まる
8:43	パラシュートにボールを2個乗せ全員で上下に動かす 　「1，2，3」の掛け声で、パラシュートの中に入る 　視覚障害の女児は活動に参加せずパラシュートの傍らでしばらく座っている
8:46	2回目の上下動の際、両手でパラシュートをつかみ、他の児童と一緒に上下動させる 　「パラシュートの下に入るのは誰」「私、私！」と皆が声をあげる 　パラシュートで盛り上がり、児童が皆はしゃいで大声を出す 　「パラシュートの上に乗るのは誰」「私、私！」と皆が声をあげる
8:47	女児が一人輪から外れて行ってしまい、少し離れたマットに座り込む（写真20）
8:48	男児も欠伸を始める
8:50	女児の担当の PA が声をかけ、パラシュートの輪に戻す
8:52	盲の男児がパラシュートの上に乗る 　皆がパラシュートを揺らす、男児のみパラシュートの上に（写真21）
8:55	女児が泣きながら一人クライミングのマットのところに移動、PA が女児の対応をする 　男児も心配して女児のそばに来る（写真22） 　他の児童も慰めに来る 　PA とともに個別（平均台歩行）の活動に戻るが、すぐにまたマットに寝転んでしまう
8:57	PA が活動を促す
9:00	輪になって集まる　PA に伴われて女児、男児も輪に移動
9:05	説明を聞いて用具の片付け
9:14	終了

「MT」は担当教師　「PA」は教育的補助教師　　（記録：2014/3/27）

題についても見られた。

77

第1部　ベルリン編

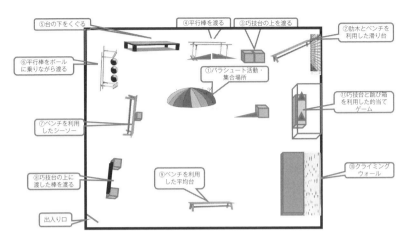

図 4-4　「トゥルネン（器具を使った運動遊び）」のレイアウト

写真 4-13　③的あて（写真手前）と②滑り台（奥）

写真 4-14　④平行棒渡り

写真 4-15　⑤台の下をくぐる

写真 4-16　⑦ベンチのシーソー

第4章　視覚支援学校と地域スポーツクラブとの連携

写真 4-17　⑧棒渡りと個別の対応

写真 4-18　⑨ベンチの平均台と男児への個別対応

写真 4-19　⑩クライミング（弱視の女児：手前）

写真 4-20　女児が輪から離れ泣き出す

写真 4-21　盲の男児を乗せて⑪パラシュート

写真 4-22　二人で輪から離れる

①などの数字は「図 4-4 レイアウト」の運動器具の番号に対応

3）盲学校と地域の連携

(1) スポーツクラブ（乗馬クラブ）との連携授業

乗馬クラブとの連携による授業は、2011年から始まったもので、5年目の活動である。地域のスポーツクラブと連携した授業は、週1回の割合で年間を通じて行われており、現在近隣の3つの乗馬クラブと提携して、乗馬を通した授業

79

第1部　ベルリン編

を行っている。なお授業の位置づけは、スポーツ授業としてだけではなく、地域の支援者とのコミュニケーションなど社会性の拡大、動物の世話などを通した理科や社会の学習も兼ねて行われている。乗馬は学校として組織的に取り組まれており、現在3箇所のクラブと提携している。費用は、ベルリン市州からの交付金のうち学校として独自の活動に使える裁量的経費から、活動の有用性を認めて支出されている。なおそのほかに、水泳クラブや音楽のクラブ（ダンス、車椅子ダンス）、ボートクラブなどの地域スポーツクラブと連携しながら活動が行われている。

　授業は3-4時間目の時間帯に行われた。担当教師はディア・ヴァルブロッド先生（Dija-Walbrodt、49歳女性）で、特別支援学校とスポーツの教員免許を持っており、盲学校でスポーツ授業を担当している。ほかに補助教師（PA）1名が指導にあたっている。自身も幼少時から18歳まで乗馬の経験があり、この盲学校で乗馬の授業を担当している。今回の授業は1-2年生の男児3名、女児1名の計4名である（この日は2人休みのため。通常は6名での授業）。学校から南に7kmほど離れたところにある乗馬クラブ（Teltow Birkenhof）との連携で実施され、木曜日と金曜に1クラスずつ2つのグループが乗馬の授業を行っていた。表4-4に、乗馬を通したスポーツ・社会・理科の授業の様子について示した。

表4-4　乗馬を通したスポーツ・社会・理科の教科を合わせた授業展開

10:05	盲学校内の中庭に集合し、ワゴン車に乗って移動、教師が運転する 途中子ども同士がケンカを始め、一度停車してなだめる
10:32	乗馬クラブに到着、小屋に移動
10:37	教師とともに輪になって始まりの挨拶（写真23）
10:39	乗馬クラブのインストラクターとともに、馬にブラシを掛けるなどの世話を始める 各インストラクターは、生徒の手を取りブラシをかける場所や毛の様子とともに馬の様子などを伝える（写真24）
10:42	乗馬のための鞍を装着する
10:47	2人の生徒が乗馬用ヘルメットをかぶって乗馬し、乗馬コースへ移動（写真25、26）
10:48	インストラクターの引馬で、乗馬を開始し、一周300mほどの場内の周回を行う（写真27） 残りの2名は、木馬でのバランス練習や馬糞の掃除などを教師とともに行う（写真28、30）
11:00	後ろ向きになっての乗馬（写真29）
11:06	反対回り（左回り）の周回
11:16	乗馬のメンバーを交替する 馬を降りた生徒は、教師とともに馬糞掃除の続きを行う
11:40	終了、学校へ戻る

（記録：2015/6/5）

第4章　視覚支援学校と地域スポーツクラブとの連携

写真 4-23　輪になって挨拶

写真 4-24　ブラシがけ

写真 4-25　乗馬の準備

写真 4-26　コースに移動

写真 4-27　周回コースを乗馬

写真 4-28　木馬でバランス

写真 4-29　後ろ向きで乗馬

写真 4-30　馬糞の片付けなど

第1部 ベルリン編

(2) 視覚障害者支援機関

盲学校から西に5kmほどの距離にある視覚障害者の支援機関「ベルリン視覚障害者の盲・視覚障害者総合協会1874（Allgemeiner Blinden- und Sehbehindertenverein Berlin gegr. 1874 e. V）、ベルリン視覚障害者の家」は、1874年に設立された視覚障害者の自助団体（機関）である。2016年現在ベルリン市内各地に20の支援グループを展開し、それぞれの地域で、相談や支援活動を行っている。そのほか視覚障害者のための医療的ケアや生活支援に関する各種の情報提供やサービスを総合的に展開している。さらに余暇を含めた様々な活動に関する情報提供が行われ、休日や学校卒業後の社会生活への移行に関して継続的な支援が行われている。

さらにこの機関では、美術館訪問、音楽鑑賞などの文化活動のほか、旅行、スポーツなどの余暇を通した心身の健康と当事者間の定期的な交流を目的とした様々な活動が展開されている。例えばスケート、ピラティス、気功、ブラインド・ランニング、ケーゲル（9ピンボーリング）[註4]、ダンス、卓球、ノルディック・ウォーキングなどのグループが活動を行っている。また定期的なハイキングなども企画され、ベルリン市内とその周辺地域の自然公園などを徒歩で探索するという活動の支援も行われている。

さらにベルリン市内の2つの乗馬クラブと提携し、視覚障害者の乗馬についても支援を進めている。なお視覚障害者の乗馬について、「ベルリン盲・視覚障害者総合協会（1874）のスポーツ活動紹介」（Naujokat: 2015）に、活動の効果や場所、実施日程、費用、連絡先などが記載され、活動にアクセスしやすいような工夫が行われている。活動紹介に掲載されている活動については表4-5に示す通りである。さらにベルリン市にある「盲・視覚障害者スポーツクラブ（Der Berliner Blinden- und Sehbehindertensportverein）」、ブラインドサッカー、体操、ケーゲル、タンデム自転車、水泳、格技、ダンス、トーボール（ゴールボール）などについては、それぞれのクラブと連携しながら運営が進められている。

また定期的に交流イベントが行われ、より多くの人々に障害理解とともに余暇活動を含めた視覚障害者の多様な活動への参加ができるような体験や情報提供が行われている。交流イベントには、地域の関係者や視覚障害者が多数集まり、様々な余暇活動を体験したほか、乗馬クラブとの連携で馬と触れ合う体験なども行われていた（写真4-31）。

第4章　視覚支援学校と地域スポーツクラブとの連携

表 4-5　「盲・視覚障害者総合協会 1874」の主なスポーツ活動グループ

合気道、太極拳、気功	ノルディック・ウォーキング	ブラインド卓球（Showdown）
ブラインドサッカー	ピラティスとバランストレーニング	タンデム自転車
ドラゴンボート	気功	ダンス
体操	乗馬	ゴールボール（Torball）
柔道	カヌー（ローイング）	ハイキング（Wandern）
ケーゲル（9ピンボーリング）	水泳	ヨガ
ブラインド・ランニング（ジョギングとウォーキング）	子どもとティーンエージャーのセーリング	

写真 4-31　乗馬クラブの紹介と馬と触れ合う体験

写真 4-32　ブラインド卓球体験

写真 4-33　ケーゲル（9ピンボーリング）の施設

写真 4-34　倒れたピン位置を触って確認できる装置

（2015年6月）

第1部　ベルリン編

3．重度の障害への対応と地域連携

　インクルーシブ教育への移行が進むベルリン市州であるが、教育現場では通常学校と特別支援学校、地域の支援組織が役割を分担し、連携しながら子どもの教育的ニーズに応えようとする様子が見られた。盲学校（視覚支援学校）では、視覚障害児に対する専門的な教育支援に関するノウハウを活かした授業展開とともに、地域の通常学校への支援や支援方法の伝達、相談などが行われていた。巡回指導によって通常の学級で教育を受ける視覚障害児に対して人的、環境的な合理的配慮が実施されていた。一方で教材の準備などにおいて、特別支援学校と通常学校という学校種の違いによる連携の難しさも指摘された。

　インクルーシブ教育への移行に伴い、通常学校のスポーツ授業においても、重度の視覚障害の子どもが参加する授業が行われるようになってきていた。視覚障害の場合、聴覚情報の活用が重要であるが、子どもによってはスポーツなどにおいて、他児の声が反響し、大きなストレスになる場面が見られた。このように健常児の中で学習することにより、様々なストレスを抱える子どももおり、そのようなケースでは、対応に苦慮しつつも子どものニーズや状況に応じて教育の場の柔軟な対応や校種の変更なども行われている。

　一方、社会的なインクルージョンも視野に入れ、乗馬クラブや水泳、ダンスといった地域のスポーツクラブと連携したスポーツ授業などが実施されるなど、地域資源を活用した教育実践なども行われていた。ドイツにおいて日本の「日本オリンピック委員会、日本パラリンピック委員会、日本スポーツ協会[註5]、日本障がい者スポーツ協会」などの統合組織にあたる「ドイツオリンピックスポーツ連盟（DOSB）」と「ドイツ・スポーツ科学協会（dvs）」「ドイツ・スポーツ教師協会（DSLV）」などから共同で出された「学校スポーツに関する覚え書き（Memorandum zum Schulsport）」では、「学校とスポーツクラブの連携・協力を積極的に進めていく」とともに、「各自治体がそのような教育システムを構築する」ことが提言されるなど（DOSB: 2009）、学校と地域スポーツクラブの連携体制の構築が進められようとしている（第10章4を参照）。そのようななか、盲学校についても、地域の支援機関との情報交流などにより、卒業後も余暇、スポーツ活動への参加を継続的に行えるような支援体制が構築されつつある。

　ドイツ・ベルリン市州では、2012年に通常学校で学ぶ「特別な教育的ニーズ

第4章　視覚支援学校と地域スポーツクラブとの連携

を持つ児童生徒」の割合が、特別支援学校より高くなるとともに、特別支援学校（視覚障害）と通常学校の連携を中心に、スポーツクラブや支援機関などの地域資源を活用した教育実践が進みつつある。一方、インクルーシブ教育の進展に伴う重度の障害への対応など、新たな課題も生じている。

註
1）試補教師（レファンダリアート）は、教師資格の一段階の学習を終えた実習生。「障害児者の教育と余暇・スポーツ、ドイツの実践に学ぶインクルージョンと地域形成」（安井ら：2012）を参照のこと。
2）心理‒運動（Psychomotorik）については、「ドイツの精神‒運動（Psychomototik）療法——指導の実際と指導者育成のシステム（安井：1997）」を参照のこと。
3）アメリカ・ボストンには、かつてヘレン・ケラー等が学んだパーキンス盲学校などがあり、視覚障害支援の拠点として、キャロルセンター（The Carroll Center for the Blind）等、視覚障害者のリハビリテーションや専門的指導者の養成機関が充実していることで知られている。
4）ケーゲルについては「ベルリン市州における地域スポーツクラブの活動——小規模クラブならびに障害者の活動に焦点を当てて」（山本ら：2009）を参照のこと。
5）「日本体育協会」については、2018年度から「日本スポーツ協会」に名称変更が行われた。

第 2 部

ニーダーザクセン編
インクルージョン時代に合わせた地方の学校と地域の変革

第2部　ニーダーザクセン編

第 5 章

インクルーシブ教育の推進と
特別支援学校のセンター的機能の拡大

　　これまで分岐型の教育システムを採用してきたニーダーザクセン州では、2012年5月の州議会においてインクルーシブな教育システムの制度へ移行することが決定し、様々な改革が進められようとしていた。インクルージョンへの制度移行が進むなかで、特別支援学校と地域の通常学校で具体的な連携体制や役割分担、評価方法の工夫などが行われ、当初戸惑いや葛藤が見られた特別支援学校のスタッフも次第に肯定的なとらえ方へと変化する様子がうかがわれた。また大きな教育改革のうねりの中で、伝統的な教師中心の教科授業から、個別化された指導形態への移行が進められていた。これまで特別支援学校が蓄えてきた特殊教育学的支援の蓄積を、特別支援学校との連携のもと個別の教育的ニーズを抱えた子どもを含めた通常の学校教育にどのような形で発展させていくのか、本章では、障害者の権利条約批准以降の特別支援学校と支援先の通常学校との連携にともなう学校機能の変化について紹介した。

キーワード：ニーダーザクセン州、センター的機能

1．ニーダーザクセン州の教育動向

　ドイツでは、2009年5月に連邦政府が、国連の「障害者の権利に関する条約（2006）」を批准したのに伴い、各州でインクルーシブ教育の制度への移行が行われた（KMK: 2011）。ドイツ北部に位置するニーダーザクセン州も、制度面だけを見れば、通常の学校と特別支援学校の2つに分かれた「分岐型」の教育システムとなっていた。ニーダーザクセン州教育省によれば2012年に

は州議会において、同条約の24条（教育）に依拠してインクルーシブ教育に関する法律が公布され、2013/14年度には1年生と5年生の段階で保護者は一般学校か特別支援学校を選択することができるようになり、障害のある生徒の25-30％はインクルーシブ教育を受けている。例外として学習困難のある子どもの場合には1-4年生に特別支援学校を選択できるが、それ以外の障害については支援を必要とする場合でも原則として基礎学校に入学することになった（Niedersächsisches Kultusministerium: 2014）。2013年以降、ニーダーザクセン州では基礎学校・基幹学校・実科学校・ギムナジウム等のすべての公立学校の校種で様々な障害をもつ生徒のインクルーシブ教育が進められてきた（Niedersächsisches Kultusministerium: 2013）。ニーダーザクセン州の教育システムにおける中等教育の改革も進められ、早期の分岐型から総合制学校へと移行している（図5-1）。なおインクルーシブ教育導入にともなう児童生徒数の在籍学校による変化については、第1章の表1-1と図1-1に示したとおりである。

2000年代のドイツでは学力問題に関する活発な議論が行われ、通常学校で行われてきた教科授業についても、単に能力の異なる子どもを個別に対応するのではなく、グループ活動や個別課題を取り入れるなど変化が生じている。渡邉

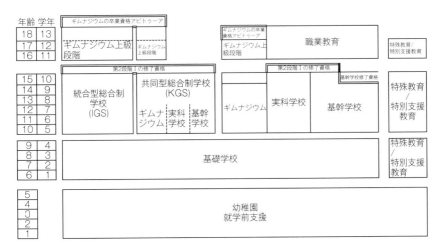

図5-1　ニーダーザクセン州の教育システム
出　典：Nidersächsisches Kultureministerium (2011) Unser Schulwesen in Niedesachsen および Übersicht über das niedersächsische Schulwesen, allgemein bildende Schulen（州政府HP: Übersicht über das niedersächsische Schulwesen, allgemein bildende Schulen 2019年9月10日参照）より筆者らが改編して作成。

第2部　ニーダーザクセン編

（2013）によれば、2000年の「PISAショック」以降、「教育の質保障や学力向上に向けた教育政策が展開され」、「授業にプロジェクトを取り入れることやプロジェクト志向の活動を行うことが各州の学習指導要領（Lehrplan, Bildungsplanなど）上で重視されている」。「教師は、テーマや計画の決定、プロジェクトの途中の話し合いなど、プロジェクトが進行する各段階で指導的に関わる」ことになり、「グループ作業で必要な知識や技術を随時伝達」するという役割を果たす。

　ドイツでは、「個別化の形態の発展として、課題を分化した教科学習が一般化してきた」。具体的には「分化した課題設定には、週計画（Wochenplan）の活動、ワークショップ活動、ステーション型活動といった特色にみられ、従来の方向性とは明らかに異なる変化」が生じ、「伝統的な教師中心の教科授業」が見直されている（Klippert: 2010, p.112）。なおドイツのインクルーシブ教育における教授学・授業論の展開については吉田（2018）が検討を行っている。

　学力問題への契機は、2001年に発表されたOECDの国際学力調査（PISA）の結果であったが、2012年に行われたPISAの結果によれば、ドイツはメキシコとトルコに並んで2003年に比べて数学と公平性の双方が改善した優れた成果を残し、読解の部門でもOECD諸国の平均を上回り、2000年に比べて読解の能力が低いとされる割合が8％減少して14％にまで下がった（OECD平均は18％）という（OECD: 2013）。従来の知識伝達型の授業スタイルが批判的に見直され、学力問題への取り組みにおいて一定の成果が注目される一方で、PISAの影響を受けて学力の到達度が明確になり、ドイツの「各学校種別でのスタンダードの導入」がはかられたことで、その水準に「到達できない子どもたちが排除される」ことも危惧されている（吉田茂孝：2013）。

　通常学級における学力問題への取り組みを背景としながら、本章で取り上げるニーダーザクセン州でもインクルーシブ教育が導入され、特別支援学校の教員の多くが障害や特別なニーズのある子どもが在籍する通常の学校への支援のために巡回指導・相談に多くの時間を割くようになった。ドイツの教員加配システムは、日本のように学校・学級の在籍人数ではなく、教師の週当たりの指導時間によって管理されているため、特別支援学校の在籍人数減がそのまま教師減とはなっていない。本章では、「障害者の権利条約」批准以後のヤーヌシュ・コルチャック特別支援学校と支援先の通常学校との連携と学校機能の変化、及び支援の実際の様子について紹介する。

2. ヤーヌシュ・コルチャック特別支援学校と地域の学校の連携と支援

　ヤーヌシュ・コルチャック特別支援学校（Janusz-Korczak Schule）は、ニーダーザクセン州ツェーベン（Zeven）市にある学習障害、ADHD、言語発達遅滞、その他の発達障害、学業不振児などの発達障害児を主な対象とした特別支援学校（Förderschule）である。ニーダーザクセン州の従来の教育制度や本校の実践内容の詳細については、千賀・安井（2008）、安井・千賀・山本（2012）を参照されたい。

　支援先のゼルジンゲン基礎学校（Grundschule Selsingen）については、次の6章で、ヤーヌシュ・コルチャック特別支援学校の校長ベックマン氏については、第9章で詳しく紹介する。

1）支援先の学校との連携体制

(1)　連携内容に関する取り決め

　図5-2 は、ヤーヌシュ・コルチャック特別支援学校と支援先の通常学校の教員の協力に関し、双方の学校で取り決めている基本方針について示したものである。インクルーシブ校における業務は、基本方針にもとづいて通常学校の教員が特別支援学校の教員とともに協同で進めることとされている。

　通常学校に在籍する障害のある児童生徒の教育を担当し指導上の責任を負うのは、在籍校の教員である。ただし特殊教育学的な支援を必要とする児童生徒に対する教育上の責任については、通常学校と特別支援学校の教員がともに負うことになる。通常学校において、特別支援学校の教員は児童生徒に対するのと同様に通常学校の教員を支援する。また特別支援学校の教員による支援は、学習集団で行われるすべての授業と教育的課題に対して行うことができる。

　特別支援学校の教員の職務は、学習・発達状態の診断、支援計画の作成、支援方法に関する判定の実施への関与、教員や生徒の相談、さらに保護者や学校関係者の相談、その他の授業を実施することを含んでいる。なお特殊教育学的な支援を必要とする児童生徒の支援は、可能な限り教室で行われるクラス授業において実施されるべきものとされている。

　通常学校教員と特別支援学校教員の連携は、相互の協力関係のもとで行わ

第2部　ニーダーザクセン編

ヤーヌシュ・コルチャック特別支援学校

インクルーシブ校における通常学校と特別支援学校の教員による協力に関する基本方針

インクルーシブ校における仕事は、以下の基本方針にもとづいて通常学校の教員が特別支援学校の教員とともに協同で進めることとする。

・通常学校における障害のある児童生徒の教育を担当し、責任を負うのはその学校の教員である。通常学校と特別支援学校の教員は、特殊教育学的な支援を必要とする児童生徒に対する教育学的な責任をともに負っている。
・通常学校において、特別支援学校の教員は児童生徒に対するものと同様に、通常学校の教員を支援する。
・特別支援学校の教員による支援は、学習集団で行われるすべての授業課題や教育的課題に対して行うことができる。
・特別支援学校の教員の職務は、学習・発達状態の診断、支援計画の作成、支援方法に関する判定の実施への関与、教師や生徒の相談、さらに保護者や学校関係者の相談、その他の授業を実施することを含んでいる。
・特殊教育学的な補助を必要とする児童生徒の支援は、可能な限り教室で行われるクラス授業において実施されるべきである。
・通常学校教員と特別支援学校教員の連携は、協力関係のもとで行われる。教員間の連携は、人間像の想定、相互の役割理解、教育学的な概念と理想像、諸課題や担当領域と同様に、学校および協力する教員のレベルにおける明確な取り決めを前提とする。支援は、確定した責任事項、連絡手段と連絡様式、決定方法と判断の権限について、口頭による申し合わせと書面による取り決めを行う。
・連携の様式は例えば以下の通り：教員とオブザーバー、教員と補助教員、ステーション型授業（Stationsunterricht）、並行授業（Parallelunterricht）、水準が異なる（下学年対応）授業、水準が異なる支援授業、複数教員による指導（Co-teaching）
・インクルーシブ授業における教員の協力は、相互の専門知識の提供によって互いに意味のある学習となることを目標に据えている。
・特殊教育学的な支援を必要とする児童生徒の支援は、共同で記録される支援計画を基本として進められる。

出典：Schulverwaltungsblatt　（非公式部分）2013 年 7 月
論説：ニーダーザクセンにおけるインクルーシブ校の実現に向けて
執筆者：Marie-Christina Waje und Dr. Peter Wachtel

図5-2　インクルーシブ校における通常学校と特別支援学校の教員による協力に関する基本
　　　　方針

れ、教員間の連携は、人間像の想定、相互の役割理解、教育学的な概念と理想像、諸課題や担当領域と同様に、学校および協力する教員における明確な取り決めを前提としている。支援は、確定した責任事項、連絡手段と連絡様式、決定方法と判断の権限について、口頭による申し合わせと書面による取り決めが行われる。連携の様式は、教員とオブザーバー、教員と補助教員、ステーション型授業（Stationsunterricht）、並行授業（Parallelunterricht）、下学年対応の授業、水準が異なる支援授業、複数教員による指導などである。

第5章　インクルーシブ教育の推進と特別支援学校のセンター的機能の拡大

　さらにインクルーシブ授業における教員の協力は、相互の専門知識の提供によって互いに意味のある学習となることが目標とされている。特殊教育学的な支援を必要とする児童生徒の支援は、共同で記録される支援計画を基本として進められる。

(2)　通常学校と特別支援学校の役割分担
　図5-3 は、支援先となっている基礎学校（Zeven市）との間で検討された双方の役割分担について、まとめたものである。まず責任の所在として、通常学校教員は「特殊教育学的な支援を要する子どもを含む、すべての学級の子どもに対して」、特別支援学校教員については「学習障害、行動障害、言語障害、とりわけ特殊教育学的な支援を要する、すべての子どもに対して」とされている。また授業に関してみると通常学校については、「計画、実施、反省をしようと努めることは、開かれた授業、個別の授業、内的な分化を通して、例えば、週計画、ステーション活動、パソコンの利用、プロジェクト型の授業、生徒のフィードバック、個別の学習状況への配慮、特有の速度で学習することを通して示される、原則的な基礎学校の授業」とされている。特別支援学校については「様々な共同形態において、個別の支援計画による配慮のもとで行われる多様な授業に伴う協力と相談」を行うとともに「特別支援学校の教員は、学級編制に算入されなければならない、代理の授業は、事前の取り決めによって例外的にのみ行われる」とされ、担当の教員が固定されることで、責任を持って継続的な支援を行うことが示されている。
　その他、それぞれの教員の教育に関する支援内容、相談体制、各種の会議における役割、組織としての役割と責任分担などについて調整が図られている。また分担の内容については、各年度の反省をもとに、随時変更、追加が行われる。なお支援内容については、特別支援を必要とする児童に対し、授業内で特別な教育的配慮を行う場合（内的分化）と、全体の授業とは別の活動場面を設定し個別に対応を図るいわゆる取り出し型の支援（外的分化）を、双方の教員が行うこととされている。
　事前に通常学校と特別支援学校の役割を明確にしておくことで、子どもに関わる多くの関係者の意思統一が図られるという利点がある。インクルーシブ校における授業の実施主体は、あくまで通常学級の教員であり、特別支援学校の教員の対象は、支援を必要とする子どもであるとしながらも、その子どもが学んでいる学習集団全体にも及ぶため、障害のある子どもが周囲の子どもから孤

第2部　ニーダーザクセン編

ツェーヴェン市ヤーヌシュ・コルチャック特別支援学校
Schee β eier Str. 3, 27404 Zeven（住所）
電話：○○○○ / ○○○○ , Fax:○○○○ / ○○○○
RIK ツェーヴェン市における計画・実施任務
ヤーヌシュ・コルチャック特別支援学校とタームシュテット基礎学校による 2011 年 10 月 1 日付け合同会議の検討結果（2011 / 12 年度の 1 年生と 2 年生の同僚とともに）
RIK の枠組みにおける任務

通常学校の教員	特別支援学校の教員
1．共同責任	
・特殊教育学的な支援を要する子どもを含む、すべての学級の子どもに対して	・学習障害、行動障害、言語障害、とりわけ特殊教育学的な支援を要する、すべての子どもに対して
2．授業	
・計画、実施、反省をしようと努めることは、開かれた授業、個別の授業、内的な文化を通して、例えば、週計画、ステーション活動、パソコンの利用、プロジェクト型の授業、生徒のフィードバック、個別の学習状況への配慮、特有の速度で学習することを通して示される。 ・原則として基礎学校の授業	・様々な共同形態において、個別の支援計画による配慮のもとで行われる多様な授業に伴う協力と相談 ・特別支援学校の教員は、学級編制に算入されなければならない。 ・代理の授業は、事前の取り決めによって例外的にのみ行われる。
3．判定法	
・入学当初の観察 ・授業観察、自由遊びと試験場面の観察 ・学校に提出された報告書	・入学当初の観察 ・判定の初期段階 ・恒常的な学力水準の判定 ・連絡を受けた学校への報告 ・支援の不足に対する追加措置
4．支援	
・一人ひとりの学習発達の記録 ・すべての子どもに対する発達支援条件の確立 ・授業の一部分としての支援 ・内的および外的分化	・支援計画 ・補助教材 ・内的および外的分化
5．相談	
・教科担当、保護者、託児所、デイサービス、医師、心理士との連携 ・巡回指導の要請 ・学級会議の要請	・教育機関 ・保護者、教員、児童生徒 ・学校外の機関 ・特別支援学校の法的根拠 ・申し合わせにもとづくクラス活動への参加（夕方の保護者会、遠足、クラス旅行、実習）
6．会議、成績会議、教育会議	
・説明的機能 ・義務的なもの ・適宜の要請	・特殊教育学的な支援の必要が確定している児童生徒に伴う義務的な参加 ・学級の協力における助言機能 ・申し合わせに沿った参加
7．組織、教育学的交換	
・期日や共同の活動に関する相互かつ適時の連絡義務 ・合同の教員研修の教員間交流と依頼 ・早期の時間割調整によって、個別の支援方法を計画できるようにすること。 ・特別支援学校の教員の時間に関する具体的な配置は、通常学校の教員との調整によって行う。 ・対話の時間は、個別で可能な限り定期的にとる。	・期日や共同の活動に関する相互かつ適時の連絡義務 ・特殊教育学的支援の専門的な管理は、支援センターの管理職によって行われる。 ・特別支援学校の教員に対する指導権限は、支援センターの管理職が有する。 ・特別支援学校の各教員は、それぞれ一つの専門と固有の権限を有する。 ・支援教材は、可能な限り残しておくべきである。 ・例えば個別の支援や言語支援、心理運動に関する教材購入の可能性および特別支援学校教員のコピー利用に際しては、予算に基づく資金確保を明らかにしておかなければならない。
― 根拠：RIK Hannorver Nordwest, Reiche および　計画・実施任務 ― 通常教育の学校とシューレスヴィヒ支援センターとの共同による申し合わせ事項	

図 5-3　ヤーヌシュ・コルチャック特別支援学校とツェーベン市の基礎学校の役割分担

第5章　インクルーシブ教育の推進と特別支援学校のセンター的機能の拡大

立しないような配慮もみられる。

2）成績の評価と配慮

⑴　成績評価

　校長のベックマン氏によれば、「学習支援を必要とする子どもについて、た
とえば認知的能力が低い子どもや学習遅滞の子ども、知的障害の子どもの場合
は、基礎学校の要求水準に達しないため、達成水準を下げて評価が行われてい
る。具体的には、学習遅滞や知的障害が対象である。しかし目標は、すべての
子どもに個別の支援をすることである」と考えられている。これによって子ど
もは学習で失敗したからといって"烙印"を押されることがなくなり、自分の
能力に応じて支援計画や学習計画に基づいて支援を受けることができる。

　ただし、それぞれの能力に合わせて支援を受けることができるようにするこ
とが目的であっても、教員は、卒業資格のための成績書類を作成しなければな
らない。学習遅滞や知的障害の子どもに対しては、達成水準を下げた成績をつ
けることになる。評価については、すべての子どもについて個別の評価を行う
ことによって、「特別な子どもに対する特別な評価」という形ではなくなるよ
う配慮している。評価については、州法で書式（ヘッダーとフッター）が決め
られているが、評価の内容に関しては、各学校のやり方に任せられている。ま
た学年段階によっても評価方法に違いをもうけている。

　成績評価は個別に行われ、特別な支援を必要とする生徒は、他の生徒とは異
なる成績評価を受けることになる。評価の基本的な事項については連邦省が定
め、細部についてはニーダーザクセン州教育省が決めることになっている。成
績評価の書式については、3部構成になっており、上部には子どもの名前・学
校名・誕生日・生誕地・住所などの一般的事項が記載される。

　下部は、特記事項（備考欄）で、中央部分は、学校別の書式である。必修の
科目や選択の科目の成績、職場実習の評価（中等段階の場合）、興味・能力・技能、
活動態度（Arbeitverhaltung）、社会的態度の評価を含んでいる。なお1年生か
ら4年生については、評点がつかず、学習の状況に関する説明が書いてあるの
みの書式となっている。5-6年生の書式、7-9年生の書式とそれぞれ学年
に応じて書式が作られている。また前期と後期はそれぞれ別の書式になっている。

　評価方法は、初等・中等・上級段階の評価があり、卒業証書（修了証）が授
与される[註1]。成績評価を伴う半期の合間に、11月と5月の年2回の教育会議

（Pädagogische Konferenz）を行い、それぞれの子どもの教育に携わる関係者が、支援計画について議論する。9－10月までは個人の発達を記録し、その後、保護者や教師と一緒にどのような支援が必要かなどについて話し合われる。また通常の子どもと同様に、半年ごとに保護者と教師が話し合いを持つことになっている。

　授業を受け持っている教師、積極的な側面、支援が必要な側面、行動、各教科の問題について教師間で話し合い、その後に保護者と面談する。例えば、宿題ができない場合、家で宿題をすることができない事情があれば、1時間だけ放課後に残って学校で行うこともある。家庭学習に困難のあるケースでは、保護者が無関心で宿題を見なかったりきょうだいの面倒を見て時間がなかったりする場合もあり、どのような学習形態が望ましいかを、本人と話し合って現実的な方法を探るようにしている。この支援会議の実施は、インクルージョンが導入されて以降、特別支援学校の教員に義務づけられた新しい活動である。

　ベックマン校長によれば、このような新しい活動については、上から決められたからという認識ではなく、学校間で協力して話し合わなければならないものと考えており、「何をすべきか」「何ができるのか」を具体的に話し合っている。今後も新たに書式変更などが行われたときには、学校内でよく話し合い、全員が何をすべきか理解しなければならない。

(2)　実際の評価例

　図5-4 は、言語（ドイツ語、英語）の支援が必要な、5年生の男児（A児）を例にした、実際の成績評価（成績証明書）を示したものである。

　国語（ドイツ語）の成績は5（不十分）とされ（表中下部の評価段階を参照）、備考として「自分の読み能力を高めるために、まだ曖昧になっていた既習の綴りについて繰り返し確認した。これについて、まだ取り組む必要がある。簡単な原音そのままの単語を選ぶと、常にうまくいった。読む時には、簡単な短い文章でも支援を必要としており、その際にはほとんどの場合に意味を理解することができる」と、その具体的な状況が記載されている。

　英語については、3（良）と評価され、「興味を持って英語の授業に参加しているが、さらに強い熱意を示すことができるであろう。彼は、導入された単語や文章をよく理解しているが、その際に読み聞かせる必要があり、多くの手助けを必要としている。簡単な文章の型であれば、できる限りは自発的に繰り返すことができる。導入された単語は、今後よく書けるように学習するべきで

第 5 章　インクルーシブ教育の推進と特別支援学校のセンター的機能の拡大

成績証明書

年度 2013/2014　　　　　　　　1. 前期　　　　　　　　　　　５年生
　　　　　　　　　　　　　　　　　　　　　　　　　　　　　　A 児
誕生日：2002 年○月○日　　　　　　　　　　　　　（児童生徒の氏名）
授業期間の欠席日数は、前期に 4 日、このうち無断欠席は 0 日。

教科	
ドイツ語	5
英語	3
数学	2

能力に関する備考

ドイツ語：
A 児は、自分の読み能力を高めるために、まだ曖昧になっていた既習の綴りについて繰り返し確認した。これについて、まだ取り組む必要がある。簡単な原音そのままの単語を選ぶと、常にうまくいった。読む時には、簡単な短い文章でも支援を必要としており、その際にはほとんどの場合に意味を理解することができる。
（以下省略）
英語：
A 児は、興味を持って英語の授業に参加しているが、さらに強い熱意を示すことができるだろう。彼は、導入された単語や文章をよく理解しているが、その際に読み聞かせる必要があり、多くの手助けを必要としている。簡単な文章の型であれば、できる限りは自発的に繰り返すことができ来る。導入された単語は、今後よく書けるように学習するべきである。彼の発音の大部分は整っているが、まだ CD で練習するべきである。

数学：
A 児は、100 までの数については十分な理解を得ており、さらに 1000 までの数の範囲について基本的な知識を獲得した。その上、九九の一覧表と割り算の一覧表については、5 までの数と 10 の単位を習得したが、定着させるためには引き続き家で練習する必要があった。（以下省略）

A 児の評価　　　　　　　　　　　　　　　　　　　　　　　　　　　　2014/1/29
その他の授業科目における興味、能力、技能
歴史における A 児の成績は、「良」よりも上であり、物理と宗教は「良」、生物と地理は「やや努力を要する」よりも少し上である。A のスポーツは、全般的にみて「良」の成績である。

活動態度（Arbeitsverhalten）：
A 児は、授業では全般的に良好な興味を示して活動している。それでもなお集中力に由来する不安定さが繰り返し生じており、時として意欲も欠き、気が散りやすい。しかし基本的には彼は努力して取り組んでいる。さらに彼にはよく動く落ち着きのなさが見られる。残念ながら、しばしば授業には必要とされるノートのような必需品を持って来ていないことがある。宿題は、確実に仕上げてくる。
活動態度は、限定的な期待の範囲である。

社会的態度
A 児の機嫌が良い時には、同級生に対して適切で親切な態度を示しており、他の者に魅力を伝えることができる。機嫌が悪い時にはけんかを起こしたりする傾向があり、そうなると思いやりに欠け、他者の立場になって考えることができなくなる。　さらに残念ながら、かっとなって同じグループの他の者から仲間はずれにされてしまう。A は、問題の責任を他の子どもに探すだけではなく、自分自身にもあるということも学ばなければならない。
社会的態度は限定的な期待の範囲である。

備考：5 年生の目標に到達する見込は少ない。　　　　Zeven 市、2014 年 1 月 29 日
○○○○　確認済み　　　　　　　　○○○○　　　　　　　　○○○○
相任教員　　　　　　　　　　保護者の署名　　　　　　　　校長
評価段階：1 = 大変優秀　　　2 = 優秀　　　3 = 良　　　4 = やや不十分　　　5 = 不十分　　　6 = 不可

活動態度・社会的態度の評点段階：	「特に高い評価に値する」	「十分に期待以上である」	「期待通りである」	「やや期待通りである」	「期待に沿っていない」

図 5-4　成績評価（成績証明書）の実際（A 児）

第2部　ニーダーザクセン編

ある。彼の発音の大部分は整っているが、まだCDで練習するべきである」など、授業への取り組み状況とともに、今後の学習課題と方策についても、記載されている。

　数学については、2（優秀）と評価され、「100までの数については十分な理解を得ており、さらに1000までの数の範囲について基本的な知識を獲得した。その上、九九の一覧表と割り算の一覧表については、5までの数と10の単位を習得したが、定着させるためには引き続き家で練習する必要があった」と評価されている。「その他の授業科目における興味、能力、技能」については、「歴史が、『良（3）よりも上』、物理と宗教は『良（3）』、生物と地理は『やや努力を要する（4）』よりも少し上、スポーツは、『全般的にみて良（3）』」という成績が示されている。

　また授業に取り組む際の態度や姿勢などに関する「活動態度」については、「授業では全般的に良好な興味を示して活動している。それでもなお集中力に由来する不安定さが繰り返し生じており、時として意欲も欠き、気が散りやすい。しかし基本的には彼は努力して取り組んでいる。さらに彼にはよく動く落ち着きのなさが見られる。残念ながら、しばしば授業には必要とされるノートのような必需品を持って来ていないことがある。宿題は、確実に仕上げてくる。活動態度は、『限定的な期待』の範囲である」とされている。さらに授業に臨む際の他児との関わりなどに関する「社会的態度」では「機嫌が良い時には、同級生に対して適切で親切な態度を示しており、他の者に魅力を伝えることができる。機嫌が悪い時にはけんかを起こしたりする傾向があり、そうなると思いやりに欠け、他者の立場になって考えることができなくなる。さらに残念ながら、かっとなって同じグループの他の者から仲間はずれにされてしまう。問題の責任を他の子どもに探すだけではなく、自分自身にもあるということも学ばなければならない。社会的態度は『限定的な期待』の範囲である」とされた。

　実際の評価には厳しい内容も含まれるが、具体的に積極的な側面も書かれており、保護者や本人にも状況を改善するための希望を持たせる形になっている。本人の気持ちをポジティブに保つためには、周囲の子どもや教員からの評価が低くならないようにするための支援も必要であると考えられている。

⑶　支援先の学校における配慮

　支援先の通常学校の「特別なニーズのある子どもの教育に対するとらえ方」、いわゆる教育文化が障害に対して受容的に変化している場合には、連携におい

第5章　インクルーシブ教育の推進と特別支援学校のセンター的機能の拡大

ても「良好な関係を保つ」ことができると考えられている。支援にあたる教師は、進級システム、照合（比較）システム、卒業証明の成績づけ、年度末の成績評価などを行うことになるが、これらは厳格な手続きや書式に従って等しく行われる。評点の数値に大きな違いが生じた場合には、学校間で調整をしなければならない。例えば、困難を抱える子どもが、他の子どもと同じように見られたいと望んでいても、学習の積み重ねが十分ではない場合、「学習に対する態度や行動において良かったところ」などを高く評価して考慮に入れるようにしている。このように“学習の過程”の部分を考慮して評点の調整を行ったうえ、関係書類を作成している。

3）インクルージョンに対するとらえ方の変化

　表5-1 は、インクルージョンに関連する学校の状況と校長・副校長へのインタビュー内容についてまとめたものである。

　2008年のベックマン校長に対する聞き取りでは、地域の各通常学校への支援の状況と、その後の動向に対する予想などが説明されたあとで、「ほとんどのケースでは、基礎学校の 4 年生までやって、その後は特別支援学校（Förderschule）に戻ることになる」と、障害のある子どもへの支援の難しさについて指摘された。さらに「低学年の間は、できるだけ地元の学校に通わせた方が良いと言う考え方をしている」としつつも「特に難しいのは、通常学校の教員の意識である……中略……、インクルージョンは理想ではあるが、現実には難しい部分が多く、特別支援学校の存在意義は、簡単には無くならないのではないか」と述べていた。

　しかし2010年には「ドイツでは障害者の権利条約を批准してから急速にインクルージョンが進んできている」ことを受け、「今のドイツの通常学校に、ヤーヌシュ・コルチャック特別支援学校に来ているような子どもたちを受け入れるような下地は、まだできていないように感じる」としつつ、「特別支援に携わっている教員のメンタルヘルスの問題が課題であると考えている。特別支援学校における教育の意味や、これまで培ってきたこととの“整合性をどう考えるか”という葛藤が生じている。この学校が子どもの家族が必要とするような学校になることを願っている」という学校管理者としての戸惑いと葛藤を述べている。

　2013年には、さらに地域の通常学校への支援に関する役割の比率が高くなり、

99

第 2 部　ニーダーザクセン編

表 5-1　インクルージョンに関連する学校の状況と校長・副校長へのインタビュー内容

聞き取り年／対象者	学校の状況／インタビューの内容
2007 年 11 月 Beckmann 校長	年齢：主に 8 歳から 14 歳、生徒数：227 人 学級数：21 学級（基礎学校段階 8 学級、前期中等教育段階 13 学級） 基礎学校 1 － 2 学年は混合のクラスを編制 教員数：41 人（担任 22 人、19 人担任なし） 対象：学習障害、ADHD、言語発達遅滞、その他の発達障害、学業不振児
2008 年 11 月 Beckmann 校長	・ギムナジウム、実科学校（Realschule）、基幹学校（Hauptschule）などにも協力学級（Kooperationsklasse）を設置している。 ・基礎学校の補習授業として 2 つの通常学校への支援を行っている。また 4 つの基礎学校の 16 クラス、32 時間枠を必要に応じて配分している。支援内容は、学習、言語、衝動性への対応などである。ほとんどのケースでは、基礎学校の4 年生までやって、その後は特別支援学校に戻ることになる。 ・低学年の間は、できるだけ地元の学校に通わせた方が良いと考えている。知的障害、運動障害、視覚障害、聴覚障害の児童が通常学級で過ごす場合については、Jugentamt（青少年福祉事務所）などへ申請して認められると、拡大鏡などの支援が受けられる^{注2)}。 ・特に難しいのは、通常学校の教師の意識であると考えられる。ヤーヌシュ・コルチャック学校などの特別支援学校に来る子どもは、ある意味幸せかもしれない。インクルージョンは理想ではあるが、現実には難しい部分が多く、特別支援学校の存在意義は、簡単には無くならないのではないか。
2010 年 8 月 Beckmann 校長	・ドイツでは障害者の権利条約を批准してから急速にインクルージョンが進んできており、ブレーメン州では、特別支援学校はすでに 2 校になってしまった。 ・今のドイツの通常学校に、ヤーヌシュ・コルチャック特別支援学校に来ているような子どもたちを受け入れるような下地は、まだできていないように感じる。 ・特別支援に携わっている教員のメンタルヘルスの問題が課題であると考えている。特別支援学校における教育の意味や、これまで培ってきたこととの整合性をどう考えるかという葛藤が生じている。この学校が子どもの家族が必要としている学校になることを願っている。
2012 年 3 月 Bammann 副校長	・今年度の生徒数は昨年度の 180 人から 150 人に減少した。また各学年のクラス数も各 2 クラスから中学年は 1 クラスに減少した。要因の一つは少子化の影響であり、もう一つは新しい制度の影響である。 ・多くの教員が地域の学校に出向いて授業を行うようになり、ヤーヌシュ・コルチャック特別支援学校内での授業と両方行う教員と、従来のように地域の学校にずっと行っている教員がいる。周辺の特別支援学校の中には、建物だけ残し所属する教員すべてが、地域の学校で教えるようになったところもある。本校については、今後どうなるかは、未定の部分も多い。 ・ヤーヌシュを卒業した後は、ほとんどの生徒がキビナン（職業学校）に進学する。特別支援学校の卒業資格だけでは、定職に就くのは大変難しいのが現状である。 ・基幹学校の卒業資格を取れても、福祉施設の運営する企業などに就職する他は、在宅で過ごしたりしている者も多い。一人だけ、肉屋になった卒業生を知っている。
2013 年 3 月 Beckmann 校長	・現在は、校内での支援と地域での支援が 50％ずつだが、来年は 40％ 対 60％ となる予定である。その先は未定だが、徐々に無くしている方向で検討されている。校長の仕事は、人を振り分けるコーディネータとなってしまった。 ・心（ハート）は、教室で子どもを教えることなのだが（繰り返し強調）、特別支援学校の役割が変化してきている。 ・ほとんどの教員は、新しいシステムについてポジティブにとらえ、積極的に新しい役割に向かう態度が見られる。特に大きな反対や抵抗はない。

2014年3月 Beckmann 校長	・本校の教員は、他の学校での指導のため時間単位で派遣されており、他の学校と、本校を行ったり来たりして、<u>拠点となる場所がない状態</u>となっている。50%の教員が通常学校との間を行き来している。 ・水泳フェスティバル、体育祭、クラス旅行などの学校行事において、担任の先生は支援学校の先生が、3時間の持ち時間で行事の対応が可能かどうか、検討することなる。 ・支援学校から通常学校への巡回指導の割り当て時間は、学校規模によって異なる。 ・<u>これまで特別支援学校の教師は、子どもを前にして、授業を行うことが主なスキルとして求められてきたが、他の教師の支援や方法の伝達、保護者への説明や助言、通学方法の支援、トイレなど確認などに変わってきている。</u>
2014年9月 Beckmann 校長	・生徒数140人 　基礎学校段階の1-2年は学習障害のクラスは無くなり、言語障害クラスのみとなった。 　63名在籍しているが、3年生になる際にすべて地域の学校に戻ることになる。 ・教師数36人

「校長の仕事は、人を振り分けるコーディネータとなってしまった」「心（ハート）は、教室で子どもを教えることなのだが、特別支援学校の役割が変化してきている」と、特別支援学校の校長としての気持ちに触れつつ「ほとんどの教員は、新しいシステムについてポジティブにとらえ、積極的に新しい役割に向かう態度が観られる。特に大きな反対や抵抗はない」と、地域支援に出向くようになった特別支援学校教員の前向きな気持ちの変化について述べている。また「ほとんどの教員が、地域の通常学校の支援に行くようになり、学校運営にも一部困難が生じてきている。特に教員間の時間調整が難しくなったことから、学校行事など全体でコミュニケーションをとりながら実施する必要があるものについて対応が難しくなった。また担当するクラスの運営に際し、始業時にいることができなかったり、学校にいない時間が増えたりしたために、子どもの相談なども即時対応ができないことも多くなった」と、学校運営面における具体的な課題についても触れている。

　さらに2014年になると、「現在、多くの教員は、他の通常学校での指導のため時間単位で移動しており、拠点となる場所がない状態となっている。またこれまで特別支援学校の教師は、子どもを前にして、授業を行うことが主なスキルとして求められてきたが、他の教師の支援や方法の伝達、保護者への説明や助言、通学方法の支援、トイレなどの確認に変わってきている」と、役割分担の調整や支援事例の積み重ねが進み、連携の際の、より具体的な課題について述べている。国連の障害者の権利条約批准後5～6年の間に進んだ制度転換に対して、特別支援学校の運営者として葛藤しつつ、インクルージョンの進行に

第2部　ニーダーザクセン編

ともない学校機能に対するとらえ方が変化してきたことがうかがわれる。

3．通常学校への支援の実際（ゼルジンゲン基礎学校）

1）連携体制

　ヤーヌシュ・コルチャック特別支援学校の支援先の学校の一つ、ゼルジンゲン基礎学校（Grundschule Selsingen）は、これまで8年をかけて協力関係の構築に集中的に取り組まれてきた学校の一つである。現在は、「いつ、誰が、何をするか」といった双方の時間配分や役割分担が機能し、良好な関係が構築されている。「特別な教育的ニーズのある子どもに対する教材」などを購入する際には、「予算についての話し合い」なども行われるが、相互の学校において対話可能な"パートナー"としてとらえられている。

　支援先の学校では、小集団への指導、通常学級の担任とともに行うチームティーチングと教員や親の相談・助言が、巡回指導の教員の主な任務になっている。巡回指導を行う教員は、これまで教員養成課程で学級（集団）に対する指導方法を学んできたが、通常学校では教員への助言、相談に乗ることが求められるなど、新たなスキルの形成が必要となってきている。

　特別支援学校から通常学校への巡回指導の割り当て時間は、学校規模によって異なっている。各学級は週あたり2時間の配分を受けているが、ゼルジンゲン基礎学校は、16クラスのため、32時間の割り当てとなる。ゼルジンゲン基礎学校には、2人の支援教員が配置され、週に1人あたり26時間の指導時間で、2人では52時間となる。ゼルジンゲン基礎学校の持ち時間は、32時間のため、余った20時間について1人の支援教員は、他の学校で指導時間を受け持たなければならない。同じゼルジンゲンにある、他の小規模校では4学級しかないため、ヤーヌシュ・コルチャック特別支援学校からは8時間しか割り当てることができない。1人の教員がこの小規模校に派遣されているが、週26時間のうち18時間が余るので、他の学校で指導時間を受け持たなければならない。この場合、8時間と18時間を別々の学校で教えるため、教員にとっては拠点がない状態になるだけでなく学校間の移動も増え、派遣先の学校の教員や保護者と話し合う時間がなくなってしまうという問題も生じている。

102

第5章　インクルーシブ教育の推進と特別支援学校のセンター的機能の拡大

2）基礎学校への支援の実施状況

　1年生の分を3年かけて学習する計画となっており、その間、再評価が行われて、進級などの調整が行われる。ニーダーザクセン州では基礎学校は1－4学年から成るが、インクルージョンの実施に合わせて1－2年生の学年の合同授業が実施されるようになった。これはすべての子どもが対象であり、障害のある子どもとない子どもの両方が、12月30日付けで満6歳の就学児が対象となっている。どのような認知力・身体機能であっても、この学校では同じ1－2年生合同のクラスに入る。なおこのようなシステムの導入にあたっては、すべての教員が話し合いを繰り返し、共通理解を図った上で、実施されることになったが、当初は、教師の3割が導入に反対したとのことであった。最終的に同意できなかった教員については、他校に転出したものもいたが、最終的に合意を図った上で実施されることになった。このようなステップは学校全体の組織としての支援体制を構築する上で、重要なプロセスと考えられている。

　結果的に1－2年の合同クラスにすることにより、子ども同士の学びあいや助け合いの場面が増えたことで、全体的な基礎学力の向上に結びつくとともに、障害のある子どもの支援もスムーズに進んでいるとのことである。

　インクルージョンの実施により、具体的には言語障害、情緒発達障害、社会性のコミュニケーション障害などの障害を持つ子どもたちが入学してきている。もし保護者が希望すれば、ヤーヌシュ・コルチャック特別支援学校に連絡して支援を要請する。また現在、知的障害、聴覚障害などの子どもも在籍している。聴覚障害の子どもは、補聴器を持っており、教員が持っているマイクから音を送るなどの設備を整えている。なお子どもが3年間かけても1－2年の教育課程が終わらずに3年生に進級できない場合には、特別支援学校の言語発達検査を受けることになる。

　子どもの発達状態を把握する際、インクルージョンのシステムが導入される前は、1週間ヤーヌシュ・コルチャック特別支援学校に通い、発達状態などの評価を行ったのちに指導計画を立てていた。現在は基礎学校の学期内に在籍校で行うようになったため、子どもの移動にともなう負担なども減少した。

　また以前は保護者が特別支援学校に入る際に入学希望に関する申請をしていたが、現在は自動的にインクルージョンを選択することになる。学習遅滞、社会的・情緒障害などの障害をもつ子どもを対象にしているが、言語障害への支援だけは、2クラスがヤーヌシュ・コルチャック特別支援学校にある。なお重

第2部　ニーダーザクセン編

写真 5-1　在籍する学級での学習全体の様子　　写真 5-2　ホールの一角で絵カードを使った個別学習に取り組む

度の知的障害の場合は、インクルージョン学級を保護者の希望で選択することは可能ではあるが、原則的にはインクルージョンの対象になっておらず、特別支援の学級を設けている別の学校の学級に入っている。

3）授業の様子

(1)　ドイツ語授業（1－2年生の合同クラス）

　1－2年生のクラスには「認知能力の低い女児」（6歳11か月）が在籍している。初めに全児童に対して説明が行われたあと、支援対象の児童は、支援教員とともに教室から離れ、ホールの一角を使った個別の指導が始まった。指導では、絵カードを使い、教員が読み上げた「家」「色」「動物」などに当てはまるカードを取るという活動である。色や動物について、聴覚的な信号を解読して選択するという作業を通して、ものの属性や概念の理解につなげるという指導である。終業の時間になると、教室から通常学級の担任教員がやってきて、授業の終了を告げ、最後に再び在籍の学級に戻り授業が終了した。

　教室で授業を受けている子どもは、プリントに示された個別の課題に取り組み、教員が質問を受けながら助言を行う形で授業が進められていた。この授業については、「他の子どもは、基本的に声を出さずに課題に取り組むものであり、支援ニーズのある子どもについては、言語的なやりとりを行う必要があることから、離れたところで集中して課題に取り組めるよう、学習の場所を配慮した」とのことであった。

(2)　読む・書く：テーマ「将来の夢（夢の職業）」

　4年生児童の22名は、担任と支援教員が担当している。クラスには、聴覚

障害（難聴）と情緒・社会的障害の2名が在籍している。情緒的な障害がある児童は、以前は教室にいることもできなかったが、一緒に授業を受けられるように改善している。聴覚障害の児童は、無線式の補聴器を装着しているが、「授業を進める上では特に大きな支障はない」とのことである。

インクルージョンの進行にともない、新しい授業スタイルとして、グループ学習に重点を置いた授業を、2011年から導入してきている。その結果、全体的に学力が向上するなどの効果が見られ、3–4年生にはグループ学習が良い方法であると考えられるようになった。そのため現在はほとんどの授業で、「前半を一斉指導、後半をグループ学習」という形に切り替えられた。通常学校の教員や校長からは、「インクルージョン導入の成果の一つと感じている」との声が聞かれた。

授業の内容は、「将来の職業」について考えるもので、テーマは「夢の職業」

表5-2　将来の夢（夢の職業）の授業展開

時間	授業内容と活動の様子
10:20	全体での説明
10:30	グループに分かれての学習
11:00	発表の時間
	グループでの話し合いの結果を発表
11:05	終了

表5-3　グループ課題の作業手順

夢の職業をテーマにしたグループ課題の作業手順

グループ課題の進め方
1. 言語の教科書62ページを開いて、課題1を行います。
2. 警官の職業について話し合ってみよう。その長所と短所は何だろう？
3. ここでは、課題を次のように分けます：
   ・小さなカード欄に書かれた63ページの問2と問3をまとめる。
   ・男の子と女の子の夢の職業のリストをひとつにまとめて作成しよう（別紙資料を参照）。
   ・皆さんは典型的な男の子の職業と女の子職業をどう思いますか？
4. 規格A3の模造紙に皆の成果をまとめなさい。表題についても考えてみましょう。

第2部　ニーダーザクセン編

表5-4　グループでの話し合いの課題と参考資料

一番人気はプロサッカー選手と獣医さん

　ドイツの子どもたちは今でも、これまでと同じ「夢の仕事」を抱いている。最新の調査によると、少年たちはプロのサッカー選手、警察官、パイロットまたは消防士になりたいと願っている。

　女の子の間では、進路として医療関係の職業の人気が非常に高い。青年薬局誌「メディツィーニ」によると、681人の子どもを対象にした調査では、5人に一人は動物の医者になりたいと思っている。

　同誌は、6歳から12歳の女の子の多くは、女性医師（8.4%）や看護師（6%）を「目標とする職業」であると伝えている。なりたい仕事に関する女性へのインタビューで獣医に続いたのは、教師（9.3%）と歌手（7.5%）であった。また、幼稚園の先生、女優、モデル、トリマーも多かった。

　男の子はお金を稼げるプロのサッカー選手が最も好まれて17.3%を獲得した。10人に1人は警察官を選び、その次にパイロット、消防士、さらにエンジニアや自動車整備師などの技術職が続いた。ちなみに鉄道の機関士は、なりたい男性の職業のトップ10のリストには入ってこなかった。

である（表5-2）。全体の説明で、テキストを利用して手順が示された後（表5-3）、各グループに分かれて配付された資料（表5-4）を参考にしながら、職業について話し合い、最後に各グループでの話し合いの結果を発表するというものであった。

　グループ学習では、校舎内の各所に置かれたテーブルとそれを囲む椅子を使い、空いているテーブルに自由に移動して話し合いが進められた。廊下や空き教室などを利用して、グループで資料を調べたり、話し合いをしたりする様子がみられた。

　写真5-3は、支援が必要な子どもがいるグループに支援教員がアドバイスをしつつグループ学習が進められているところである。支援が必要な子どもだけではなく、適宜グループ全体への配慮・支援をしながら、話し合いが進むように対応している。また写真5-4は、廊下に設置されたテーブルでグループ学習を進める子どもの様子である。担任教員は、各グループを巡回しながら、随時助言などを行っていた。

第5章　インクルーシブ教育の推進と特別支援学校のセンター的機能の拡大

写真 5-3　グループ学習に際しサポートに入る支援教員

写真 5-4　廊下に置かれたテーブルで学習に取り組むグループ

　グループ学習では、教員は待つことを学ぶ必要があり、担任教員によれば「教えるのではなく待つことで子どもの力を引き出すことが重要である」と感じるようになったとのことであった。また授業を進める上での利点として、障害のある子も含めて、子ども同士の助け合いの場面が設定しやすく、全体として進度に合わせて小さなグループで学習するため、「障害のある子どもが特別な支援を受けている雰囲気にならない」と感じているとのことであった。

4．センター的機能と連携

　本章では、障害者の権利条約批准移行のヤーヌシュ・コルチャック特別支援学校と支援先の通常学校との連携にともなう学校機能の変化と支援の実際の様子について紹介した。ニーダーザクセン州では、これまで分岐型の教育システムを採用し、障害のある子どもの教育についても特別支援学校を中心に教育を進められてきた。しかし2012年5月に州議会においてインクルーシブ教育への制度移行が決定し、様々な改革が進められようとしている。なかでも発達障害のある子どもを中心に専門的な教育支援（特殊教育学的支援）を展開してきた特別支援学校は、在籍する生徒数を減らす一方、地域の通常学校への巡回指導の対象児が増加してセンター的な機能を拡大している。

　インクルーシブ教育は、特別な教育的ニーズをもつ子どもの特性や学校の規模・特性によって左右されるため、学校長のリーダーシップが欠かせない。本調査でインタビューしたヤーヌシュ・コルチャック特別支援学校の校長は、20年以上にわたり同校を率いてきた。ドイツでは「近年は学校の裁量が拡大しており、それに伴って校長の任務や責任も増えている。独自のプログラムを学

校が決定、実施、評価できるようになったことで、校長には、授業の質を保証すべく、授業開発、人材開発、組織開発」にはじまり「予算運用に対する責任なども新たに生じて」くるようになった（文部科学省：2012, p.190）。こうした学校や校長の権限は、中央集権型の日本のシステムから見ると大きく異なる特徴であろう。制度の移行が学校レベルで進められるにあたっては、「インクルージョンは理想」としつつも、特別支援学校の役割について自負してきた校長や教員などが、当初、変革に対する当惑や葛藤を抱える様子がみられた。しかしインクルージョンへの制度移行が進むなか、本章で取り上げたヤーヌシュ・コルチャック特別支援学校と地域の通常学校では、具体的な連携体制の構築や役割分担の明確化、評価方法の工夫などが行われ、次第に肯定的なとらえ方へと変化する様子がうかがわれた。特にゼルジンゲン基礎学校では、インクルージョンへの移行に伴い導入が進められた1–2年生の合同クラス化やグループ学習に対し、教員が「学校全体の児童の学力が底上げされた」と認識するなど、障害のある子どもを含めた授業展開において重要な役割を果たしていた。このように授業改善や多様な学習スタイルを取り入れることが効果的であると認識され、インクルーシブ教育が通常学校の負担としてではなく、成果としてとらえている様子も見られた。

　Klippert（2010）によれば、ドイツでは、伝統的な教師中心の教科授業が見直され、個別化の形態の発展として課題を分化した教科学習が一般化してきていることが報告されている。また分化した課題設定としては、週計画（Wochenplan）の活動、ワークショップ活動、ステーション型活動など、従来の方向性とは明らかに異なる変化が生じている（p.112）。さらにKlippert（2010）によれば「ステーション型活動は、テーマに分かれた課題を教材や指導を伴う班活動のなかで展開するという学習形態を特徴としている」。このステーション活動のもとで「生徒たちは自分の興味や傾向、持っている能力に合わせてステーションを選ぶことができ、課題の補助として提供される教材を活用したり、特別な教材を利用したりすることができる」。「ステーションは、共通のテーマや方針を設定することもできるが、これは必ず求められるわけではない」。具体的には「ステーション活動は、教室内の隅や与えられた場所で行うことができ、さらに複数の机（学級規模やテーマ設定による）に合わせて適切な数のステーションが設定される」（p.40）。テーマに合わせて行う「ステーション型授業（活動）」やグループ活動が、インクルーシブ校においても積極的に取り入れられている。

　ドイツでは、インクルージョンにともなう“新しい教育システムの導入”と

いう、大きな教育改革のうねりの中で、伝統的な教師中心の教科授業から、個別化された学習形態や柔軟なグループ学習、授業の内的・外的分化という授業形態が積極的に取り入れられ、インクルーシブ教育の実践が展開されている。これまで特別支援学校が蓄えてきた特殊教育学的支援の蓄積を、特別支援学校との連携のもとに、個別の教育的ニーズを抱えた子どもを含めた通常の学校教育にどのような形で発展させていくのか、今後の動向が注目される。次章では、支援先のゼルジンゲン基礎学校について、スポーツへの取り組みを中心に紹介する。

註
1）通常は9年生までであるが、特別支援学校では、希望により10年生まで延長できる。卒業しても修了の証明を得られない場合がある。
2）障害のある子どもへの人的・支援等：SGB35条の規定により、行政窓口への申請により支援が受けられる。

第2部　ニーダーザクセン編

第 6 章

地方都市ゼルジンゲンの基礎学校における
スポーツ活動

多様なニーズへの対応と学校づくり

　近年、わが国においては「地域に開かれた学校づくり」をキーワードとして、様々な学校改革が進められている。このような改革には、地域課題の解決や地域の多様なニーズに対応した学校づくりが含まれているが、わが国においては、そのような実践事例は必ずしも多くない。一方、ドイツにおいては、地域の多様なニーズに対応し、地域と連携しながら「地域に開かれた学校づくり」への取り組みを積極的に行っている事例が少なくない。本章は、2014年、2016年、および2017年にドイツ・ニーダーザクセン州ゼルジンゲンにおいて、スポーツを核にして「地域に開かれた学校づくり」を展開しているゼルジンゲン基礎学校を対象に実施した調査について紹介するものである。訪問調査より、ゼルジンゲン基礎学校においては、地域の多様なニーズに対応するために「移民（難民）の子どもや障害のある児童を積極的に受け入れていること」「スポーツを積極的に活用していること」「新設したホールを活用して、地域と連携しながら、全日制学校のプログラムを充実させていること」などが確認された。また、これらの取り組みが、地域において高い評価を得るとともに「まちづくり」に寄与していることが示唆された。
キーワード：多様なニーズ、地域に開かれた学校、スポーツ、移民・難民

1．地域に開かれた学校づくり

　近年、わが国においては「地域に開かれた学校づくり」をキーワードとして、様々な学校改革が進められている。これらの取り組みの中で、とりわけ注目を

集めているコンセプトが「コミュニティ・スクール」である。2017年2月には、「コミュニティ・スクール」の導入に関する努力義務化を盛り込んだ法改正案が閣議決定され、「コミュニティ・スクール」が一層注目を集めるようになってきた。「コミュニティ・スクール」のキーコンセプトは、「スクール・ガバナンス」と「ソーシャル・キャピタル」である。前者は「学校運営協議会」を中心とした学校教育における「ガバナンス」の強化であり、後者は「『スクール・コミュニティ』運動」に代表される学校資源を活用した「まちづくり」である。とりわけ後者の「ソーシャル・キャピタルとしての学校の役割」という考え方は、障害者を含めた多様なニーズに対応する文化的な環境の整備において重要な意味を持つ。しかしながら、2005年7月の国民生活審議会総合企画部報告「コミュニティ再興と市民活動の展開」について、佐藤（2017）が、「コミュニティ再興の条件として①多様性と包容性、②自立性、③開放性を指摘し、地域の小中学校がコミュニティ活動の拠点として機能している実態について述べつつも、コミュニティ・スクールに関しては全く触れていない。コミュニティ政策の観点からは、コミュニティ・スクールを地域づくりの重要な政策だとは強く認識されていなかったものと思われる」と指摘しているように、わが国においては「地域の文化資源」「まちづくり」という視点から積極的に学校づくりを行っている事例は必ずしも多くはない。一方、ドイツにおいては、ゲマインシャフト・シューレ（Gemeinschaftschule：ドイツにおける「コミュニティ・スクール」）を中心に、学校が地域と連携しながら文化活動などを推進し、地域の文化資源として機能している学校が少なくない。特に全日制学校のプログラムは、多様なニーズを持つ子どもたち（障害のある子ども、移民・難民）の文化活動への参加を促すものであり、地域における文化格差を軽減するための活動として機能している。

　本章では、ドイツ・ニーダーザクセン州ゼルジンゲン基礎学校で展開されているスポーツを活用した「地域に開かれた学校づくり」について、多様なニーズへの対応（障害のある子ども、移民　難民）という視点から紹介する。

2．ゼルジンゲン基礎学校

1）ゼルジンゲンと学校教育

　ゼルジンゲン（Samtgemeinde Selsingen）は、大都市であるブレーメン

第2部　ニーダーザクセン編

とハンブルクの中間にあるローテンブルク／ヴーメ地区に位置し、8町村（Anderlingen, Deinstedt, Farvenf, Ostereistedt, Rhade, Sandbostel, Seedor, Selsingen）で構成される「統合市町村」における中心的な町である。「統合市町村」全体の人口はおよそ9,500人であり、ゼルジンゲン単体の町の人口はおよそ3,200人である。「統合市町村」内のゼードルフ（Seedorf）地域には約2,900人のドイツ軍空挺部隊が配置されているほか、オランダ軍も駐留しており、人口の多くを軍関係者が占める典型的な「軍隊城下町」である。近年は、ドイツ国内全体の少子化傾向と2007年に駐留していたオランダ軍の規模が4,000人から3,500人に削減されたことから、人口減少対策が地域の課題となっている。

　「統合市町村」には、9つの幼稚園（Anderlingen, Deinstedt, Farvenf, Haaßel, Ostereistedt, Rhade, Sandbostel, Seedor, Selsingen）、2つの基礎学校（Selsingen、Rhade）および中等学校（オーバーシューレ：Heinrich Behnken Schule）がある。比較的障害の重い特別な支援を必要とする子どもたちに対応するシステムとして、この地域では、知的障害者の親の会レーベンスヒルフェ[註1]が運営するヘルガ・ライヌング学校（Helga-Leinung- Schule）を支援センターとして認定し、特別な支援を必要とする児童に対応している。　また隣接するツェーフェン（Zeven）市には、ヤーヌシュ・コルチャック特別支援学校とインクルーシブな教育を行う統合型総合制学校（IGS: Integrierte Gesamtschule）も存在する。ゼルジンゲンは、地域の教育に協力的な住民が多い地域としても知られている。

2）ゼルジンゲン基礎学校の教育

　ゼルジンゲン基礎学校は、「統合市町村」にある2つの基礎学校のうちの1つであり、ゼルジンゲンの北西部郊外に位置している。ゼルジンゲン基礎学校は、多様なスポーツ施設と広々とした緑地に囲まれており、スポーツプログラムも充実している。小規模運動場には様々な遊具があるとともに、一輪車やスケートボードなどの運動用具も充実している。道路を挟んで（歩道橋で結ばれている）中等学校（オーバーシューレ：Heinrich Behnken Schule）があり、様々な交流活動が行われている（写真6-1〜6-4）。

　ゼルジンゲン基礎学校の通学区域は、中規模の農村部が中心であるが、前述したとおり、「軍隊城下町」という特徴があり、軍関係者を保護者に持つ子どもたちが多い。学年は、第1学年から第4学年までの4学年で構成され、第1学年と第2学年は合同で授業（2011/12年度以降）を行っている。2013/14年度

第6章　地方都市ゼルジンゲンの基礎学校におけるスポーツ活動

写真6-1　ゼルジンゲン基礎学校の正面

写真6-2　グラウンド

写真6-3　小規模運動場

写真6-4　スポーツ用具倉庫

写真6-5　図書館、音楽室を完備したホールの外観

写真6-6　ホール内のカフェテリア

写真6-7　ホール内のプレイルーム

写真6-8　ホール内の音楽室

第２部　ニーダーザクセン編

の児童の在籍数は325名、2015/16年度の児童の在籍数は315名、2016/17年度の児童の在籍数は309名であり、児童の在籍数は減少傾向にある。クラス編制は、14クラス（2017/18年度は13クラス）で、教員数は21名（2017/18年度は20名）、加えて２名のソーシャルワーカーが在籍する。ローテンブルク郡においてソーシャルワーカーが常駐している学校はゼルジンゲン基礎学校だけである。

　授業時間は、ニーダーザクセン州のすべての学校と同様、７時30分から13時までの５時間30分であるが、2013/14年度から週３回、保護者と児童のための全日制プログラムを提供している（火曜日、水曜日、木曜日の14時35分から15時20分）。この全日制プログラムを実施するため、2011年10月にカフェテリア（300席）、図書室、読書室、音楽室、プレイルームを含む新たなホールを設置した（写真6-5〜6-8）。ここでは、昼食後に、宿題の指導と多様な文化活動が行われている。ゼルジンゲン基礎学校は、前述したゲマインシャフト・シューレ（ドイツにおける「コミュニティ・スクール」）ではないが、教会や地域のスポーツクラブをはじめ、様々な地域の団体と協力関係を構築しており、このことが施設・設備、及びプログラムの拡充に貢献している。

３）障害のある子どもへの対応

　ゼルジンゲン基礎学校では、障害のある児童を積極的に受け入れている。特別な支援を必要とする児童に対する支援体制も充実しており、重度障害の場合は派遣ヘルパー制度を活用している。また、前述したとおり、ローテンブルク郡では唯一、専任のソーシャルワーカーが勤務しており、様々な事案に対して迅速に対応している。学習障害、言語障害、社会性障害に関しては、原則として通常クラスで受け入れているが、言語障害の場合、希望すれば特別支援学校において指導を受けることができる。障害のある子どもの在籍実績としては、これまでダウン症の児童、二分脊椎の児童などが在籍しており、多いときには障害のある子どもの在籍が14名という年度もあった。

　2011/13年度には、脳腫瘍で重度の障害のある児童が在籍し、近隣のランドクライツ（郡）からヘルパーが派遣されていた（教師21人＋１人加算）（表6-1）。

　なお特別な支援の必要な子どもについては、2016年現在、言語障害、社会性の障害、小人症の児童合わせて８名の障害のある子どもが在籍している。

第6章　地方都市ゼルジンゲンの基礎学校におけるスポーツ活動

表6-1　校長による「学校が難病による障害と向き合った経験」

2011年に脳腫瘍を抱えたドイツ人の男の子が入学した。最初の頃は大きな問題がなかったが、途中から病気が進行して様々な障害や困難が深刻化し、2年後の2013年に亡くなった。この時は、郡からの予算で1名のヘルパーを常時つけていた。この男の子は、進行性の難病という大変な経験をしたわけだが、一方で、他の子どもはその子が「いずれ亡くなる病気を抱えている」ことを皆知っていて、彼が亡くなるまで日常的に大変貴重な経験をしたともいえる。

毎日、毎週、毎月、日を追うごとに脳腫瘍が徐々に進行して、今までできていたスポーツ授業や学習など、様々な面で障害や困難を目の当たりにした。しかし、その男の子が乗っている車椅子の周りには、いつも2-3人の子どもが集まっていた。その子が亡くなった時には子どもたちみんなでお葬式に行って悲しんだ。その男の子も地域の学校に友達と通えて最後まで幸せだったと思うし、周りの子どもたちにとっても貴重な経験になったと思う。

本来はローテンブルク市にある病院併設の特別支援学校に行くことも検討されていたが、両親が地元の学校を希望した。この時に校長であった私は、我々の学校で受け入れたいと考え、先生たちに相談して対応を決めた。

4）移民（難民）への対応

ゼルジンゲン基礎学校では、以前から移民の受け入れを行っていたが、2015年8-9月に難民を受け入れるようになり、近年は増加傾向にある。主な出身国は、アフガニスタン、モンテネグロ、シリア、アフリカ諸国などである。2016/17年度は、難民の児童が23名在籍していた（1-2年生が17名、3-4年生が6名）。これらの児童のうち14名は、これまでに学校に通った経験がない。校長によれば、「近年、ドイツの児童は学ぶことに貪欲ではない子どもが多いが、難民の子どもの中には非常にモチベーションや能力が高い子どもがいる。エクアドルから来た児童は、1年間でドイツ人とほとんど変わらないほど言葉が話せるようになった」「難民の受け入れが他の子どもたちにとっても良い刺激になっている」とのことであった。

ゼルジンゲン基礎学校では、前述したとおり、1-2年生は合同のクラスで授業を行っている。この編制は、移民（難民）の受け入れに際して、1時間目

第2部　ニーダーザクセン編

写真6-9　ストックしている学用品など

は帯でドイツ語の授業を配置するなど、ドイツ語を話せない難民の児童にドイツ語の授業を個別・集中的に組むことができるメリットがある。さらにドイツ語の学習が必要な児童に対しては3-4時間目以降ソーシャルワーカーが対応する。また、ドイツ語だけではなく、「椅子にどうやって座ったら良いのか」「机への向かい方や姿勢」「コップの持ち方」「挨拶や食事の仕方」「買い物の仕方」「交通ルール」など基本的な生活習慣を教えている。

　入学に際しては各国の通訳をつける義務があり、保護者にこれまでの就学状況についてヒアリングが行われる。この過程で今まで学校に行ったことがあるかなどの情報が事前に把握される。移民・難民の入学に際しては、準備金として一人70ユーロが公費で支払われるが、実際の費用を賄うには足りない状況である。難民の児童を含めて児童の10-15%は低所得層である。

　この不足分を補うため、学校は保護者を通じて中古品を含めた学用品の現物寄付を募り、バッグや運動靴、体操服などをストックしている（写真6-9）。さらに足りない分については、学校の経費で新しいものを購入して必要な児童に提供している。学用品を渡す際には、児童が「単に忘れ物をした場合」などに取りに来たりしないように、家庭の状況を良く知っている担任に申し出てから校長が渡すようにしている。また、過去にはバザーや教会の寄付を通じて、難民の児童のために600ユーロを集めた。その他にも教会からPCを32台寄贈されるなど、教会を含めた地域からの支援により低所得者層の児童への対応が進められている。

3．スポーツ活動の推進

1）「スポーツに親しむ学校」の認定

　ゼルジンゲン基礎学校では、文化活動、とりわけポーツ活動を重視している。スポーツは、通常授業として展開されているだけではなく、スポーツ施設・用

第6章　地方都市ゼルジンゲンの基礎学校におけるスポーツ活動

具の拡充と子どもたちによる自主的な用具の運営・管理を促進するなど、業間を含めてスポーツ活動を充実させるための様々な工夫がなされている。また、運動が苦手な子どもたちに対する「スポーツ補習授業」や全日制学校のスポーツ・プログラムも充実しており、子どもたち自身が楽しくスポーツ活動を展開できるように配慮されている。さらに、スポーツ活動はコミュニケーションを促進する活動として、移民（難民）や障害をもつ児童など多様なニーズをもつ子どもたちの言語や障害の壁を越える活動としても期待されている（写真6-10〜6-11）。

写真 6-10　大会の結果を示す掲示物

写真 6-11　スポーツバッジの取得結果を示す掲示物

写真 6-12　「スポーツに親しむ学校」の認定プレート

写真 6-13　3期分のプレート

第2部　ニーダーザクセン編

　このような取り組みの具体的な成果として、ニーダーザクセン州において様々な表彰を受ける（Brennball、Faustball のトーナメントや、スポーツバッジテスト：Laufabzeichen、Sportabzeichen など）とともに、ニーダーザクセン州の認定事業である「スポーツに親しむ学校」の認定を 3 期（1 期 3 年）連続で受けている（写真6-12、6-13）。ニーダーザクセン州では2003年11月から州内の職業学校を含むすべての学校を対象に「スポーツに親しむ学校」を呼びかけ、推進校を認定してきた。推進校の募集要項に示された「スポーツに親しむ学校」に求められる基準は表6-2 の通りである。表に示されている 14項目のうち②⑧⑭は、ゼルジンゲンの基礎学校が認定を受けた後に追加された項目である。いずれも学校の教育活動においてスポーツが明確かつ具体的に位置づけられ、児童生徒にも「スポーツに親しむ」というコンセプトが浸透するように推進することが求められており、3 期連続での認定は極めて稀である。このような行政機関からの評価は、地域住民の学校に対する信頼の醸成に寄与していると考えられる。

表6-2　「スポーツに親しむ学校」に求められる基準

①目標とするスポーツの重点化は、学校プログラムを構成する要素であり、学校の特性として位置づけられていなければならない
②学校独自の活動計画において中心的なカリキュラムのスポーツを実施する
③学校とスポーツクラブまたはスポーツ協会との間の集中的な協力
④運動能力のある児童生徒の才能発見と能力の促進
⑤学校競技への定期的な参加（例：スポーツ表彰、全国青少年ゲーム、オリンピックへの青少年育成）
⑥スポーツ活動組織からの様々な提供
⑦規定に沿った水泳授業の実施
⑧時間割に応じて予定のスポーツ授業を割り当てる
⑨校舎内と学校の敷地内での運動の可能性と運動の提供
⑩スポーツに関する研修への教員／教職員の定期的な参加
⑪授業やプロジェクト活動で栄養・スポーツ・健康のテーマに取り組む
⑫健康的な食事や飲み物の提供
⑬スポーツ分野における成績と貢献を奨励する文化
⑭「スポーツに親しむ学校」のコンセプトに対する児童生徒の気持ち

出典：ニーダーザクセン州（2019）Sportfreundliche Schule より筆者ら作成。

2）スポーツ授業の実際

(1)　バスケットボールと「東京の満員電車」（4年生：男子児童19人・女子児童6人）

　表6-3は後述のボイホウスキ先生によるボール運動、「バスケットボール」の基礎的なスキルを学習する授業である。授業の説明の後、まずはボールをドリブルする際の基本的な手の動きを、指の使い方のコツなどを確認しながらくり返し行う。その際、全員が「掌で叩く」などの「上手にできない時の動き」を経験することで、より明確に指の使い方が伝わるような工夫が行われていた。特に"動きの不器用さ"がある子どもについては、ボール運動などがうまくできずに、苦手意識を持つ子どもも多い。うまくいかない時の動きを、全員が体験し共有することで、その後の子どもの相互の教えあいにもつながる。またボールではなく、周りの状況を見ながらドリブルを行うことができるよう、ドリブルで動きながら教師の示す指の数を数えるなどのゲーム的な要素を入れることで、楽しく活動ができるような配慮も行われていた。

　後半は、「椅子取りゲーム」の要領で、教師の合図で中央に並べた巧技台の上に集まるという活動である。徐々に巧技台の数を減らすことで、集まるための台の面積が徐々に狭くなり、相互に支えあったり助け合ったりしないと全員が乗れないことになる。巧技台をドイツでも有名な？「東京の満員電車」に見立てるとともに携帯電話という小道具を使って、駅とのやり取りを演出するなど、子どものモチベーションが持続するような工夫が行われていた。

(2)　スポーツ補習授業（1年生　男子児童6名、女子児童7名）

　表6-4は、コーディネーション能力の低い子どもを集めた補習授業の様子である。特に低学年の段階で、動きのぎこちない子どもや苦手な子どもが、楽しく体を動かしながら基礎的な体の動きを学ぶことで、運動嫌いになったり苦手意識を持ったりしないで、スポーツに参加できるようになるための授業である。ボールを使った活動の後、相互の体を「ピザ生地」に見立てた遊びを通して、身体意識（ボディーイメージ）の向上を促すような活動が行われた。さらにボールを使った活動を挟み、身体を使った様々な動きや形を表現しながら、楽しく身体の動きを学ぶという活動を行った。身体の動きや身のこなしという基礎的な身体意識の向上を目指した活動と、苦手意識を持ちがちなボール運動を交互に行うことにより、全体として楽しい体験となるよう配慮されていた。

第2部　ニーダーザクセン編

表6-3 バスケットボールと「東京の満員電車」

11:30 体育館に集合　自由遊びの後、輪になって座る 　T：「ボールを使ってドリブルの練習をします」 　　　「掌でたたかないで、5本の指を使ってつかむように床につきます」 　　　「掌にボールを載せて、そのまま手を下に向けるようにすると良いです」 　　　「始めは掌でたたくようにやってみて」 　C：掌でたたくようにドリブルをしたのちに、指を使ってドリブルをする 　　　両手を交互に使って動きながらドリブルを行う 　C：教師が指で数を示し子どもは声を出して数えながらドリブルを行う 　　　ドリブルしながら前後に移動 11:45 ボールを子ども同士で交換する 　C：手をたたいてボールを交換 11:55 輪になって活動の振り返り、次の活動の説明 11:58 東京の満員電車： 　T：「みんなで地下鉄に乗ります」 　　　大きく長い巧技台の最上段2つと通常の巧技台の最上段を体育館の中央に5つを並べる 　　　△コーンを並べ周囲にコースを作る 　T：合図をしたら電車（巧技台）に乗ります 　　　口笛の合図 　T：「3秒数えたら、ドアが閉まります」 　　　手に持った棒でなぞるように、巧技台に乗った子どもたちの周りを一周する 　C：「リンリンリン」 　T：携帯電話を取りだし「もしもし、駅からですか？どうしたの」「車両を減らしてほしい？」「みんな降りて行け」 　C：体育館の壁際を走る 　T：電車にしていた通常の大きさの巧技台を1つずつ減らしながら、合図で電車に乗る活動を繰り返す 　　　はずした巧技台は周回コースの障害物として移動させる 　C：徐々に乗る場所が少なくなり、最後は大きめの巧技台2台となる 　　　落ちないようにお互いに支えあいながら乗る 12:03 輪になって集合、振り返り 　C：「(巧技台が)5台あったときは簡単だったけど、少なくなったら難しかった」 　　　「みんなで助け合わないと乗っていられなくなった」 12:05 終了 　C：子どもたちが使った用具の片づけをする	 集合・説明  5本の指を使ってドリブル  指を数えながらドリブル  電車に乗る  周囲を走る

「T」は教師、「C」は児童　（記録：2014/9/24）

第6章　地方都市ゼルジンゲンの基礎学校におけるスポーツ活動

表6-4　コーディネーション能力の低い子どもの補習授業

12:10	体育館に集合・輪になって集合 今日の活動の説明
12:15	ボールの投げ方 利き手を使ってボールを持つ T：投げ方の具体的な指示 「ボールから手を離すタイミングが重要で、遅すぎるとワンバウンド、早すぎると真上に飛んでいってしまう」 C：一列に並び壁に向かってボールを投げる 壁の近くと、少し壁から離れたグループに分かれボールを壁に向かって投げる
12:23	身体を使ったピザ作り 身体を使ってピザを作る、2人一組で一人が作る人、一人はピザの生地になる T：「ピザの生地をよく混ぜます」 C：背中をもむ T：「生地を切ります、左から上へ、斜めに」 「8つに切ります、今度は交替して反対に切ります」 C：手で生地を切るように背中をなでる 「両手でピザの生地を作ります、ハケをもって4本の指を使ってトマトソースを生地に塗りましょう」 「それよりも先にやらなければならないことがあった、生地を伸ばすの忘れてた」 C：背中を両手で伸ばすように押す 「ハムを10個のせて」C：のせる動作 「ハムのほかに何をのせたい？」 「チーズをバラまいて、のせます」 C：バラまく動作 「コーンものせましょう」 C：指先でつまんでのせる動作 「小さいの、大きいの20個のせます」 C：「23個のせた」 T：「20個だから、3個食べなくては……」 T：「焼きます」 C：みんなで10秒数える 「できあがり」 C：みんなで食べる動作
12:34	キャッチボール（両手アンダーパス） 投げ方、捕り方の説明と教師と児童一人での演示 2列になって向かい合わせで受け渡しキャッチボール 2人一組で前後に移動しながらボールの受け渡し（両手で下手投げ） ボールを片付ける
12:44	動物になって、いろいろな動きをする 壁際に一列に集合 スタートポジション：石になって T：「鹿になって」 C：できるだけ早く動く T：「石になって」 C：その場で止まり、うずくまる T：「象になって、ゆっくり、重たい感じで動きます」 T：「石になって」……以下の指示で動く 馬：ギャロップで動く重心が変わる、 　　　人とぶつからないようにしながら空間の意識を培う 蛇：蛇になって床をくねくねと這う 蜂：蜂になって動いて刺す
12:50	輪になって集合 T：「来週は柔らかいボールと硬いボールも使った活動をする予定です」
12:52	解散

ボールの投げ方を示範

壁に向かってボール投げ

身体を使ったピザ生地作り

キャッチボール

石になって……

動物になっていろいろな動き

「T」は教師、「C」は児童　（記録：2014/9/24）

第2部　ニーダーザクセン編

(3)　教師へのインタビュー調査から

スポーツ授業およびスポーツ補習授業を担当したシュテファン・ボイホウスキ（Stefan Beuhowski）教諭（ハンブルク出身、男性48歳）は、ハンブルク大学で数学、ドイツ語、スポーツの教員免許を取得した後、5年間ハンブルクでの教員歴がある。その後、ゼルジンゲン基礎学校に異動し15年間教員を続けている。ゼルジンゲン基礎学校に異動した理由は、学校及び地域のスポーツ環境が充実していることで、本人自身地域のスポーツクラブで各種のスポーツを行っている。インタビューからもわかるとおり、インクルーシブなスポーツ授業の導入は、単に多様なニーズを持つ児童が授業に参加できるようになるということではなく、様々な配慮や工夫により授業全体の質が高まり、児童全体にとって意義ある活動になっていることがうかがわれた。また、スポーツ補習授業については、発達障害に関する専門的な知識や指導法をベースに授業が行われ、運動の学習において課題を持っている児童の活動に丁寧に寄り添っている様子が見られた（表6-5）。

表6-5　授業後のインタビューから

【インクルーシブなスポーツ授業について】

　障害のある子どもを含めた授業を行うにあたり、授業スタイル（ストラテジー）を変化させた。今まで以上に個々の子どもの状態やニーズをきめ細かくチェックするようになり、子どものモチベーションを持続させ、注意の集中を継続させるために、様々な工夫をするようになった。その結果、通常の授業そのものの質が高まったと感じている。インクルーシブなスポーツ授業を行うことの効果を感じている。

【スポーツ補習授業について】

　アセスメントの結果、運動能力が低く、コーディネーションなどの支援が必要な子どもについては、補習として「スポーツ支援教育コース」をもうけている。補習授業を受ける必要があるかどうかは、教師と校長が見て判断する。入学後3か月間の観察を行い、週に2時間の補習を半年から2年間受ける。補習を受ける児童は、知的障害、発達障害、知的に高いDCD（発達性協調運動障害）が含まれている。

　このような補習を行うには、指導する教師が「心理-運動」の資格を持っている必要がある。私自身は、大学においてPsycho-Motorik（心理運動法）の授業が必修であり、1995年に大学で取得したので、1学期間の履修で取得することができた。現在は、取得にあたってもっと多くの授業を受ける必要がある。

3）全日制学校プログラムの拡充と地域連携

　全日制学校のプログラムでは、スポーツを含めた文化活動（芸術など）の拡充に努めている（表6-6参照）。全日制学校プログラムには、実施されている3日間（火曜日、水曜日、木曜日：14：35-15：20）で、それぞれおよそ80名が参加している。難民の子どもや生活保護世帯の子どもは、全員が全日制学校に参加している。全日制学校の参加費は、通常3ユーロであるが、難民の子どもや生活保護世帯の子どもは1ユーロである。スポーツプログラムについては、サッカーを中心に地域スポーツクラブ（MTSV Selsingen）との連携を積極的に進めている。また、全日制学校のプログラムとは別に、新たに設置されたホールを活用し、地域住民の文化活動への参画を積極的に進めている。

　ドイツにおける全日制学校への移行について、日本では「学力向上」や「学校運動部活動」と単純に結びつけて語られることが多いが、第1章でも触れたとおり、その理念の中核は「移民の子どもやドイツ語を母国語としない子ども、

表6-6　全日制学校の活動プログラム（活動時間：14：35-15：20）

No.	プログラムのタイトル・対象	曜日	時間	領域	対象学年
1	サッカー（ゼルジンゲンのサッカースターを探そう！）	火曜日	14:35-15:20	スポーツ	3－4年生
2	楽しい遊び	火曜日	14:35-15:20	スポーツ	1－4年生
3	初心者のためのコンピュータ	火曜日	14:35-15:20		2－4年生
4	工作・アート	火曜日	14:35-15:20	美術	1－4年生
5	教会のねずみ "マクシ" とめぐる世界一周（世界の言語、文化、歴史）	火曜日	14:35-15:20	文学	3－4年生
6	カラフルな色：屋内外での感覚体験遊び（におい、味、聞く、見る、感じる）	火曜日	14:35-15:20	理科	1－4年生
7	わたしたちは本の虫（学校図書室の充実のため、紹介文や絵による提案を行う）	火曜日	14:35-15:20	言語・文学	1－4年生
8	もう一度 "Olchi" タイムです！（妖精キャラクター Olchi の言葉、歌、踊りで遊ぶ）	水曜日	14:35-15:20	演劇	1－4年生
9	ほらほら一消防隊員はそこにいる	水曜日	14:35-15:20	社会	1－4年生
10	ゼルジンゲンのお散歩　学校の近隣を歩いて地域の人や自然に親しむ	水曜日	14:35-15:20	社会・理科	1－4年生
11	女の子サッカー	水曜日	14:35-15:20	スポーツ	1－4年生
12	遊びだけ楽しい	水曜日	14:35-15:20	スポーツ	1－4年生
13	サッカーのすべて　男の子のみ	水曜日	14:35-15:20	スポーツ	1－4年生
14	遊びは楽しい：（ほぼ）常に屋外！	木曜日	14:35-15:20	スポーツ	1－4年生
15	ボードゲーム；常に屋内	木曜日	14:35-15:20	社会	1－4年生
16	げんこつボール：初心者向け	木曜日	14:35-15:20	スポーツ	1－2年生
17	おいしい料理を楽しもう：おやつ、デザートなどの調理（10ユーロ／半年）	木曜日	14:35-15:20	貝育	3－4年生
18	童話とマンダラ（読み聞かせ）	木曜日	14:35-15:20	文学	1－4年生
19	カラフルな色：屋内外での感覚体験遊び（におい、味、聞く、見る、感じる）	木曜日	14:35-15:20	理科	1－4年生
20	プラット（北ドイツの方言）はカッコイイ！（方言を使った遊び、歌、短い劇）	木曜日	14:35-15:20	言語	1－4年生

（2017年度）

多様な教育機会を享受できない子どもの『学力』を底上げするために、学校での『時間』をより長く提供する政策」であり、語学だけでなくスポーツを含む様々な文化活動への教育機会を増やし、文化格差を是正するための重要な方策としての意味を持つものである。ゼルジンゲン基礎学校の取り組みは、多様なニーズがある子どもたちの文化活動への参加を促す取り組みであり、学校卒業後の文化活動への参画を支援するための活動としても期待されている。

写真6-14　現校長ヴィンケルマン先生
学校運営の理念が引き継がれている

4．変化する地域と学校の役割

校長、副校長へのインタビューから[注2)]、「地域に開かれた学校づくり」の取り組みに関して、明確な戦略が存在することがわかった（写真6-14）。前述したとおり、ゼルジンゲンは、大都市であるブレーメンとハンブルクの中間にある8町村で構成された「統合市町村」における中心的な町であり、典型的な「軍隊城下町」である。近年は、駐留するオランダ軍の部分移転により人口減少が進み、地域の活性化が課題であった。このような背景から、校長を中心に図6-1に示すような「まちづくり」に向けた明確な戦略が構想されていた。構想の中心は、「スポーツを核に学校の魅力を高めること」、そのことの結果として「魅力あるまち」「人口の増加」「地域の活性化」を実現するというものである。

ゼルジンゲンでは、近年、近隣8町村で7つの幼稚園を設置し、子育て世代の人口増加対策を進めている。校長は、「スポーツに力を入れていることによる積極的な影響はあるか」という質問に対し、「スポーツのプログラムに関しては、教師が意欲的に取り組んでいる。また、校庭が広い、スポーツ施設が

図6-1　ゼルジンゲン基礎学校の戦略イメージ

第6章　地方都市ゼルジンゲンの基礎学校におけるスポーツ活動

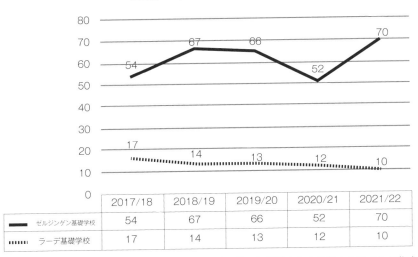

＊ゼルジンゲン基礎学校より提供された資料から筆者らが作成
図6-2　出生数から予測したゼルジンゲン基礎学校と近隣のラーデ基礎学校の入学予定者数の推移

充実しているということが、学校見学者には魅力的に映るらしい。家を建てるときに学校を見学に来てから決める例もある」と述べている。また、「数年前、市役所の近くに24区画の宅地を作ったところすぐに売れた」と述べており、学校の魅力が子育て世代の人々の増加に影響を与えている可能性がうかがえた。提供された資料によれば、出生数から予測した今後の入学予定者数にも減少傾向に歯止めがかかっていることがうかがえる（図6-2）。

　ゼルジンゲン基礎学校では、地域の多様なニーズに対応するために「移民（難民）の子どもや障害のある児童を積極的に受け入れていること」「スポーツを積極的に活用していること」「新設したホールを活用して、地域と連携しながら、全日制学校のプログラムを充実させていること」などが行われていた。

　これらの取り組みが、地域において高い評価を得るとともに「まちづくり」に寄与している様子が見られた。一方で、移民（難民）の多くが出身国のコミュニティを求めて都市部に移り住む傾向が指摘されており、移民（難民）の定住に向けた新たな取り組みも求められている。

　ゼルジンゲン基礎学校の取り組みは始まったばかりであり、アウトカムとしての「まちづくり」に関する評価はこれからである。しかし学校と地域スポー

第2部　ニーダーザクセン編

ツクラブの連携など、今後のわが国における「コミュニティ・スクール」のあり方を考える上では参考にすべき点も多い。一方、ドイツにおいては、わが国とは異なり学校運営における校長の権限（予算と人事）が強いという特徴がある。今回紹介したゼルジンゲン基礎学校の事例においても、校長のリーダーシップによる「予算の獲得」「人事計画」などが学校づくりに大きく寄与しており、わが国との差異については、注意を払う必要がある。

註

1）知的障害者の親の会が母体となって運営されている法人。レーベンスヒルフェの経緯については、「松本瑞穂（2008）ドイツ知的障害親の会"Lebenshilfe"成立前史──TomMutters だけが創設の担い手であったのか」（社会福祉学、48（4）、92-104）などが参考になろう。

2）前校長のユーゲン・メルヘア（Jürgen Marherr 2016/17年度まで）氏、現校長のヘルムート・ヴィンケルマン氏（Helmut Winkelmann；前副校長、2017/18年度以降は校長）、シュテファン・ボンコウスキ（Stefan Bonkowski：スポーツ担当教員）氏などの協力を得た。

第 7 章

リンデン特殊学校と
ローテンブルガー・ヴェルケ

学校と地域の余暇・スポーツ連携

本章では、特に2013年度以降のリンデン特殊学校と福祉法人ローテンブルガー・ヴェルケにおける余暇・スポーツに関する地域支援について、障害者の権利条約の柱でもある障害者自身による自己決定や自己選択を促すための情報提供の工夫などを紹介する。リンデン特殊学校では、州政府が2012年からインクルーシブ教育へ移行したのにともない、特殊学校としての新たな取り組みが模索されている。地域のスポーツへの移行や「見るスポーツ」につながるスポーツ授業の工夫が見られた。また障害者のスポーツクラブと地域のスポーツクラブの連携や 自己決定・自己選択に結びつく余暇プログラムと当事者への情報伝達方法の工夫など、障害者の権利条約に示された内容の具現化に向けて多様な取り組みが行われている。
キーワード：ニーダーザクセン州、特殊学校、余暇、スポーツ

1．リンデン特殊学校と地域の機関

リンデン特殊学校は、ドイツ北西部のニーダーザクセン州にある人口約2万1千人の都市ローテンブルク市にある特殊学校で，福祉法人「ローテンブルガー・ヴェルケ (Rotenburger Werke)」により運営されている (Rotenburger Werke: 2009)。なおリンデン学校の施設の建設や敷地の提供などは私立の宗教法人によるものであるが、通常の運営経費の多くは、公的な予算により賄われている。またリンデン学校では、初等段階の4学年、中等段階の5学年、修了段階（後期中等段階）の3学年というニーダーザクセン州の通常教育に対応した年齢段階での学部分けが行われている（安井・千賀・山本: 2011）。

またリンデン学校のスポーツ教師ペーター・シュラーケ（Peter Schlake）先生を中心に、1996年その卒業生30名ほどを対象に地域のスポーツクラブ「シュパース・ブス」が始められた。2005年頃から登録者が急増し、現在の登録者は、地域の児童生徒、成人などを合わせ約300名、そのうち福祉法人ローテンブルガー・ヴェルケからの参加者は250名となっている（安井ら：2012）。なおクラブの名称「シュパス・ブス」は、運動とスポーツの楽しさ支援クラブ（Verein zur Förderung von Spaß in Bewegung und Sport）の頭文字と、乗り物のバス（Bus）をかけたものとのことで、仲間が集まっていろいろなところに出かけていく楽しいイメージを表している。

リンデン特殊学校を運営する福祉法人「ローテンブルガー・ヴェルケ」は、1880年にてんかんのある患者のための施設として始まったもので、障害者の生活施設や病院などを運営するキリスト教系（ディアコニー）[註1]の福祉法人（Rotenburger Werke: 2009）である。2015年現在、ローテンブルク市内を中心に110棟を超える居住施設やグループホームなどを運営しており、利用者は知的障害児者、身体障害児者など定員1131人、職員数1580人で、居住施設の他、授産施設（工房・工場）、特殊学校、職業学校など大規模で多様な事業を展開している。

本章では 特に2013年度以降のリンデン特殊学校と福祉法人ローテンブルガー・ヴェルケにおける余暇・スポーツに関する地域支援について、障害者の権利条約の柱でもある障害者自身による自己決定や自己選択を促すための情報提供の実践例などを軸に紹介する。

2．リンデン特殊学校の動向と支援の実際

1）学校の動向

在籍する児童生徒数は、2014年9月現在156名で初等教育段階（1-4学年）が4学級、前期中等段階（6-9学年）が7学級、後期中等段階（10-12学年）が10学級と、約半数の生徒が卒業段階に在籍している。2008年には、児童生徒数186名（安井・千賀・山本: 2011）であったことから、児童生徒数は、この6年で2割近く減少している。校長のタム先生によれば、これは「少子化とともに、ニーダーザクセン州としてのインクルーシブ教育制度への移行にともなうもの」である。一方「リンデン特殊学校は、比較的重度の知的障害児を主な対象とし

ており、学校の役割そのものは、今後もなくならないのではないか」とのことであった。また空いた教室については、2014年度から学校内に成人の支援施設（日中活動）として2教室が転用されている。

シュラーケ先生によれば、「ニーダーザクセン州の方針で、公立の学校が通常学校の支援をするようになった。ローテンブルク市などについては、公立のペスタロッチ特別支援学校が地域の通常学校に教員を派遣し、日常的な支援を行うようになったため、これまで先行して地域支援を行ってきた私立のリンデン特殊学校は、新しいコンセプトを模索している。このような動向から授業やスポーツクラブも新しい取り組みが始まった」という。

また2019年7月まで校長を務めたタム先生は、「27年間この仕事をしているが、その間ほとんど変化がなかった。しかしこの3年の変化は劇的なもので、特殊学校の役割や、コンセプトが大きく変わろうとしている。今は、新しいコンセプトを検討中である。いろいろ大変ではあるが、エキサイティングな経験でもあり。障害のある子どもたちの学習環境が大きく変わろうとしており、基本的にそれは良いことだと思う。前向きに考えている。障害のある子どもたちにとって、本当に通常の学校ですべて一緒に学ぶのが良いことなのか、なかなか難しい問題である。回りの子どもたちとの学習スピードの違いやうるさい音にストレスを感じる子どもも多い。それらの準備をどのようにすべきなのか考える必要がある（2013年3月）」と語るなど、障害者の権利条約批准に伴う教育現場や地域社会の変化への対応を模索する様子がうかがわれた。

卒業後の進路としては、2013年に卒業した20人のうち、4人が一般就労、2人が福祉的就労、14人が施設内の作業所となっており、その多くが周辺に点在する福祉法人の居住施設やグループホームで生活している。

2）スポーツ授業

重度の知的障害児と肢体不自由児を対象にしたリンデン学校の生徒を対象にした授業のほか、リンデン学校内に地域の学校から生徒が来て行う交流授業、地域の学校にある分教室にスポーツ専門の教師が出向いて行う授業など、多様なスポーツ授業の取り組みが行われている。

特に障害児者のスポーツを専門とするシュラーケ先生が中心となり、子どもの障害に合わせた様々なスポーツ授業が展開されている。シュラーケ先生によれば、「身体を動かすことの楽しさを知ることで、授業では卒業後にもスポー

第2部　ニーダーザクセン編

ツを行いたいという気持ちを育てることが最も重要である」とのことである。

(1)　器械体操（Geräteturnen）の授業

　トゥルネン（体操）は、ドイツで伝統的に取り組まれてきた活動で、学校のスポーツ授業のほか多くの地域スポーツクラブでも取り組まれている。本授業についてはシュラーケ先生と、昨秋新規に採用になった31歳の男性（跳び箱）、および女性の補助教員（トランポリン）が担当していた。生徒は、卒業段階の生徒15名（16–20歳の女性3名、男性12名、そのうち重度の肢体不自由で車椅子利用の男子生徒1名を含む）である。

　11：04車座になって集合し活動内容の説明が行われる。11：10トランポリン、跳び箱、マットを使った前転の3グループに分かれて活動開始が始まる。各セクション担当の教員がそれぞれの生徒の能力に合わせて補助やアドバイスをする。11：26跳馬の高さを生徒の能力に合わせて調節するなどそれぞれの課題で、生徒に合わせて内容や用具の微調整や指導が行われる。11：28トランポリンでは、ダウン症の女子生徒が立位からの座位ジャンプに挑戦している（写真7-11）。マットでは高い位置から頭がマットの間に入るように工夫され、少しの補助で前転ができるようにしている。11：50平行棒を倉庫から出して活動が一つ加わり、シュラーケ先生が動きのアドバイスをする。12：05活動を終了し用具の片付けを行う。12：10再び車座に集まって反省会を行い終了となる（表7-1）。

　図7-1は生徒自身が各自で記録する「器械体操の活動記録票」を示したものである。吊り輪、平行棒、鉄棒、床運動、トランポリン、跳馬、ミニトランポリンなどの活動について各運動種目の課題が示されており、取り組んだ日と、できた活動をチェックすることで生徒自身が自己評価できるようになっている。

表7-1 器械体操（Geräteturnen）の授業の内容

11:04	輪になって集合
11:10	トランポリン、跳び箱、マットを使った前転の3グループに分かれて活動開始 各セクション担当の教員がそれぞれの生徒の能力に合わせて補助やアドバイスをする
11:26	跳馬の高さを生徒の能力に合わせて調節する
11:28	トランポリン：ダウン症の女生徒が立位 　　　→座位ジャンプに挑戦 マットでは高い位置から頭がマットの間に入るように工夫され、少しの補助で前転ができるようにしている
11:50	平行棒を倉庫から出して活動開始
12:05	活動終了片付け
12:10	集まって反省会　終了

（記録：2013.3）

130

第7章　リンデン特殊学校とローテンブルガー・ヴェルケ

器械体操の活動記録票

名前　　　　　クラス

×＝できる
○＝できない
／ほとんどまたは補助があれば

各動き3試技

No.	動き	日時	日時	日時	日時
1	吊り輪：ぶら下がる				
2	吊り輪：台から台への振り移動				
3	吊り輪：伸腕での振り				
4	吊り輪：降りる				
5	吊り輪：懸垂				
6	吊り輪：懸垂降り				
7	吊り輪：懸垂振り左右ひねり				
8	吊り輪：後方回転				
9	平行棒：台から台への振り移動				
10	平行棒：腕支持（両腕で支える）				
11	平行棒：腕支持振り（両腕で支えて揺れる）				
12	平行棒：開脚前方振り				
13	平行棒：開脚後方振り				
14	平行棒：左右への振り挙げ座位				
15	平行棒：フィニッシュ				
16	鉄棒（低）：腕支持				
17	鉄棒（低）：腕支持振り				
18	鉄棒（低）：腕支持振り腕支持後方振り挙げ				
19	鉄棒（低）：腰当て腕支持上がり				
20	鉄棒（低）：台からの回転				
21	鉄棒（高）：ぶら下がり				
22	鉄棒（高）：ぶら下がり振り				
23	鉄棒（高）：前方振り降り				
24	床（マット）：側方へ転がる（丸太転がり）				
25	床（マット）：補助具を使った前転				
26	床（マット）：前転				
27	床（マット）：飛び込み前転				
28	トランポリン：立位跳び				

131

第 2 部　ニーダーザクセン編

29	トランポリン：止まる				
30	トランポリン：左右への半回転				
31	トランポリン：座位				
32	トランポリン：座位／立位交互に 3 回				
33	トランポリン：膝跳び				
34	トランポリン：開脚跳び				
35	トランポリン：屈曲跳び				
36	トランポリン：背面跳び				
37	跳馬：：小さな台				
38	跳馬：：大きな台での膝（閉脚）跳び				
39	跳馬：：抱え込み回転				
40	ジャンプ（ロイター板）：開脚跳び				
41	ミニトランポリン：立位からのジャンプ				
42	ミニトランポリン：立位跳び				
43	ミニトランポリン：屈曲跳び				
44	ミニトランポリン：開脚跳び				
45	ミニトランポリン：後ろ跳び				
46	ミニトランポリン：跳び込み回転				
47	ミニトランポリン：宙返り				

図 7-1　器械体操の活動記録票

写真 7-1 吊り輪でのぶら下がり（No.1）

写真 7-2 吊り輪：伸腕での前後振り（No.3）

写真 7-3 吊り輪：懸垂（No.5）

写真 7-4 吊り輪：懸垂振り左右ひねり（No.7）

第7章　リンデン特殊学校とローテンブルガー・ヴェルケ

写真7-5 平行棒：台から台へ（No.9）

写真7-6 平行棒：腕支持（No.10）

写真7-7 平行棒：腕支持振り（No.11）

写真7-8 平行棒：前方振り（No.12）

写真7-9 跳馬：小さな台（No.37）

写真7-10 跳馬：大きな台での膝跳び（No.38）

写真7-11 トランポリン：座位／立位（No.32）

写真7-12 床（マット）：側方転がる（No.24）

133

第2部　ニーダーザクセン編

表7-2　トランポリンの授業の様子

13:30	集合説明
13:35	4～5人一組で、トランポリンとミニトランポリンでのジャンプ活動の2グループに分かれて授業開始 トランポリンをヘムスリンゲン基礎学校の教師が、ジャンプ活動をリンデン学校の教師が担当
14:00	グループのローテーション実施
14:20	リンデン学校の生徒2名を、リンデン学校の教師が引率して先に帰る
14:30	その間，重度の児童をヘムスリンゲン基礎学校の教師がみている 急に泣き出したため声をかけるなどして暫く対応する 自傷、パニックが収まらないため、ヘムスリンゲン基礎学校の子どもがリンデン学校の教師を呼びに行く。
14:35	車椅子に移乗させ、引き上げる 片付け：ヘムスリンゲン基礎学校の子どもと教師がトランポリンと台を片づける
14:40	ヘムスリンゲン基礎学校の保護者（当番）が迎えに来る

(記録：2013/3)

「字が読めない生徒も、チェックするだけでモチベーションが上がる」とのことで、単元の終わりにはチェック表の成績をもとに「今季のチャンピオン」などの表彰が行われる。

　課題の内容を見ると、吊り輪では「ぶら下がる」「台から台へ揺れて移動」、腕を伸ばしたまま揺れる「伸腕での振り」など、いずれも初歩的で簡単にできる活動から、ある程度の技能を必要とするものまで細かく評価のポイントが示されている。重度の障害があっても器械体操という種目に取り組みことができるようになっていることがわかる。ドイツでは、このような器械体操に取り組む地域のスポーツクラブが多いことが示されており（安井：2008）、後述するシュパス・ブスにも器械体操のクラブがあるなど卒業後の活動にもつながっている。またオリンピックなどのスポーツ観戦にあたっても、自身で取り組んだ経験を持つことによって「見るスポーツ」として楽しむことにつながる（近藤・安井：2014）ものと思われ、生涯にわたりスポーツを楽しむことにつながっている。写真7-1～7-13 は、2013年から2014年にリンデン特殊学校で取り組まれた器械体操の授業について、それぞれの種目に取り組む場面を記録したものである。（　）内の No. は図7-1種目番号（左列）に対応している。

(2)　トランポリン授業

　近隣の基礎学校との共同スポーツ授業として、2012年度からヘムスリンゲン基礎学校の子どもがリンデン特殊学校に来校し、トランポリンを使った授業を始めた。参加者はヘムスリンゲン基礎学校の児童1-3年生7名（当日は1名欠

第 7 章　リンデン特殊学校とローテンブルガー・ヴェルケ

写真 7-13　床（マット）：補助具を使った前転（No.26）　　写真 7-14　トランポリン

写真 7-15　ミニトランポリン

席）とリンデン特殊学校の児童 4 年生、6 年生（車椅子）、8 年生の 3 名である。

　指導者は、ヘムスリンゲンの教師マライケ・ドュエンジング先生（32 歳：ヘムスリンゲン基礎学校で 2 年間教えている）と、リンデン特殊学校の教師アンニー・シュルツェ先生である。ドュエンジング先生によれば、「リンデン特殊学校にあるような大きなトランポリンは、地域の通常学校にはなく、大変良い活動になっている」とのことで、通常学校からは、親が送迎を担当して、8 人の子どもが来ている。

　13：30 体育館にそれぞれの学校の子どもが集合しその日の活動内容や手順、注意点などの説明を受ける。13：35 両校の子どもが混ざって 1 グループ 4 〜 5 人で 2 グループを作り、トランポリンとミニトランポリンでのジャンプ活動に分かれて授業が始まる。大型のトランポリンの指導をヘムスリンゲン基礎学校の教師が（写真 7-14）、ミニトランポリンをリンデン学校の教師が担当する（写真 7-15）。14：00 それぞれのグループが活動を交代する。14：20 リンデン学校の生徒 2 名を、リンデン学校の教師が引率して先に帰る。その間重度の児童をヘムスリンゲン基礎学校の教師がみている。しかし急に泣き出したため声をかけ

第２部　ニーダーザクセン編

るなどして暫く対応するが、自傷、パニックが収まらないため、ヘムスリンゲン基礎学校の子どもがリンデン学校の教師を呼びに行く。14：35車椅子の生徒を移乗させ、先に教室に移動する。またヘムスリンゲン基礎学校の子どもと教師がトランポリンと台を片づける。14：40ヘムスリンゲン基礎学校の保護者（当番）が迎えに来て終了した。

　特殊学校のあり方が模索される中、地域の通常学校の子どもが設備の整った特殊学校を利用して活動を行うとともに、相互の学校の児童や教師の交流、協同的活動を通して相互理解を促す試みは、特殊学校と通常学校の多様な関係の可能性を示唆するものといえよう。

3．地域スポーツクラブ「シュパス・ブス」の取り組み

1）クラブの活動内容と動向

　基本的な活動は、各コース週一回45分で、説明会、スポーツ大会参加、クラブ行事とクリスマス会、必要に応じた同行支援となっている。表7-3 は、2014年度の活動内容をまとめたものである。なお2012年以降新たに始まったコースについて、表中の No欄に網掛けで示した。網掛けで示した新設のコースを見ると、運動遊びや幼児の運動教室、音楽を使った活動のほか、車椅子利用の重度の肢体不自由者の活動など、より多様なニーズに応えるようにコースが増えていることがわかる。また指導者については、クラブ全体で約20人のリハビリテーションスポーツ指導者資格取得者が登録されている。さらにこれらのグループの活動内容に関しては、リンデン特殊学校のスポーツ授業で取り組んだ内容とも関連しており、学校で体験したスポーツ種目や活動内容を卒業後も地域のクラブ活動として継続できるようになっている[註2]。表7-4 に、2014年度の会員区分による年会費を示した。

2）活動の実際

⑴　学齢児のスポーツ・心理−運動（プログラムNo.1）

　指導者はケルナー・シュタインハウアー氏（50歳）で、2012年にハノーバーでリハビリテーションスポーツ指導者（知的障害）資格取得し[註3]、月曜３コマ火曜１コマを担当している。活動には６人が登録しているが、当日は２人が休

136

第7章　リンデン特殊学校とローテンブルガー・ヴェルケ

表7-3　シュパス・ブスの活動内容（2014年度）

曜日	No.	時間	内　容
月	1	14:45-15:45	学齢児のスポーツ・心理－運動
	2	14:45-15:46	学齢児のスポーツ・ウォーキング・ノルディックウォーキング
	3	16:15-17:15	ウォーキング・運動遊び
	4	16:30-17:30	スポーツ・遊び・お楽しみ
	30	16:30-17:30	運動遊び、ボール運動（卓球、バドミントン・羽ボール、ポリーバット）初心者向き（歩行および車椅子利用者）
	25	17:30-18:30	運動遊び、卓球
	5	18:00-19:00	運動遊び
	19	18:00-19:00	運動遊び、ウォーキング、体操
	20	19:00-20:00	フィットネス、軽運動
火	6	14:45-15:45	学齢児のスポーツ・心理－運動
	7	16:30-18:00	サッカー（初級者）、体操、コーディネーショントレーニング、持久力トレーニング
	29	18:00-19:30	フットボール（上級）、体操、コーディネーショントレーニング、持久力トレーニング
	28	18:30-19:30	ウォーキング、運動遊び、心理運動
水	31	16:00-17:00	未就学児のための親子体操、心理運動、発達支援
	18	16:30-17:30	運動遊び、ウォーキング、体操
	11	17:00-18:00	体操用具を使った遊びと運動
	12	17:30-18:30	運動遊び、ボール遊び
	21	17:30-18:30	運動遊び、ウォーキング、体操
	13	18:00-19:00	女性のための運動、リラックス、ダンス
	27	18:00-19:00	器械体操
	35	18:00-19:00	車椅子利用者のための遊び、楽しい活動、運動Ⅱ
	9	18:30-19:30	スポーツ、軽運動
木	37	16:15-17:15	運動遊び、ウォーキング、体操
	22	16:30-17:15	車椅子利用者のための運動遊び
	34	16:30-17:30	ウォーキング
	10	17:00-18:00	車椅子利用者のための遊び、楽しい活動、運動Ⅰ
	14	17:00-18:30	水泳
	38	17:15-18:15	運動遊び、ウォーキング、体操
	23	17:20-18:05	車椅子利用者のための運動遊び
	33	17:30-18:30	音楽を使った体操、リラクゼーション
	24	18:20-19:05	運動遊び、ウォーキング
	15	18:30-20:00	水泳
金	8	14:30-15:30	高齢者の運動・体操、ストレス解消
	32	15:00-16:00	座位での体操、転倒予防、身体意識／リラクゼーション
	16	15:30-16:30	ウォーキング
	17	16:30-17:30	ウォーキング
	36	16:45-17:45	ウォーキング
土	26	14:00-17:00	サイクリング

137

第2部　ニーダーザクセン編

表7-4　スポーツクラブの年会費

	区分	金額
1	子ども・青年	18ユーロ
2	子ども・青年 （ローテンブルガー・ヴェルケ所属）	8ユーロ
3	成人	20ユーロ
4	成人（ローテンブルガー・ヴェルケ所属）	16ユーロ
5	高齢者・年金受給者	8ユーロ
6	非保険（障害）対象者	40ユーロ

みだったため、参加者は14歳の男児2人と8歳、14歳の女児の4人であった。活動内容については、毎週開始前に簡単な打ち合わせを行い決定している。

　14：50に活動開始。まずは2人一組になって、キャッチボールを行うように、フープ転がしてパスをしあう（写真7-16）。さらにフープを床で回す、体の一部を使って回す（写真7-17）、転がるフープを走って追いかける（写真7-18、19）などの活動を行う。15：20フープの活動を終了。

　15：22ボールを使った活動開始。ボールをぶつける活動の後、持っているボールを追いかけてタッチ、当たった子どもは、当たってない人に股の下をくぐってもらうと復活する。15：30終了。最後は音楽に合わせて体を動かす。Fliegeliedの曲「今日は良い日だ、ジャンプ大きく、泳いで……」という曲と歌詞に合わせて、身体各部を意識する動きを行い終了となった。

　フープ一つで、身体各部位を使った基本的な動きを引き出すとともに、フー

表7-5　学齢児のスポーツ・心理-運動（プログラムNo.1）の活動内容

14:50	活動開始 キャッチフープ：フープを使ってパスしあう フープ回し フープを体の一部を使って回す 転がるフープを走って追いかける
15:20	フープ終了
15:22	ボールぶつけ開始 持っているボールを追いかけてタッチ、交代： 当たった子どもは　当たってない人に、股の間をくぐってもらうと復活
15:30	終了　音楽に合わせて体を動かす 「今日は良い日だ，ジャンプ大きく、泳いで……」 曲名：Fliegeliedの曲に合わせて、身体各部を意識した動き 終了

（記録：2014/3）

第7章　リンデン特殊学校とローテンブルガー・ヴェルケ

写真7-16　フープのパス

写真7-17　フープを体で回転させる

写真7-18　フープを追いかけて走る

写真7-19　フープと一緒に走る

プの受け渡しなどで楽しい活動になるよう工夫されている。さらに走って追いかけるなど、ある程度の運動強度のある活動も自然に引き出すようなプログラムが展開されていた。このような楽しい活動を通して身体の動きを引き出すという基本的なコンセプトは、他の活動にも共通してみられた（表7-5）。

(2)　運動遊び・ボール運動（プログラムNo.30）

　指導者はバウンバッハ氏、「今回のプログラムは自分で考えたものであるが、ハノーバーで資格を取ったときに経験した内容が生かされていて、それを応用したものである」とのことで、指導者養成のカリキュラム内容が、有効に活用されていることがうかがわれる。なおこの活動の参加者は、成人10名（男性8、女性2）である。

　16：30にランニング開始、16：38に集合して30cm四方の四角いタイルカーペットが配られる。参加者はそれにのって床雑巾のように滑って移動するという活動である（写真7-20）。参加者は、片足をタイルカーペットの上にのせ、もう片方の足で滑りながら移動するのだが、みな楽しく参加しているのが伝わ

139

第 2 部　ニーダーザクセン編

表 7-6 運動遊び・ボール運動（プログラム No.30）の活動内容

16:30	ランニング開始
16:38	集合　30cm 四方の四角い絨毯が配られる
	参加者はそれにのって床雑巾のように滑って移動する
	片足で移動
16:58	両足で移動
17:04	タイルカーペットにのって移動しながらボールを使った活動
17:08	参加者同士でボールを手渡し，またはパス
17:12	ボールぶつけゲーム
17:16	終了

（記録：2014/9）

る。16：58 には、両足でスケートのように移動する活動に移行する。さらに 17：04 カーペットにのって移動しながらボールを使った活動を行う。17：08 参加者同士でボールを手渡ししたりパスしたりする。17：12 ボールをぶつけあうゲームを行い、17：16 に終了した（表7-6）。

　タイルカーペットという身近にある素材が、「見事なスポーツ用具」に変わった瞬間であった。参加者の気分はボーダー（スノー、スケート）である。コーディネーション能力の低い重度の知的障害を伴う参加者にとっては、市販のスポーツ用具が必ずしも楽しい道具にはならないことがある。そのような時、参加者の運動能力のレベルに合わせて身近な用具を運動遊具に活用する発想の柔軟さが、日々の活動を支えているのである。

(3) その他の活動

　障害の重度化や高齢化に対応した新しいグループの活動も始まっている。「車椅子利用者のための遊び、楽しい活動、運動Ⅱ」（表7-3、No.35）では、知的障害を伴う重度の運動障害がある人々の活動として、ヴェルケの敷地内にあるコミュニティ施設を使ったストラックアウト（写真7-21）やボールを使った運動

写真 7-20　タイルカーペット滑り

第 7 章　リンデン特殊学校とローテンブルガー・ヴェルケ

写真 7-21　重度者の運動遊びクラブ　　　写真 7-22　重度障害者のボール運動

遊び（写真7-22）などが行われるようになった。重度の障害者については、生活における行動範囲が限られがちである。開始時間に合わせ、近隣の居住施設や自宅からヘルパーなどに付き添われて嬉々として集まる様子から、このようなスポーツクラブでの活動が、介護や生活以外の余暇の場所としての外出と交流の機会を創出していることがわかる（記録：2016/3/3）。

3）インクルーシブな活動

　2014年8月、「シュパス・ブス」とローテンブルク市を中心に約3000人の会員を有する一般の地域スポーツクラブ（TuSローテンブルク）が提携し、陸上競技や、水泳などの種目について合同での活動と支援者間の協力を行うことになった。これまで、「障害者のスポーツ支援組織」として運営されてきたスポーツクラブシュパス・ブスが、インクルーシブなスポーツ環境の形成に向けての一歩を踏み出したのである。なおこのようなシュパス・ブスと地域のスポーツクラブ（TuS Rotenburg）の提携については、地元の新聞に紹介されるなど[註4)]地域の注目も集めた。

　(1)　インクルーシブな陸上競技クラブとその他の活動
　健常者のスポーツクラブ「TuSローテンブルク」の子どもの陸上競技グループ（中等教育段階の11歳から14歳）、にシュパス・ブスから26歳、19歳、15歳の男性3名と14歳の女性1名が参加している。指導者は、シュパス・ブスとTuSローテンブルクのトレーナー各1名と付き添いのヴェルケの職員、学生の

141

ボランティア（FSJ）の4名である（写真7-23）。

　なおインクルーシブなスポーツクラブの活動についても、障害者スポーツの指導者資格があるもの[註3]が指導にあたることで保険会社からの補助金申請が認められるようになり、シュパス・ブスでは、申請に基づき一人11.50ユーロ/h、14歳までの子どもについては13ユーロ/hの支援が受けられることとなった。ただしこれによりTuSローテンブルクのトレーナーの時給が8ユーロ、シュパス・ブスのトレーナーは23ユーロと報酬の格差を生じることにもつながっている。

　シュラーケ先生によれば、「トレーナーが共同で支援するようになり、相互のトレーナーのスキルが上がるとともに、相互理解も進んで協力体制が構築されてきた。一方で常に、"競争と参加"の葛藤もある。競争に重きを置くと、シュパス・ブスからの参加者が"はじかれ"てしまう。健常者のクラブでは参加する子どもの数が多すぎることもあり、一緒に走っても下位になってしまう。それが嫌な者は参加したがらないので、参加人数はそれほど増えていない。なお、今参加している人たちは、一緒に活動することに喜びを感じており、年齢が超過していても、活動を続けたいといって参加している」とのことであった。

　インクルーシブなスポーツクラブへの参加が、必ずしもすべての障害者に受け入れられているわけではないことがわかる。特に競技成績に重きを置く人々と活動を行う場合は、「能力差」を感じて自信を失ったり楽しさが損なわれたりすることにもつながる。一方で、勝敗ではなく「とにかく健常者とともに活動する」ことに喜びを感じる人々もいる。そして障害の有無に関わらない相互理解や、障害者を教えることによる指導者のスキル変化などの効果があること

写真7-23　陸上競技クラブの練習

写真7-24　インクルーシブな柔道クラブ

（記録：2016/3/2）

第7章　リンデン特殊学校とローテンブルガー・ヴェルケ

も忘れてはならない。インクルーシブなスポーツクラブへの移行を考えるには、多様な選択が保障されることが重要な視点となるものと思われる。

そのほか、インクルーシブなスポーツクラブとして行われている柔道では、40歳代のダウン症の男性が参加するとともに、知的障害のある男性（有段者）が指導者の補佐役として、指導にあたるなど健常者、障害者の垣根を超えた「柔よく剛を制す」の言葉通りの活動が行われている（写真7-24）。

4．福祉法人ローテンブルガー・ヴェルケの余暇支援

障害者の権利条約に示された「権利」を最大限保障する試みとして、重度障害者の自己選択・自己決定を支援する様々な活動が始まっている。写真7-25は、施設内の各所に設置されたタッチパネル式の「音声付きアニメーション」による情報支援機器である。タッチパネルに触れることで、様々な案内をいつでも視聴することができる。内容としては、法人の施設や活動の案内、食事のメニューなどのほか、障害者の人権についてアニメーションで説明したり、様々な生活の選択肢を写真や映像で示すなど知的な障害があってもできるだけ理解ができるような工夫が行われている。

ローテンブルガー・ヴェルケでは、障害児者の生活と職業支援などとともに、余暇の支援が重要な要素として位置づけられており（Reiter et al.: 2011）、余暇メニューなどについても、常時案内を見ることができる。

余暇のコースについては、福祉法人の余暇・社会教育部門が企画する文化、調理、スポーツなど2014/2015年度88のコースが設定されている。参加にあたっては、年間登録料として25ユーロを払い「教室パス」を取得したうえ、それぞれのコース開始の2週間前までに参加申し込みをする。なおほとんどのコ

写真7-25　各所に設置されたタッチパネル式情報提供装置

143

第2部　ニーダーザクセン編

ースは、登録料の他、10–60ユーロの参加費とコースによって材料代などが必要となる。それらの費用については、すべてプログラムに詳細に掲載されている。なお、収入などが少なく経済的に困窮している場合には、参加料の減免措置などが受けられる。申込用紙には、希望するコースナンバーや連絡先などの他、車椅子利用の有無、てんかん発作の有無、教育パスの有無、活動中の投薬の必要性の有無などを記載して申請し、受け付けられると受講証が交付される。

　表7-7は、2014/2015年度の開設コースを示したものである。コースの全体数は88コースで、内容を見ると、食事づくりとともにできた料理を楽しむ「グルメコース」、スラックラインやクライミングといった身体を動かす「スポーツ」などのコース内容が多い。また公共機関への訪問も単なる訪問だけではなく相談を含めるとともに、パートナーとの関係や男女の交際にともなうトラブルから身を守る方法についての講座、自身の権利を考える会議への出席、高齢化にともなう死別などの増加に対応した「悲しみを癒やす」活動などが設定されていた。障害者の自立にともなう課題への対応や権利の保障といった視点からのコース設定が進んでいる様子がうかがわれた。

　余暇の内容については、年度ごとに余暇案内冊子が作られており、受講の方法とともに、各コースの内容、場所、時間などがわかりやすく示されている。「イタリア料理作り」と「車椅子ダンス」のコース案内について、2011/2012年度版と2014/2015年版（図7-2）について示した。これまでもイラストなどを利用して本人にもその内容がわかりやすいような工夫が行われてきたが、2014/2015年版では、写真を掲載することにより本人が、より内容を把握しやすくすることで自己選択・自己決定ができるように工夫されている。またこれらの内容については、先述したとおり食堂や学校など敷地内の公共の建物の各所に情報提示装置が設置され、音声とともに案内を視聴することもできるようなシステムの整備が進められている。なお余暇についてはこれらの定期的な活動に加え、月ごとに多様なイベントも企画されており、同じく各月のトピックスとしてプログラムなどが発行されている。

5．特殊学校と地域連携

　重度の知的障害児者については、知的障害に伴う理解力の課題から、自己決定・自己選択などに困難を伴うことも多く、支援方法の工夫が求められる。リンデン特殊学校の取り組みについては、これまでカリキュラムとともに余暇活

第 7 章　リンデン特殊学校とローテンブルガー・ヴェルケ

表 7-7　余暇活動（教室）コースの活動内容

2014/2015 年度		
コースのカテゴリー	各コースのテーマ	コース数
コミュニケーション	読み書き(4)	5
	コミュニケーション記号で楽しもう(1)	
計算・算数	お金の計算(1)	1
コンピューターコース	インターネット(2)	2
創作活動	自然素材を利用した彫刻(1)	8
	写真カレンダー(1)	
	木工(2)	
	曼荼羅制作(1)	
	シルクスクリーン(1)	
	絵画(2)	
グルメコース	千一夜物語の料理(2)	15
	冬の料理(1)	
	春の料理(1)	
	イギリス伝統料理(1)	
	野草料理(1)	
	真夏の夜の夢－夏の食材料理(1)	
	カフェケーキ(1)	
	スペイン・タパス(1)	
	イタリア料理(1)	
	トルコ料理(1)	
	おいしいハンバーガー(1)	
	クリスマスパン(2)	
	グリルのための最高のレシピ(1)	
衛生法	給仕のための衛生法(2)	2
ダンス	ズンバダンス(1)	7
	ボディーグループ(2)	
	車椅子ダンス(1)	
	ペアダンス教室 (1)	
	座ってダンス(1)	
	ラインダンス(1)	
演劇	演劇グループ(1)	2
	演劇ワークショップ(1)	
音楽	バンド(1)	10
	音楽の RAOUM－パーカッション(9)	
住まい	住まいのゼミナール(3)	3

145

第2部　ニーダーザクセン編

スポーツ	自転車ツアー(1)	10
	ナイトウォーキング(1)	
	バイキング船(1)	
	乗馬(2)	
	オートバイツアー(1)	
	カヌー(1)	
	スラックライン(1)	
	クライミング(2)	
健康とリラクゼーション	瞑想(1)	5
	背中の学校 - 腰痛予防演習(2)	
	女性のための美容の週末(2)	
パートナーとの関係	愛・性・シンボル(1)	1
自然と動物	リンゴ狩り(1)	4
	動物公園(1)	
	納屋でのアドベント(1)	
	乳搾り(1)	
研修旅行	カウンターサービス（給仕）のトレーニング(1)	1
女性と女児	女性と女児の相談(1)	2
	女性のための自己防衛(1)	
安全	自己防衛(1)	6
	自転車ライセンス - 自転車教室(1)	
	警察署訪問(1)	
	交通安全トレーニング(1)	
	交通安全教室：歩行器と車椅子(1)	
	警察相談(1)	
学術	サイエンスラボ：科学のハンドル(1)	1
会議	阻害・関与・自己形成 - ミーティング参加（1）	1
生と死	開かれた悲しみカフェ：死別の癒やし(2)	2
合計		88

　動やスポーツ活動に関して個々の理解力などに応じて自己選択・自己決定ができるような支援の工夫を行っている様子を報告してきた（安井・千賀・山本：2011，2012）。

　一方、州政府が2012年からインクルーシブな教育制度に移行したのにともない、私立の特殊学校として、新たな取り組みが模索されている様子がみられた。このような課題意識のもと、特殊学校の大型設備や専門的指導技能などの学校機能を活用した通常学校との共同スポーツ授業なども始まっていた。さらに地域のスポーツクラブ（シュパス・ブス）の実施種目と連携させた活動への

第7章　リンデン特殊学校とローテンブルガー・ヴェルケ

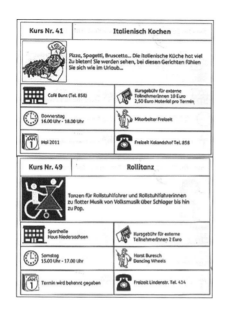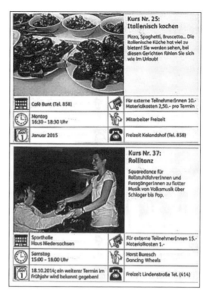

（上：イタリア料理；下：車椅子ダンス）

図7-2　2011/2012年版と2014/2015年版のコース案内

取り組みや、生涯に渡りスポーツを楽しむという視点からの「見るスポーツ」（近藤・安井：2014）にもつながるスポーツ授業が展開される様子も見られた。

　余暇活動やスポーツについては任意の活動であることから、就労支援や生活支援に比べてその重要性への認識が低くなりがちであり、環境の整備が遅れる要因ともなってきた。これに対し障害者の権利条約では、余暇やスポーツ参加を含めた社会参加のあり方についても示されている。インクルーシブ社会の実現にむけて障害者のスポーツクラブと地域のスポーツクラブの連携が進められるとともに、障害者の権利保障の観点から自己決定・自己選択に結びつく当事者への情報伝達方法の工夫なども進められていた。

　これまで分離型の教育制度や社会システムのもとに進められてきた地方都市における障害児者の生活環境においても、インクルーシブな取り組みが始まっている。一方で障害児者のニーズに合わせた独自のサービスやプログラムの充実も図られている。障害者の地域ネットワークからの孤立に伴う課題が指摘されるなか、教育機関との連携を含め余暇・スポーツ支援組織におけるニーダーザクセン州ローテンブルク市の地域的取り組みは、今後の日本の地域社会形成

147

第2部　ニーダーザクセン編

に対しても参考となるものと思われる。

註

1）ドイツでは、パリテート福祉団体、労働者福祉団体、ユダヤ中央福祉会、
　ドイツ赤十字、ディアコニー福祉団体（プロテスタント系）、カリタス・フェ
　アバント（カトリック系）の6つの公益福祉団体が主な福祉活動を組織して
　いる。
2）SpassBus 2014年度プログラム冊子の説明とShlake先生からの聞き取りに
　よる。
3）指導者資格については第10章を参照のこと。
4）ローテンブルク市の地元誌Wümme Kurier、2014. 8. 29刊、16-17ページに
　記事が掲載されている。

第8章

「森の幼稚園」における教師と
子どもたちの関わり

「自己形成空間」という視点から

本章では、ドイツで展開されている「森の幼稚園（Natur-und Waldkindergarten）」における教師と子どもたちの関わりについて「自己形成空間」という視点から紹介する。教師たちは、すべての活動において他者・自然・事物との相互的な関わりに注意を払っていた。また、教師たちは、安全管理に配慮しながらも、子どもたちの自由で活発な活動を促すために、教示などの直接的な関わりではなく、ルール等を用いた間接的な関わりを重視していた。これらは、子どもたちにとって「森の幼稚園（Natur-und Waldkindergarten）」が「自己形成空間」として機能する可能性を示すものであると同時に、「自然や他者との共生を理解する場」となる可能性を示唆するものでもある。

キーワード：ニーダーザクセン州、森の幼稚園、自己形成、共生

1. 自己形成空間と自然環境

　近年、子どもを取り巻く生活環境は大きく変化してきている。高度情報化社会といわれる今日のわが国においては、スマートフォンやインターネットの普及にともない「間接的な経験」が増大する一方で、他者・自然・事物と直接的に関わる環境が減少しているのである。子どもたちの世界も例外ではなく、これまで里山や近所の空き地、路地などで展開されてきた異年齢の子どもたちによるインフォーマルな遊びは減少し、他者・自然・事物と直接的に関わり、自分自身を形成していく豊かな学びが失われつつある。このようななかで、子どもたち、特に幼少期の子どもたちが豊かに自己を形成するための新たな取り組

第2部　ニーダーザクセン編

みが求められている。

　高橋（1997）は、自己形成（Selbstbildung）という言葉が、学習者自身の自覚的な学習行為としての自己教育（Selbsterziehung）という意味を持ちながらも、さらに広い自然的・社会的影響や他者からの無意識的感化などを含めて使用されると指摘し、「『自己形成空間』とは、一言でいえば、子どもが、様々な他者・自然・事物と〈関わりあう〉なかで徐々に形成されてくる意味空間であり、相互に交流しあう舞台である」（高橋: 1997, p.8）と述べている。また、その特徴として以下の3つを挙げている（高橋: 1997, p.9）。

①それは学校の校舎やグラウンドのような物理的空間そのものを指すわけではない。むしろそれは、子どもの日常的な活動、〈関わりあい〉のなかで増殖されてくる〈関係的世界〉を指している。

②それは、対象を一方的に操作する空間でもない。子どもが竹トンボを作ろうとして竹やぶに分けいり、小刀で竹を切っているうちに、指に怪我をしてしまうような、〈能動と受動の入り交じった〉多義的な空間である。その意味では、受苦的・パトス的空間であるということもできる。

③それは、直接経験が成立する空間でもある。子どもが心身の全体をとおして、自然・他者・事物とじかに〈関わりあい〉、意識的・無意識的に経験を組みかえていく舞台、それが「自己形成空間」である。

　わが国において、「自己形成空間」はこれまで里山や近所の空き地、路地などにおいてインフォーマルな遊びを中心に成立してきた。そこでは異年齢の子どもたちが、自然や事物と豊かに関わり合い、自己の経験を組みかえ、自分自身を形成していたのである。しかしながら、子どもたちのライフスタイルの変化や、公園などの治安の悪化（不審者の増加）などに伴い、現代の子どもたちはともに経験を組みかえ合うための3つの間（「仲間」「時間」「空間」）を喪失し、管理された「おとなの世界」に絡めとられているのである。幼児教育を担う幼稚園においても、社会的要請から小学校への「準備教育」としての性格を強めざるを得ない状況もあり、子どもたちが自由に遊びを享受できる環境が十分であるとは言えない。現代のわが国においては、子どもたちの「自己形成空間」の再構築が重要な課題として認識されるようになってきているのである。

　このような状況の中で「森の幼稚園」という取り組みが注目されている。「森の幼稚園」は、デンマークを発祥とする新しい幼児教育の取り組みである。そ

の特徴は、豊かな森（自然）そのものを「園舎」とし、子どもたちが四季を通じて（雨の日も、風の日も）豊かな自然や仲間たちと直接関わり、想像力や社会性を育もうというものである。子どもたちは、四季を通じて森の中を自由に走り回りながら、枯れ枝や落ち葉、木の実や昆虫を素材に、仲間たちと豊かな経験を共有していくのである。ここでは、高橋が指摘するような「関係的世界」「受苦的・パトス的空間」「直接経験」が豊かに展開される可能性があり、「自己形成空間」として成立する可能性を秘めていると考えられる。

　「森の幼稚園」に関しては、これまで主に「環境教育」「自然体験学習」という視点からその活動が注目され、複数の研究や調査が行われてきた。福田（2006）は、幼児期における五感を使った学びの重要性を指摘しながら、幼稚園教育要領における環境領域の内容との関連について特に「自然に触れて生活し、その大きさ、美しさ、不思議さなどに気付く」「生活の中で、様々なものに触れ、その性質や仕組みに興味や関心を持つ」「季節により自然や人間の生活に変化のあることに気付く」「自然などの身近な事象に関心を持ち、取り入れて学ぶ」「身近な動植物に親しみを持って接し、生命の尊さに気付き、いたわったり、大切にしたりする」という5つの項目について強い関連性があると述べている（福田: 2006, p.84）。また、これ以外にも自然観の形成、運動技能の発達などを視点にした調査・研究も見受けられる。しかしながら、具体的な教育目標を達成する「前段階の学びの場」としての「自己形成空間」に着目した調査・研究はほとんど行われていない。

　本章では、ドイツ・ニーダーザクセン州で展開されている「森の幼稚園（Natur-und Waldkindergarten）」における活動内容と「教師と子どもたちの関わり」に関し、「森の幼稚園」の「自己形成空間」としての可能性という視点から紹介する。対象としたのはドイツ北部のニーダーザクセン州で展開されている法人格を有する「森の幼稚園」Natur- und Waldkindergarten Gnarrenburg e.V. である。

2．ドイツにおける「森の幼稚園」

　既に多くの書籍で紹介されているとおり、「森の幼稚園」は、1954年にデンマークのエラ・フラタウ（Ella Flatau）という女性によってつくられたものが起源とされている。この幼稚園の特色は、園舎も、遊具もない森の中で、子どもたちが、四季を通して想像力のおもむくまま自由に遊び、学ぶことである。

第2部　ニーダーザクセン編

　森の中での遊びには危険もあるが、子どもたちは五感のすべてを使い、他者・自然・事物と直接的に関わりながら、多くのことを学んでいく。「森の幼稚園」では、子どもたちが四季の移り変わりを肌で感じながら、想像力、感性、運動能力、社会性などを培うことが期待されているのである。

　ドイツでは、1968年にウルズラ・ズーベ（Ursula Sube）という女性が「森の幼稚園」と同様なアイデアで幼稚園を創設したとされるが、本格的に普及し始めたのは1990年代以降である。ヘフナー（2009）は、「ドイツでは、二人の女性教育者ケルスティン・イェプセンとペトラ・イェーガー（Kerstin Jebsen und Petra Jager）が、最初のこういう施設を1993年にフレンスブルクに創設した……中略……1993年以降シュレスヴィッヒ・ホルシュタイン州とフレンスブルク市の助成を受けることになった（フレンスブルク森の幼稚園ホームページ、1997年）。1年遅れてリュウベックの自然幼稚園とバーデン＝ヴュルテンベルク州ベルクレンの森の幼稚園の開設準備が整った。これらのお手本の後、ドイツではこのような施設はますます増えている」（ヘフナー、佐藤笠訳: 2009, p.25）と述べている。現在、ドイツでは400箇所程度このような幼稚園が存在するとされている。これらの幼稚園の多くは、基本的には午前中の活動が中心であるが、ベルリンなどでは、午後も保育を行うキンダーホルトもある。ドイツにおいて「森の幼稚園」は、環境教育に熱心な保護者だけでなく、発育発達や教育に関わる研究者たちからも大きな注目を集めており、今後もその増加が予想されている。

　ドイツにおける「森の幼稚園」では学習指導要領に相当するような指導内容の枠組みはなく、多くの「森の幼稚園」では自分たちで試行錯誤をしながら内容を検討し活動を展開している。また、「森の幼稚園」で指導を行うには、わが国における保育士や幼稚園教師などに当たる「補助教師」（Erzieher）であることが必要であるが、それ以外に「自然と野生」という210時間の講習（義務ではない）を受けるものが多い。ドイツの「森の幼稚園」は、デンマークで展開されている「森の幼稚園」の文脈を受け継ぎながら、それぞれの地域の気候風土や文化に合わせながら内容が検討され具体的な活動が展開されているのである。

152

第8章 「森の幼稚園」における教師と子どもたちの関わり

3. フィールドノーツおよびインタビュー調査から

1) Natur- und Waldkindergarten Gnarrenburg e.V.

　森の幼稚園「Natur- und Waldkindergarten　Gnarrenburg e.V.」は、ドイツ北部のニーダーザクセン州で展開されている法人格を有する「森の幼稚園」である。この幼稚園では、自然のものに直接触れることによる子どもたちの「想像力」の向上にもっとも期待をしている（表8-1）。活動内容は、子どもたちが欲しいものや必要なものを自分たちで工夫することを中心にしている。年間を通して天候にかかわらず屋外で活動を行う。簡易な建物（コンテナと木造の倉庫）以外園舎は存在しないので雨でも屋外で活動を行う（荒天の場合、集合解散は倉庫の軒下）。

　活動は、月曜日から金曜日までの8：30〜12：30に行われている。水曜日と金曜日はプロジェクト活動を行っている。プロジェクト活動は、「子ども会議」でテーマや期間、内容を決めて行う。今回訪れたときは、「石器時代」をテーマとしていた。子どもたちはこのテーマに沿って、絵本を読んだり、クラフト（工作）を行ったりしている。授業料は、法人年会費24ユーロ（一口）、月謝は保護者の収入により57ユーロから100ユーロ以上である。行政からは、園児一人あたり年間1000ユーロ＋αの支援がある。その他、寄付や物的・人的支援（様々な道具やお肉屋さんの保護者がバーベキューパーティーの肉を提供するなど、保護者がバーベキュー用グリルを作ったりもしている）、子どもたちの作品コンテストの賞品などで運営経費を賄っている。教師は2名（今回の調査期間では教員以外に教員研修生が1名）、子どもの定員は15名である。

2) 調査対象における「教師と子どもたちとの関わり」に関する基本的な考え方

　前述したとおり、ドイツで展開されている森の幼稚園においては、現段階では明確な指導マニュアル（学習指導要領等）が存在するわけではない。この幼稚園においては、「子どもたちが、自然に直接触れ、想像力を養いながら健やかに成長する（社会性、自信、自然に対する関心を養う）」という目標に沿って、試行錯誤をしながら活動を展開していた。教師と子どもたちとの関わりに関し

153

第2部　ニーダーザクセン編

表8-1　Natur- und Waldkindergarten Gnarrenburg e.V. の入園希望者用パンフレット（抜粋）

<u>保護者へのお約束（Für die Eltern stand fest）</u>
　本園において，子どもたちは最も基礎的な問いである「知りたいという欲求」が満たされると同時に，「フローラ（花と豊穣と春の女神）」と「ファウナ（動物相）」という豊かな自然との交流を経験し，存分に体を動かし，充実した時を過ごすことができます。

<u>森での一日（Ein Tag im Wald）</u>
　本園では，子どもたちのことを「15匹の狐たち」と呼んでいます。子どもたちは，月曜日から金曜日までリュックサックを背負ってオーク材のコンテナ倉庫に集まってきます。森での一日は，8時30分に朝の会で集まり，どこへ行くのかを決めることから始まります。教師は，子どもたちの活動にあわせて指導や方向づけを行います。12時30分には終わりの会をして終了します。
　実際に見に来て頂ければ，「森の子どもたち」が「乱暴で，騒々しく落ち着かない」というような偏見が，間違いであることに気づくと思います。工作とお絵かきは，学校への準備のプログラムとして他の幼稚園と同様に行っています。これらについては，毎週一回，午前中に，「小さな狐たち」のために十分に確保されています。

<u>会員組織と登録（Mitgliedschaft und Anmelden）</u>
　本幼稚園は，自由意志の会員から構成されています。毎年の会費は，24ユーロ（寄付という形式）で一口以上の出資となっています。申請用紙と支払い用紙は，電話での請求が可能です。

<u>保育の費用（Betreuungskosten）</u>
　基本的に子どもたちは誰でも幼稚園に所属する権利をもっています。幼稚園の方式がいかなるものであっても，負担の大きさは，保護者の給与によって決定され，地方自治体（Gemeinde）によって規定されています。失業やあるいは必要な場合には，費用の申請を福祉事務所（Sozialamt）が引き受けています。

<u>優れたプロジェクトに対する反響（Resonanz auf ein gutes Projekt）</u>
　本園は，ブレーメン連盟－ツェーヴェン（Zewen）のNABU（ドイツ自然連盟）地区連盟（Kreisverband）から，2006年に「自然環境保護賞」を受与されました。子どもたちは社会性，自信，生活と自然に対する関心のような重要な基盤を獲得するようになり，人形に代わってコガネムシ，カタツムリ，カエルの世話をします。

<u>初めての方への情報（Infos aus erster Hand）</u>
　さらにこの幼稚園について知りたい方は，教師と保護者で行う親のカフェ（Elterncafe）でコーヒーとケーキとともにお楽しみいただけます。3月から9月の毎月第2水曜日の15時から自由な（形式張らない）集まりが行われています。もちろん，未来の「小さな狐たち」が敷地を詳しく吟味することもできるでしょう。

（記録：2010/5/26）

第 8 章 「森の幼稚園」における教師と子どもたちの関わり

表 8-2 「森の幼稚園」における指導に関する A 先生の回答

（指導方針について）
　森の幼稚園において指導するにあたり，特にマニュアルのようなものは参照していません。
私たちは，「子どもたちの自然体験活動をより豊かなものにする」という枠組みの中で，リ
スクマネジメントを行い，自分たちで試行錯誤しながら活動を展開しています。今の段階で
は，子どもたちと明確なルールを共有することで活動を円滑に行えるようにしており，必要
なとき以外は直接的な働きかけをしないように心がけています。
（リスクマネジメントについて）
　活動を行っている場所は，地図と緯度や経度の情報を載せたものを作成して緊急時に対応
できるようにしています。また，それぞれの活動ポイントには緊急時に救急車が入れるよう
なルートがあります。以前，糖尿病の子がおり，緊急時に対応できるようにしました。基本
的には子どもたちの活動にあまり干渉しません。擦り傷や切り傷は日常的にありますが，こ
れまでに大きなけがをした子どもはいません。
（「森の幼稚園」での指導に関わって）
　以前は普通の幼稚園で働いていましたが，子どもの叫ぶ声などがとてもストレスでした。
自然の中で展開される「森の幼稚園」では指導する側もストレスが少ないというメリットが
あります。このことは，子どもたちにとっても良いことではないでしょうか。また，森の幼
稚園では男性教諭が関わることが多く，そのことが子どもたちに良い効果をもたらす可能性
があると思います。障害のある子どもたちにとっても良い環境であると思います。しかしな
がら，現段階での受け入れは，厳しいと思います。

【A 先生へのインタビュー調査より】

(記録：2010/5/26)

ても、子どもたち自身が主体的に対象（自然、他者）に向き合うと同時に、安
全を確保するということに配慮しながら、様々な工夫をしていた。
　表 8-2 のインタビュー内容からもわかるとおり、教師たちは子どもたちの安
全を確保しながら、自由で想像力を発揮できる活動が展開されるように配慮し
ている。特に、具体的な活動場面では、子どもたちとの「約束（ルール）」を
軸にしながら、間接的な指導を中心に活動を展開することを心がけている。ま
た、子どもたちは活動の中で転んだり、木から落ちたりすることで「小さなけ
が」（受苦的な体験）をすることは日常茶飯事であるが、そのようなことを通し
て様々なことを学ぶということを教師たちが共有していた。

3）具体的な活動の様子

　観察した活動は、3 歳から 7 歳までの 14 名（男の子 8 名、女の子 6 名）で構

155

第2部　ニーダーザクセン編

成されていた。この日は、2名の子どもが旅行（翌日から連休）のため欠席、指導者は、女性教師（Aさん）1名、男性教師（Bさん）1名と女性の教員研修生（Cさん）1名、計3名であった。天気は快晴で風もなく、とても過ごしやすい環境であった。

(1)【エピソード1】朝の集い（導入）における子どもたちの様子と教師の関わり

　この場面は、一日の活動のはじまりのプログラムであり、ほぼ毎日同じような形で展開されている。子どもたちも活動内容をよく理解しているようで、混乱もなく活動が開始された。この場面では、「導入」という性格から、基本的に教師の直接的な一斉指導が行われていた。教師たちは、出席当番や行き先決定の場面においては、子どもたちが主体的に行動できるように配慮していた。特に、子どもたちが活動場所を決めるまでは、ゆっくりと待つという姿勢が印象的であった。

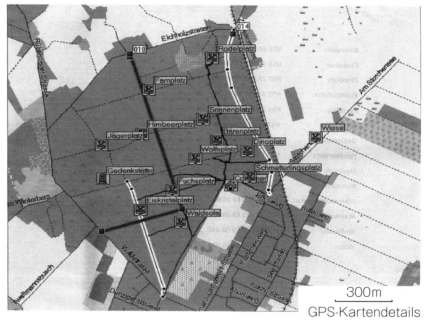

図8-1　15か所ある「広場」の地図

第8章　「森の幼稚園」における教師と子どもたちの関わり

表8-3　【エピソード1】朝の集い（導入）の場面における教師と子どもたちの関わり

（先生と子どもたちが円になり，木の切り株に座っている。）

A先生：（子どもたちに向かって）今日は特別な日ね。なぜ？
子どもたち：Cさん（実習生）がいなくなっちゃう。
子どもたち：日本の人たちが来ている。
A先生：その通りですね。それでは朝のあいさつをしましょう。Aちゃんお友達の人数を数えて。

（当番のAちゃんが，円になって座っている子どもたちの輪を一周しながら人数を数える。Aちゃんは，ドイツ人とタイ人のハーフで入園6日目になる3歳児の女の子である。Aちゃんは，この幼稚園に入園して間もないためか，あまり積極的ではない。この活動中もほとんど笑顔を見せることはなかった。）

A先生：何人いましたか？　2人いないわね。
子どもたち：MちゃんとNちゃんがお休みです。
A先生：そうですね。MちゃんとNちゃんは家族旅行でお休みです。
　　　　それではいつものようにみんなで歌を歌いましょう。「2匹の小さなキツネ」を歌いましょう。

（みんなで「2匹の小さなキツネ」という歌を歌う）

A先生：お友達の数を数えました。歌を歌いました。さあ，これから何をする？
子どもたち：行きたい場所を決める！

　行き先の決め方は，全部で15か所ある森の活動場所の中から多数決で決めるルールになっている。A先生は，子どもたち一人ひとりにどこに行きたいかを聞く。子どもたちは，順番に席を立って行きたい場所を示す集合ポイントに移動する。何人かの子どもたちが場所を決めかねている様子を見せる。先生たちは何も言わず，子どもが決めるまでじっくりと待つ。結局この日は，全員が「恐竜広場（Dinoplatz）」の集合ポイントに移動し，「恐竜広場」に行くことが決まる。

【フィールドノーツより】

（記録：2010/5/26）

第 2 部　ニーダーザクセン編

(2)【エピソード2】移動の場面①における子どもたちの様子と教師の関わり

　移動の場面では、説明や教示と言った教師の直接的な関わりはほとんど見られなかった。子どもたちは「隊列」を組むこともなく、それぞれのペースで目的地を目指していた。途中、子どもたちはそれぞれの興味・関心に基づいて走り回ったり、草花を観察したりしていた。先生たちも子どもたちの活動を見守りながら、それぞれの子どもたちの活動に寄り添うような関わりを行っていた。

　ここでは、「ストップポイントを設け、走りたい子どもは走ってもかまわないが、決められた場所で他の子どもたちを待たなくてはいけない」「年長の子どもが下の子の面倒をみる」という 2 つルールが共有されており、子どもたちは、ルールをしっかり守って行動していた。特に、誰の指示も受けずに一人の男の子が小さな女の子の手を引いて歩く姿はとても印象的であった（表8-4下線部参照）。

　男性のB先生は、子どもたちの様子を注意深く観察しながらグループの最後尾を歩いていた。立ち止まって草花を観ている子どもがいると、自分も立ち止まり、笑顔で子どもの様子を観察していた。この時も子どもが話しかけてくるまでは、子どもたちに対してあまり積極的な関わりを見せる様子はなかった。

表8-4　【エピソード2】恐竜広場への移動の場面

みんなで準備をして「恐竜広場」へ移動する。それぞれが自分のリュックを背負い，自分たちのペースで「恐竜広場」を目指す。数名の男の子たちが，勢いよく走り出す。教師たちも自分たちのペースで「恐竜広場」を目指す。途中に設けられた待ち合わせの「ストップポイント」で人数を確認し，再び「恐竜広場」を目指す。走っていった男の子たちもこのストップポイントで待っていた。最年少のAちゃんは歩くのが遅く，全体から遅れ始める。<u>教師の指示はなかったが，一人の男の子がAちゃんの手を引いて歩いていた</u>。10分程度で「恐竜広場」へ到着。

【フィールドノーツより】

（記録：2010/5/26）

第8章　「森の幼稚園」における教師と子どもたちの関わり

(3)【エピソード3】軽食と「お別れイベント」における子どもたちの様子と教師の関わり

　この場面では、食事をしながら今日が6週間の実習の最終日である教員研修生であるCさんにA先生からプレゼントが贈られる。プレゼントは胸にCさんの顔写真がプリントされたTシャツで、背中にはCさんの年齢（20歳）と本人の性格や心がけていること（「リラックス！」）などが書かれている。子どもたちが盛り上がる。プレゼントのお礼に実習生から子どもたちと先生がたにお菓子のお返しが配られる。翌週からは別の実習生が来る予定との説明がある。この活動は、その性格から教師が直接的な指導を行っていた。

表8-5　【エピソード3】お別れイベントの場面

（B先生が子どもたちに集まるように指示を出す。） B先生：食事にしましょう。 （子どもたちは，先生が準備した粉の洗浄剤で手を洗い，車座になってお弁当を食べ始める。） A先生：教員研修生のCさんが今日でお別れです。お別れの挨拶をしていただきましょう。 教員研修生Cさん：これまで皆さんと楽しく活動いてきましたが，今日で実習が終了します。 　　　　　今までありがとう。 A先生：お礼の気持ちを込めて，プレゼントを渡しましょう。 （代表してA先生がTシャツをプレゼントする。） 子どもたち：わー，すごい！ 教員研修生Cさん：ありがとう！　私からのお礼です。 （子どもたちにお菓子を配る。） <div style="text-align:right">【フィールドノーツより】</div>

（記録：2010/5/26）

(4)【エピソード4】自由な活動①における子どもたちの様子と教師の関わり

　この場面では、教師たちはほとんど直接的な指導を行っていなかった。ただし、「刃物」を使用する活動も含まれていたため、いくつかのルールを確認しながら、必要なときは手を貸していた。教師側から子どもたちに積極的に働きかける場面はほとんどなかったが、子どもからの質問には丁寧に回答していた。また、トイレに行きたくなった子どもたちは、先生に確認を取ってそれぞれ木陰で用を足していた。この場面で確認できたルールは以下のとおりである。「道具を使うときは自分の名前が入ったカードと交換する。（ものをなくさないためのルール）」「先生が呼んだら返事ができる場所で活動（子どもたちが迷子にならないためのルール）」「のこぎりやナイフを使うときは『一人ではだめ』『座って』（安

全のためのルール）」「のこぎりやナイフで切ってよいのは『死んだ木』（自然を大切にすることを理解するためのルール）」。

表8-6 【エピソード4】自由な活動①の場面における教師と子どもの関わり

> 軽食が終わった子どもから自由に活動。子どもたちは，思い思いに遊び始める。子どもたちは，のこぎりやナイフ，ハンマーなどが自由に借りられるので，木を切ったりして遊ぶ子どもたちも多かった。道具はカードと引き替えに借りることができるシステムになっていた。数人の男の子たちが木に登って楽しそうに遊んでいた。ある男の子が草についている「何か」を見つけてB先生に報告していた。
>
>
>
> （手に葉っぱを持って男の子がB先生に近づく。）
> 男の子：何かいるよ。（観察者である私にも見せてくれる）
> B先生：虫かな？
> 男の子：虫。
> B先生：生きているかな？
> 男の子：わからない。
> B先生：動かないね。さなぎかもしれない。
> 男の子：さなぎ？
>
> 【フィールドノーツより】

（記録：2010/5/26）

(5) 【エピソード5】「狸の穴」の見学

　この場面では、基本的に教師が活動内容や子どもたちの行動に対して積極的な関わりを見せていた。特に、動植物の生態に関わる内容などについて子どもたちに時間をかけて説明していた。移動の場面では、恐竜広場への移動と同様に、「年長の子どもが下の子の面倒をみる」というルールが守られていたが、Aちゃんの手を引いていた男の子が途中でAちゃんの手を離してしまい、教師たちが注意する場面が見られた。

第8章 「森の幼稚園」における教師と子どもたちの関わり

表8-7 【エピソード5】「狸の穴」の見学の場面

　B先生の提案で狸やキツネの穴を見に行くために,「熊の広場」へ移動する。何人かの子どもたちが途中でアリに食べられた木を見つけ,興味深そうに観察する。5分程度で「熊の広場」に移動が完了する。その後,子どもたちは倒木を使った「家」で遊ぶ。いよいよ狸の穴見学へ出発する。B先生が「大きな声を出さないように」と注意を与える。

　狸やキツネの穴を見学。B先生が「残っている足跡や腹を引きずった後などから狸の穴,狸とキツネ両方が入る穴もあるよ」と説明する。子どもたちは大喜び。穴の見学後,B先生がブナの木の「こぶ」を見つけて我々に取ってくれる。子どもたちもほしがる。来たときとは異なるルートで「恐竜広場」へ戻る（10分程度の行程）。Aちゃんの手を引いてくれた男の子が歩くのが遅いAちゃんの手を離し,Aちゃんが大きく遅れる。

(B先生が子どもたちを集める)
B先生：(Aちゃんの手を離してしまった男の子に向かって) Aちゃんと一緒じゃなかったの？
男の子：……。
B先生：(やさしく) Aちゃんは小さいから,みんなで見てあげようね。

【フィールドノーツより】

(記録：2010/5/26)

(6)【エピソード6】自由な活動②

　この場面でも、「自由な活動①」の場面と同様に教師たちはほとんど直接的な指導を行っていなかった。ここでも、「刃物」を使用する活動も含まれていたため、ルールを確認しながら、必要なときは手を貸していた。「自由な活動①」の場面と同様に教師側から子どもたちに積極的に働きかける場面はほとんどなかったが、木をうまく切ることができない子どもの手伝いをするなど、子どもからの要望がある場合には直接的な支援を行っていた。

161

第 2 部　ニーダーザクセン編

表 8-8　【エピソード 6】自由な活動②の場面

　子どもたちは再び思い思いに活動を開始する。木登りやかけっこをする男の子たち。葉っぱを拾ったり，木を切ったりする女の子たち。それぞれが生き生きと活動している。A ちゃんが糸鋸を使って木の枝を切ろうとしている。何度か挑戦するがうまく切れない。B 先生が近づいて手伝う。

B 先生：切れた？
A ちゃん：……。
B 先生：しっかり押さえよう。
A ちゃん：……。

（B 先生が木の枝を押さえながら）
B 先生：切ってごらん。

（A ちゃんが一生懸命木の枝を切る。）

A ちゃんは，きれいに木の枝が切れたことで大喜び。我々のところに見せに来る。A ちゃんは，今日一番の笑顔を見せる。

【フィールドノーツより】

（記録：2010/5/26）

(7)【エピソード 7】ふりかえりの場面

　ふりかえりの場面では、導入の場面と同様に教師が中心となって活動を進めていた。女性の A 先生が全体をリードアップし、子どもたち一人ひとりに今日の活動の様子を聞いていた。ここでも「鳥の羽を持った子どもが話をする」というルールが決まっており、先生が積極的に関わらなくても子どもたちは一言ずつしっかりと話をしていた。

162

第8章 「森の幼稚園」における教師と子どもたちの関わり

表8-9 【エピソード7】終わりの会（ふりかえり）の場面

（最初に集合した場所で円になり，切り株に座る。実習生からのお礼のマシュマロケーキを当番の子どもが配る。おいしそうに食べる子どもたち。）

A先生：今日は何がおもしろかった？　私は（日本から）お客様がきてとてもよかった。みんなはどうだった？　じゃあ順番にお話をしていきましょう。

（鳥の羽を順番に回して，持った子どもがお話をする）

A ちゃん：　木登りがよかった。
B ちゃん：　全部よかった。
C ちゃん：　全部。
D ちゃん：　わからない。
E ちゃん：　わからない。
F ちゃん：　寝起きが悪かった。
G ちゃん：　お砂がよかった。
H ちゃん：　良いことがなかった。いじめられたのがよくなかった。
I ちゃん：　いろいろなものを作ったのに，何もない。
J ちゃん：　走ったり，木登りしたり，日本人がきてくれてよかった。
K ちゃん：　お客さんがきてよかった。
L ちゃん：　お菓子がよかった。

A先生：今日も楽しいことがたくさんありましたね。
　　　　最後にみんなで歌を歌いましょう。「カエルの歌」がいいわね。

（みんなで「カエルの歌」を歌う）

A先生：来週からは新しい実習の先生がきます。お泊まりもあります。

（子どもたちが喜びの声を上げる）

A先生：よい週末を，よいお天気になることを，元気でまた来週会いましょう。

【フィールドノーツより】

（記録：2010/5/26）

第2部　ニーダーザクセン編

4．自己形成空間としての可能性と教師の関わり

　「自己形成空間」としての「森」は、四季折々の木や枝、土と虫、花や葉、動物の痕跡、気温や風などの微妙な変化など、毎日多様な教材を提供し、それは子どもの発想や使用する道具によって、様々な形や意味づけに変化する多様性に富んでいる。今回訪れた「森の幼稚園」において、子どもたちは、彼らにとっての日常的な活動である「幼稚園」の活動のなかで、自然・他者・事物と豊かな〈関わりあい〉を持ち、〈関係的世界〉を構築していた。また、それは高橋（1997）が述べているような「対象を一方的に操作する空間でもない。子どもが竹トンボを作ろうとして竹やぶに分けいり、小刀で竹を切っているうちに、指に怪我をしてしまうような、〈能動と受動の入り交じった〉多義的な空間（受苦的・パトス的空間）」「直接経験が成立する空間」という要素も十分に備えているように感じられた。これらのことから、「森の幼稚園」は、子どもたちの「自己形成空間」としてだけではなく、「自然や他者との共生を理解する場」としても豊かな可能性を秘めた活動であると考えられる。

　「森」のなかで教師は、安全性に配慮しながら子どもの主体的な活動をサポートする役割を果たしていたが、朝の集いと終わりの会は、それぞれ20-30分の時間を確保して教師主導によって進めていた。朝は「今日はどこへ行くか」を話し合って子どもたちが合意形成し、終わりの会では子どもの活動を意識化し、半日を振り返って経験を共有することが重視されていた。これは単なる自由な外遊びや単発的なお散歩とは異なる教育的な取り組みである。教師たちは、子どもたちが創造的に活動できるように、すべての活動において他者・自然・事物との相互的な関わりに注意を払っていた。また、教師たちは、安全管理に配慮しながらも、子どもたちの自由で活発な活動を促すために、教示などの直接的な関わりではなく、ルール等を用いた間接的な関わりを重視していた。活動を観察すると無秩序な印象を与えるが、教師と子どもたちは様々なルールを共有しながら活動を展開していた。活動中に確認できたルールは表8-11に示した通りである。また、月曜日と水曜日に小さな園舎で行っているプロジェクト学習においては、巧緻性を高める工作をはじめ、「子ども会議」や絵本の活用、様々なテーマ領域の学びを通じて就学前教育を展開していた。毎週行われるプロジェクト学習は、「森」の経験を言語化すること、特定の領域を深める探究活動へと発展させることが可能となるものであり、就学前教育としての「森の

第8章 「森の幼稚園」における教師と子どもたちの関わり

表8-10 プログラムの構成（実際の活動から筆者が作成）

	子どもたちの活動	教師の関わり
はじめ（導入） 30分	朝の集い	教師中心
なか（展開） 190分	移動（「恐竜広場」へ）：10分	子どもたち中心
	軽食：30分	教師中心
	自由な活動①：50分	子どもたち中心
	散策（「狸の穴」の見学）：40分	比較的教師が中心
	自由な活動②：50分	子どもたち中心
	移動：10分	子どもたち中心
まとめ（整理） 20分	ふりかえり	教師中心

表8-11 教師と子どもたちが共有していたルール

① 活動に関する基本的な意思決定は，子どもたちの多数決による。：社会性に関わるルール
② 年上の子どもが年下の子どもの面倒をみる。：社会性と安全管理に関わるルール
③ 移動するときは，「ストップポイント」を設け，必ず人数確認をする。（走りたい子どもは走ってもかまわないが，そのポイントで他の子どもたちを待たなくてはいけない。）：社会性と安全管理に関わるルール
④ 先生が声をかけたときに返事ができる範囲で活動する。：安全管理に関わるルール
⑤ 道具を使うときは自分の名前が入ったカードと使用する道具を交換する。：安全管理に関わるルール
⑥ のこぎりやナイフを使うときは二人以上で座って行う。：安全管理に関わるルール
⑦ 「生きている木」をのこぎりやナイフで切ってはいけない。：自然に対する態度に関わるルール

幼稚園」の可能性も示唆された。

5．わが国における普及と今後の課題

　わが国においては、近年、テレビ放映などを含め「森の幼稚園」に関する多くの情報がメディアを通じて伝えられるようになってきている[註1]。また、自然体験活動を一つの特徴として教育活動を展開している幼稚園も見られるようになってきた。前述したとおり、「森の幼稚園」は、子どもたちの「自己形成空間」および「自然や他者との共生を理解する場」としても可能性を秘めた活動であり今後の普及が期待される。しかしながら、わが国においては、幼稚園

第2部　ニーダーザクセン編

の設置に当たって「園舎」が義務づけられており、ヨーロッパで展開されているような「森の幼稚園」と同様な活動を展開するためには高いハードルがある。また、このような活動を展開するためには、保護者や地域の理解が必要であるだけでなく、指導に当たる教師の資質が求められる。特に、自然体験活動に関わる基本的な力量形成やリスクマネジメントに関わる力量形成が必要であり、指導者養成のあり方が十分に検討されるべきである。

　今後は「森の幼稚園」の実践事例に関するより多くの調査がなされ、普及や指導者養成に活用されていくことが期待される。

註

1）2008年10月5日（日）23:00〜　毎日放送「情熱大陸」で、沖縄の自然学校が、10月28日（日）ETV特集で、千葉の里山幼稚園が放映された。

第 9 章

ドイツにおける学校教員のキャリア形成

> 本章では、ドイツにおける学校教員のキャリア形成の事例として、ニーダーザクセン州の特別支援学校で2019年7月まで校長を務めたベックマン氏と、同州のジッテンゼン市で複数の学校種を統合した総合制学校の統括校長エファース氏を紹介する。いずれも近年のインクルーシブ教育に関わる教育改革の影響をダイレクトに受けた学校である。特別支援学校は在籍人数が減少するなかで専門家としてのやりがいをどのように見出したのか、より多様な背景をもつ生徒を受け入れる総合制学校の改革がどのように進められたのか、具体的に示していく。
>
> **キーワード：教員、キャリア形成、特別支援学校、総合制学校**

1．ドイツの学校教員におけるキャリア形成の特徴

　日本ではインクルーシブ教育推進に伴い、学校や地域の特色、障害のある子どもの特別なニーズに応じて保護者や関連分野の関係者との連携が強く求められるようになった。しかし日本の公立学校の管理職は教育委員会の人事交流を含めて頻繁に勤務先を異動し、長期的な視野にもとづく学校運営は行われていないのが現状である。静岡・島根の教育人事システムを調査した川上（2004）は、校長経験者のキャリアパターンに注目し、教育行政機関が主導して人事システムを運用し、指導主事職が管理職への昇進へのキャリアパスの一つとして機能していたことを示した。筆者らは学校の独自性や管理職の権限が日本よりも強いドイツに注目し、本章では特別支援学校と基礎学校の管理職のキャリア形成や教員としてのライフヒストリーに関する事例研究を行うこととした。ド

イツは、特別支援学校（特殊学校）と通常の学校という分離した教育制度を維持してきたが、2009年に国連の「障害者の権利条約」を批准して以降、インクルーシブ教育を推進するため特別支援学校から通常の学校への巡回指導やセンター的機能の強化が進んだ。またドイツの教師教育が移民の増加や学校間の学力格差の課題に取り組むなかで、学習者の均質性から多様性を重視する立場へと変革してきたことも指摘されている（スフリカ：2014）。本章の前半ではセンター的機能の強化に伴い学校の変革に取り組んできた特別支援学校の男性校長1名を対象にインタビュー調査を実施し、教員から管理職としてのキャリア形成の過程における特徴や自身の役割に対する認識の変化を示したい。本章の後半では、障害の重たい子どもが通う特殊学校の校長、改革が進む共同型総合制学校の校長、特殊学校と連携してインクルーシブ教育に取り組む基礎学校の校長、都市部ベルリンでインクルーシブ教育を推進する基礎学校の校長の事例を紹介する。なおインタビューに際して、写真、映像、音声は事前に調査の主旨や内容を説明し、本人の同意を得た上で行った。

２．特別支援学校のベックマン校長のキャリア形成

　はじめにドイツ北部に位置するニーダーザクセン州の公立特別支援学校の校長を長く務めたベックマン氏を取り上げる。筆者らは、2005年〜2014年まで、ほぼ毎年1回の頻度で計11回ほど面会し、2016年3月と2017年12月にドイツ語で自身のキャリアに関するインタビューを実施した。さらに2019年7月にはベックマン氏の勤務校で退職記念会が開かれることになり、急きょ日本から出席した際の様子も追加した。インタビュー結果のうち、インクルージョンに関する学校の取り組みについては第5章ですでに示したため、本章ではベックマン氏のキャリア形成に関わる部分を取り上げる。

　ベックマン氏は、1957年1月にニーダーザクセン州の小さな村（Freiburg an der Elbe）に生まれた。幼少の頃は1500人ほどの住民が暮らし、周囲には大学に行った人がいなかったと語っている。基礎学校から中間学校（今の実科学校）に通っていたが、5キロほど離れていたのでバスと自転車を乗り継いで10年生まで通ってい

写真9-1　ベックマン氏（2017）

た。中間学校（実科学校）に通っていた当時、ベックマン氏が障害のある子どもの支援や教育に関心を持ったきっかけを示すエピソードが2つある。一つ目は、基礎学校を卒業して実科学校に通っていた時のことだ。

　「近くの支援学校に通っている子どもをいじめる子どもを見ることがあり、いやな気持ちになるとともに、人の価値を認めないような人を許せない気持ちになった」

10代前半に特殊学校に通っていた障害のある子どもがいじめに遭っている場面を見て、「許せない気持ち」になったと問題意識を感じていたことがうかがえる。その後、余暇スポーツでサッカーに参加していたベックマン氏は、車椅子のコーチに出会う。

　「当時14-15歳の頃やっていたサッカーのトレーナーが、傷痍軍人で下肢がなく、車椅子生活だった。移動の支援などをしていて、障害を身近に感じる機会があった。一方では陰であだ名などをつけられて、馬鹿にされる場面などもあった。障害児の教育を志すようになったのは、そのような輻輳的な体験があったからかもしれない」

実科学校を卒業した後、ベックマン氏は、1977年7月から生活支援施設で補助員（Erzieher）として1年間の実習を行った。この施設で働く保育士のほとんどは女性であり、実際には「保育士は女性の仕事だった」と感想を述べている。1977年4月からは2年間の職業教育として、専門上級学校で知的障害児者（geistig behinderte Kinder und Jugendliche）の教育学的補助教員の資格と大学入学資格を取得した。この学校は、「通常は6学期と1年間の実習が必要だが、仕事経験が認められ、4学期（2年）で卒業した」という。直前に従事していた生活支援施設の経験が評価された形になった。ベックマン氏は幼児・児童を対象としたケースワーカーの5歳年上の女性と知り合って結婚し、21歳の時に1人目の子どもが生まれている。長女出生から3年後には長男、10年後に次女が生まれ、退職時には2人の孫にも恵まれた。ベックマン氏は父親として子育てをしながら、教員の初期キャリアを形成していったのであった。筆者らが校長室を訪問すると、パソコンのデスクトップには家族の写真があり、家族思いの人柄が伝わってきた。

第2部　ニーダーザクセン編

　さてベックマン氏は、基礎学校の後に実科学校に通っていたため、学校の正規教員になるには大学で教員の資格を得なければならない。障害のある子どもの支援に係わる仕事として支援員を経験した後、専門性を高めるために知的障害児者の補助教員の資格と大学入学資格を取得するに至った。ドイツの大学は入学試験ではなく、高校で取得した大学入学資格試験の成績によって入学が決定される。ベックマン氏は入学資格をもとに、ニーダーザクセン州北西部に位置するオルデンブルク大学（Carl von Ossietzky Universität Oldenburg）へ入学し、「通常は8学期（4年間）が必要なところを2学期免除されて3年間で卒業」し、特殊学校の教員免許を取得、特殊教育学の学位を取得した。1985年4月に大学を修了した頃、ベックマン氏は28歳を迎えていた。この頃の心境を振り返り、次のように述べている。

　　「もしかしたら大学で教えるしかなくなるかもしれないと思った。本当は教師として学校で働きたかった。2月に終わり、教員採用の部署に問い合わせたら、ほとんど募集枠がなかった。駄目なら新学期が始まる6か月も募集を待たなければならなかった。そこで職がなければ研究者の道に行こうと思った。8月に雇用が決まったのは、学士の有無は関係なかった」

　ベックマン氏は卒業後すぐに教員として働くことを希望していたが、正規採用の機会には恵まれなかった。ニーダーザクセン州Dorum市にあった特殊学校の試補教員（レファンダリアート）として1年半務め、その後はBremerhaven市近くの支援学校（今はない）で3年間働いていた。ベックマン氏に最初に働いた学校の経験で印象に残っているエピソードを尋ねたところ、「特にエピソードとして覚えていることはない」と前置きしたうえで、次のように述べている。

　　「こどもが『わかった』『話が通じた』という感じで目を輝かせる瞬間が好きで、喜びを感じる。様々な問題のある行動については、あるべき姿を教えるとき、多少冗談をこめて『オウム（子ども）が"問題のある行動"をすると換気扇（校長）に吸い取られてしまう』という話をすると、なぜかよく通じる」

　大学で教員免許をとったばかりの頃に、障害のある子どもの学びや成長の姿に接し、そこに喜びを感じ、教職に対するやりがいを見出していったようである。こうしてベックマン氏は社会福祉施設や特別支援学校の実習経験や特殊学

第9章　ドイツにおける学校教員のキャリア形成

表9-1　ベックマン校長のキャリア形成の経緯

1976年6月　専門上級学校で社会教育学分野　修了
1977年7月　生活支援施設で補助員として1年間勤務
1977年4月―1979年2月　専門上級学校で知的障害児の 　　　　　　教育学的補助教員の資格と大学入学資格を取得
1985年2月　大学で特殊教育の教育学の学士号を取得
1985年4月　大学の特殊学校教員養成課程　修了
1985年8月―1990年7月　Dorum市特殊学校　教員
1990年8月　Zeven市J特別支援学校　教員
1992年3月　35歳の時に同校の校長に就任
2019年7月　62歳で同校を退職

校の教員免許の取得により、自身の専門性を高めていったのであった（表9-1）。

　1990年にはベックマン氏のキャリア形成にとって大きな転機が訪れた。1990年8月から退職まで務めることになるヤーヌシュ・コルチャック特別支援学校の教員として働くことになった。同校は言語障害と知的障害を含む学習困難の子どものための特別支援学校であった。ベックマン氏は、同校に赴任した頃を振り返って次のように述べている。

　「学校に赴任した時、校長が不在で教頭が学校運営をしていたが、誰を校長にするかで揉めていた。たまたま赴任してすぐの自分が教員配置表などを作成し、学校運営をスムーズに運べるような仕事をしたこともあり、他の同僚に推されて校長になることにした。そこから校長試験に向けて勉強をしたが、（本番の）試験で運よく事前に勉強したことが出たため、『優秀な』成績で校長になることができた」

　写真9-2 は、ベックマン氏が管理している教員配置表である。小さな色付きのマグネットに教員の名前が書いてあり、どこの学校・教室を担当するのか曜日別に示してある。おそらく日本であれば教務担当の教員の業務に該当する仕事であろう。

　ベックマン氏は1992年3月に35歳という若きリーダーとして、教頭職を経ず

写真9-2　教員配置表とベックマン氏

第2部　ニーダーザクセン編

に校長職に就いたのであった。これは現地でも異例だったようだが、学校運営
の手腕に対する周囲の同僚の信頼を得て実現することとなった。校長職への就
任プロセスは校内の合意形成が重視されており、行政機関が関与したのは、校
長試験に限定されている。

　そもそも校長が長期に不在となる学校は、日本においては現職校長の急病や
急死でなければ、起こりえないだろう。日本の教員人事システムを調査した川
上（2013）によれば、「人事権を持つ教育委員会は、同一校や同一地域での勤
務年数について『標準』年数や『上限』年数を定め、定期異動の目安としてい
ることが知られている」(p.50)。さらに校長経験者のキャリアパターンとして、「教
諭→教委→教頭」、「教頭→教委→校長」のパターンが多いことも指摘されてい
るが（川上：2013）、いずれにしても「教諭→校長」というケースは日本の教員
人事システムではあり得ない形であろう。

１）インクルーシブ教育の影響を受けた特別支援学校の改革と校長の仕事

　ベックマン氏の校長としての一日は朝7時に出勤して始まる。表9-2 は、ベ
ックマン氏へのインタビュー内容から作成した出勤日の例である。午前中
は、自身で受け持つ授業、相談、外来者の対応、校内の教員の授業時間の計算
と郡の教育委員会との連絡調整などを行っている。午前中、10時台に30分程
度の朝食休憩があり、午後はお昼休みをはさんで13時半から様々な用務が入
る。午後の予定は行事や用務によって様々ではあるものの通常であれば17時
から18時には帰宅する。ベックマン氏の自宅は学校から30分程度の距離にあり、
まれに15時頃に退勤できることもあるという。しかし、7時半には勤務を開
始していることを考慮すれば、17時に退勤したとしても9時間半は学校で過ご

表9-2　ベックマン校長の一日

時間帯	主な予定等
7：00	出勤
7：30 ～午前中	授業、相談、外来者の対応、授業時間の計算と郡の教育委員会との連絡調整、校内の仕事
お昼休み	休憩
13：30 ～	様々な外勤、委員会等
午後	校内外の仕事
16：30 ～	17 － 18 時頃に帰宅

第9章　ドイツにおける学校教員のキャリア形成

表9-3　ヤーヌシュ・コルチャック特別支援学校　校長の予定（2015／2016年度後半）

日付	内容	時間帯	備考
2月1日-2月12日	トライアル授業　SR　2年生		
2月2日（火）	支援連盟の年次総会	15:15	ROW
2月8日（月）	バラの月曜日-低学年	8:00 - 12:00	低学年
2月9日-2月10日	学校（SchlLf）「非暴力的コミュニケーション」	14:00 - 17:00	9:00 - 16:00
2月10日（水）	統計の締め切り		
2月16日（火）	ステップ（Stufe）／DB	14:00／15:15	
2月23日（水）	DB-インクルージョン	15:00 - 17:30	
3月1日（火）	ニーズに応じた専門家会議	14:00	
3月7日（月）	教育に関する打ち合わせ	13:30 から	
3月8日（火）	教育に関する打ち合わせ	13:30 から	
3月14日（月）	プロジェクトの日　　低学年：春	8:40 - 12:20	
3月16日（水）	保護者面談	13:30 - 17:30	
3月18日-4月3日	春休み		授業なし
4月12日（火）	ステップ（Stufe）／DB	14:00／15:15	
4月12日と13日	Div. 人事委員選挙（学校）	13:30 から	
4月18日（月）	支援委員会	13:30 から	4年生／SR2
4月19日（火）	支援委員会	13:30 から	4年生／SR2
4月20日（水）	支援委員会	13:30 から	4年生／SR2
4月21日（木）	支援委員会	13:30 から	4年生／SR2
4月25日（月）	支援委員会	13:30 から	4年生／SR2
4月25日（月）	卒業試験：ドイツ語	8:00	9・10年生
4月26日（火）	支援委員会	13:30 から	4年生／SR2
4月28日（木）	女子と男子の未来の日		5-8年生
4月28日（木）	サークル教師の日／研修	13:30 から	
5月1日（日）			授業なし
5月3日（火）	卒業試験：数学	8:00	9・10年生
5月5日-5月8日	昇天祭（Himmelfahrt）		授業なし
5月10日（火）	DB／教育委員会	14:00／15:15	
5月11日（水）	筆記時程：卒業試験　ドイツ語	8:00	9・10年生
5月18日（水）	筆記時程：卒業試験　数学	8:00	9・10年生
5月14日-5月17日	五旬祭		授業なし
5月20日（金）	仮成績と試験の結果を発表		
5月24日（火）	DB	14:00／15:15	
5月30日-6月1日	口頭試験（5月30日-6月3日）		
5月31日（火）	DB-インクルージョン	15:00 - 17:30	
	水泳の日 - Katana		
6月1日（水）	成績会議／卒業クラス	13:00 から	8-10年生
6月2日（木）	会社の外出：生徒会社		8-10年生
6月6日（月）	成績会議	13:00 から	
6月7日（火）	成績会議	13:00 から	
	「大きな木」-ハイキング		低学年
6月16日（木）	追い出し祝い		
	サッカー大会		6年生以上
	プロジェクトの日		
6月20日（月）	学校祭	9:00 - 12:00	8時半から組立
6月21日（火）	水泳（Ronolulu ROW）		
6月22日（水）	成績発表日		
6月22日-8月3日	夏休み		授業なし
7月22日	生誕日：ヤーヌシュ・コルチャック（1878年）[注1]		
8月2日	DB	9:30	
8月6日	入学式　2016／2017年度		

出典：ヤーヌシュ・コルチャック特別支援学校2016年度の校内資料より筆者ら作成

173

第2部　ニーダーザクセン編

しており、ドイツの学校校長の勤務時間が特に短いとは言えないだろう。

　次に校長の予定がどうなっているのか、2015/2016年度の2月から8月の半年間の予定表をみてみよう（校内資料：表9-3）。2月2日に支援連盟の年次総会に出席、3月1日はニーズに応じた専門家会議、3月16日は保護者面談、4月は次年度に向けた支援委員会が連日開かれている。また5月に入ると各教科の卒業試験、6月上旬には成績会議が行われている。

　5月31日は「水泳の日—Katana」となっているが、これは校内で子どもたちが自分で探してきたスポンサー（親や親戚など）に、例えば「400メートル走ったら50セントを寄付してもらう」という寄付金集めの取り組みであり、カターナ（Katana）基金をつくって劇をしたり、アイススケートに行くためにバスを走らせたりして皆で使う企画である。このように学校の子どもたちによる「チャレンジ企画」によって、特別な活動の資金を集める方法は、ドイツの学校では慈善団体等への寄付集めのためにもしばしば行われている。

　ヤーヌシュ・コルチャック特別支援学校の放課後のスポーツ活動については、ベックマン氏は正確には把握していないという。実際に子どもたちは、地域のボランティアの消防、サッカー、自転車、フィットネス（個人のスポーツクラブ）、空手、柔道など、地域のクラブに加入しているだろうとしている。しかし、「昔『ヒットラー青年団』の頃は全員がスポーツクラブに入らなければならなかったため、その教訓から強いるということはせず、自分の自由意志で入るようになった」とし、強制的な余暇・スポーツに学校が関与しない強い姿勢がうかがえる。子どもに助言をする場合には、「人とのコンタクトが苦手な子にはグループのスポーツを勧めたり、怖がりな子にはボディーコンタクトが少ないスポーツを勧めたりする」という。学校の教師が余暇・スポーツに関わらない一方、体育館は長期休みや放課後に地域の人が使える仕組みを整えている。具体的には体育館は公的な法人格をとったところが使い、無料で貸し出しており、管理職も含めて活動には立ち会っておらず、体育館利用の管理は郡の担当局が行っている。学校の体育館では、ハンドボール、バスケットボール、サッカー、バレーボールなどが行われているが、リハビリテーションではなくスポーツとして行われている。

　表9-3の一覧をみると、全体として校長の予定のうち、学校の児童生徒や保護者に関する内容が多く、校外の組織的な関わりはやや少ないといえる。

　日本では年度末に教育委員会が人事権を発揮して学校間で教員を異動させることによって、必要な指導時間が確保されているが、ドイツの場合は大部分が

第9章　ドイツにおける学校教員のキャリア形成

学校の裁量によって決まる。年度末には内の授業と校外の支援先の授業の時間数を計算しながら人事関係の調整を行う難しさについて、ベックマン氏は次のように述べている。

> 「2月以降6月頃まで、26人の同僚と支援先の学校との話し合いが始まる（教頭と校長と巡回教師の個別面談が始まる）。すべての個別面談が終わると、産休計画や希望を聞いた結果を踏まえて調整を行う。ほとんどパズルのようだ。どの学校に行きたいか、調整が始まる。学級減があったりして支援先の学校が必要とする時間が減る。どこか別の学校を増やしたり、減らしたりする計画調整が始まる」

　従来であれば校内の授業時間を調整すれば済んでいたが、連携先の学校が複数にわたり、また派遣される教員の移動時間も考慮しなければならない。まさに「パズル」のような困難さを伴っている。年度替わりの時期に教員の配置で頭を悩ませる姿は、日本とドイツは共通しているのかもしれない。支援先との時間調整は、第5章の「通常学校への支援の実際」で詳述した通りである。

　ベックマン氏は校長という立場から勤務校の教員採用にも直接関わっている。ドイツは州毎に教員資格試験を行っているが、試補教員として働く一定期間が終わった後に自分が希望する自治体に問い合わせて教員を募集する学校を探すことになる。以前は2年間の試補教員が一般的であったようだが、近年では「18か月の期間に統一されようとしている」とされる[注2]。日本の臨時採用教員は、各校の管理職が面接を行って決めているが、これに近い形でドイツは正採用の教員が決まる。ベックマン氏が採用する時に重視するポイントは、全体として教員が不足していることもあり「教師であれば採用したい。子どもと関わるときに、一緒に積極的にやっていけるか」と述べ、特定の教科を教える技術よりも、子どもに対する積極的な姿勢や子どもとの関係性を重視している。

　ベックマン氏に、校長として仕事のやりがいを感じるところを尋ねたところ、「子ども、保護者、教員、それを取り巻く人々が、ポジティブな気持ちになって目を輝かせているのを見たとき」には、自分の仕事を好きだと思えると語っている。しかし一方で「やらなければならない仕事が増えてきていること。例えば書類作りがどんどん増えてきている」と課題に感じている点も指摘している。本書の第5章でも示したように、ドイツが障害者の権利条約に批准して以降、特別支援学校はインクルーシブ教育を推進するために通常の学校に教師を

175

第2部　ニーダーザクセン編

派遣する機会が増加した。特別支援学校のセンター化は、特別支援学校の在籍人数を低下させ、教員の役割が大きく変化した。ベックマン氏によれば「他の学校は、学内の授業に重点を置いて学校運営が行われてきたため、仕事の内容が大きく変わってきているが、ヤーヌシュは、すでに20年前から地域の学校との連携した授業や教員派遣などを行ってきたため、仕事の内容自体はそれほど大きくかわっていない」と他の学校との違いを冷静に受け止めている。

　ベックマン氏の特別支援学校では、教員の週当たりの授業時間は26時間が上限と決まっているため、複数の学校の授業を行う際には管理職による授業時間の管理が重要な役割を果たしている。教頭（副校長）との役割分担については、「よいチームワークで、お互い仕事の連携を行っているが、実はそのような例は少ないかも」と述べ、良好な協力関係を築いていることがうかがえる。

2）退職記念パーティで語ったベックマン氏のインクルーシブ教育理念

　本書の執筆が最終段階に入った2019年4月初旬に15年前から現地で通訳をお願いしている石光グロートゥ祐子さんから国際電話がかかってきた。ベックマン氏の退職記念パーティの招待状が届き、日本の筆者らにも知らせてほしいという内容であった。急な知らせに驚きながらも7月2日9時半にヤーヌシュ・コルチャック特別支援学校を訪れると、1階のホールには関係者が集まりはじめていた。

　参加者は120～130名ほど、本書の第7章で紹介した退職間近のタム先生、第6章のゼルジンゲン基礎学校の現職校長と同校の前校長、筆者らがインタビューした統合型総合制学校（IGS）の副校長も出席し、近隣の学校との連携の深さがうかがえた。会場は着席式で小さなステージや壇上がある前方から家族席、友人席、学校関係者、校内スタッフに分かれた丸テーブルが用意されていた。安井・千賀・石光の3人は家族席に近い「友人席」のテーブルに案内されて座った。

　開会の挨拶の後には、言語障害の子どもたちによる合唱が披露された。「君の学校時代は過ぎ去った。いつまでも元気でいてね。また会いたいな」という歌詞に会場から温かい拍手が送られた。郡の役人による挨拶をはさんで、校内の教師たちによる合唱と大きな絵カードを添えてベックマン校長のエピソードが披露された。

　例えば「ハンガーの絵」を見せながら、「毎日、誰よりも早く学校に来てい

第9章　ドイツにおける学校教員のキャリア形成

写真9-3　退官の記念品を渡す著者ら

ましたね。ハンガーに派手なジャケットがかかっていると、ベックマン先生が来ているとすぐにわかりました。朝早く来て何をしていたのですか？」。これに対してベックマン氏は「学校に最初に来て、校舎の中がちゃんときれいになっているか、冬は暖房が効いているか、チェックしていました。とても寒ければ管理人さんに暖房を強めにして、とお願いします。そして、最初に濃い目のコーヒーを入れるのです」。表9-2で紹介したベックマン校長は7時に出勤しており、学校のリーダーとして子どもや教職員を支える姿勢が表れたエピソードであった。校内の教員による出し物、管理人（Hausmeister）や送迎バスの運転手、PTA代表のスピーチ、学校の上級生（8－9年生）のバンドチームの演奏など、心のこもった出し物が続き、最後にベックマン氏がスピーチを行った。許可を得て音声録音した記録から起こした内容を少し長くなるが以下に紹介する。

　「インクルージョンの道はまだ途中であり、まだ目標には達していません。2018－19年度にも多くの親が基礎学校に就学させたいと希望しています。私たちの学校の教員の支援を受けながら学びたいという信頼を得ているのです。多くの親が基礎学校を就学先として選択するのは、支援学校に行きたくないからではなく、私たちの支援学校を信頼しているからです。その意味でヤーヌシュ・コルチャック学校は支援を必要とする子どものための支援センターです。ある時、就学先の親が相談に来ました。通常の学校にできる限り通う

177

ことを前提にして、支援を提供しています。ドイツのインクルージョンの拡大は、支援学校のサポートがなければ、成し遂げられるものではありません。

　ヤーヌシュ・コルチャックの言葉を述べたいと思います。"子どもが人間に育つのではなく、子どもはすでに名のある誰かである"。つまり、一人ひとりの読み書き、計算、話すこと、水泳など、泳げるようになることを目標にしているのです。

　私には素晴らしい同僚がいました。批判し合うのではなく、親しく協力し合っていました。そのことに感謝しています。15年間、PTAの代表として私と親の間をつないでくれました。クリスマスの企画も楽しかったですね。州の行政官とは、あなた方と連携しながら取り組んできました。

　"Schule für Alle"（すべての者の学校）は大きな目標です。そのために働いてくれた相談チームにも感謝しています。　連携先の学校、ジッテンゼン（Sittensen）基礎学校、言語障害の先生など、感謝を申し上げたい。

　最後に妻のリーザ、君の協力、サポート、励ましがなければ……（涙ぐむ）、今日を迎えることはできなかった。ありがとう」

写真 9-4　退官記念パーティーで教職員に囲まれるベックマン校長

第9章　ドイツにおける学校教員のキャリア形成

　ベックマン氏の最後の退職スピーチは、インクルーシブ教育の実現に向けて特別支援学校が縮小するのではなく、むしろ重要な役割を果たし、地域の学校で支援を必要とする子どもや保護者から信頼を得ていることが伝わってくる。ドイツのインクルーシブ教育は特別支援学校からの支援がなければ実現できないという自負をもって積極的にとらえていたことも、ベックマン氏の仕事のやりがいにつながっていたことが伺えた。

　管理職は多様な業務をこなしながら、学校全体に係わる複雑な仕事に従事しているため、精神的な負担は少なくない。ベックマン氏は、仕事のストレス解消に役立っている趣味や時間について次のように答えている。「妻とタンデムをしてオートバイで山に行くこと。今の愛車は BMW－R1150－RS です。ピレネーなどにツーリングに行った」と楽しそうに報告し、夫婦そろって野外で楽しめる趣味があることも、大きく体調を崩すことなく定年を迎えた背景にあるのだろう。

3．共同型総合制学校の管理職へのインタビュー

1）ジッテンゼン市の共同型総合制学校の校長エファース氏

　ニーダーザクセン州の共同型総合制学校ジッテンゼン（Kooperative Gesamtschule Sittensen）は、中等教育段階の基幹学校・実科学校・ギムナジウムを統合した学校であり、内部では各校の校長・教頭を含む計6人の管理職と、統括校長（Didaktische Leiter）の1名が学校運営にあたっている。ここでは共同型総合制学校の統括校長を務める若手校長の Suen Evers氏（47歳：以下、エファース氏）が、どのような学校改革に取り組んでいるのかを紹介する。本章の前半で登場したヤーヌシュ特別支援学校の校長ベックマン氏から、同じ州内の近い地域で学校改革に取り組む仲間としてエファース氏を紹介され、2016年2月に訪問・インタビューを行った。

　エファース氏はニーダーザクセン州の隣州にあるブレーメン大学の教職課程で数学とスポーツを学び、統括校長という立場ながら現在でも数時間は授業を行っている。もともと地元のジッテンゼン出身であるが、大学を卒業後はブレーメン州の隣のドイツ北部にあるリューベック市（Lübeck：シューレスヴィヒ・ホルシュタイン州）の実科学校で教師としての最初の2年間を過ごした。その後はニーダーザクセン州に戻り、同州の中規模都市ブクステフーデ（Buxtehude）

179

第 2 部　ニーダーザクセン編

表 9-4　総合制学校の校長エファース氏の略歴

1969 年　ニーダーザクセン州ジッテンゼン市に生まれる
1994 年　リューベックの実科学校（25 歳）
1996 年　ブクステフーデの基幹学校（27 歳）
2001 年　アペンゼンの上級学校（Oberschule）（32 歳）
2006 年　ジッテンゼン市基幹学校の教頭に着任（37 歳）
2010 年〜現在　KGS の統括校長（2016 年 2 月：47 歳）

　の基幹学校で 5 年間、同じく北部のシューデ郡に属するアペンゼン（Apensen）町にある上級学校（Oberschule）で 5 年間、教師として務めた。その後は 2006 年、37 歳の時に地元のジッテンゼンに戻り、現在の学校の前身となる基幹学校の教頭として着任した。2010 年からは総合制学校への移行に伴い、若手の統括校長として学校運営にあたっている（表 9-4）。

写真 9-3　エファース氏（2016）

　校長試験の内容は、他の教師の授業を見てアドバイスできるか、職員会議をスムーズに運営できるか、専門知識に関する口頭試験もある。エファース氏は、41 歳という校長としては比較的若くして学校のリーダーになった。ギムナジウムの勤務経験はないものの統括する基幹学校と実科学校の学校種では教職経験があることも、学校運営には役立っていることが推測できる（ニーダーザクセン州の教育制度については P.89 参照）。

2）中等学校改革としての総合制学校への移行

　現在の総合制学校に統合される以前は、同じ場所に 1971 年の創立時には基幹学校と実科学校だけがあり、大学進学を目指すギムナジウムに行く生徒はジッテンゼン市から 20 キロも離れたツェーベン市（Zeven）に行くしか選択肢がなかった。ニーダーザクセン州は保守派の考えが強く、管轄のローテンブルク郡もギムナジウムを含めた総合制学校への改革には賛成の声が集まらず、州も反対していた。その後、2008 年にはギムナジウムが 1 クラスだけツェーベンのギムナジウムの分教室という形で試行的に設置された。計画段階では、基幹学校 2 クラス、実科学校 2 クラス、ギムナジウム 1 クラスであったが、その後は

ギムナジウムの希望者も増え、2010年からギムナジウムは分教室ではなく学校として独立し、共同型総合制学校の一部を構成することになった。2010年の教員数は35人、生徒数は約500人であったが、2016年2月には教員90人と生徒数1100人まで増加している。必要な授業数に対する教員充足率は2010年以前には95％であったが、2016年にはほぼ100％を達成している。

2010年に3つの学校種を合わせた共同型総合制学校ジッテンゼンの試みが始まり、以下のような教育体制をとっている（表9-5）。

基幹学校では、初等教育である4年間の基礎学校を修了後の5年生から入学し、9年生（日本の高校1年生）で基幹学校の卒業資格を取得する。その後も修学を継続する場合には、10年生の終わりに前期中等教育の卒業資格（Sek-I-Abschluss）の卒業資格か継続型前期中等教育の卒業資格（Erw.Sek-I-Abschluss）を取得する。実科学校とギムナジウムでも同様に10年生の修了時にいずれかの卒業資格を目指し、ギムナジウムの場合には12年生までに専門高等教育段階の卒業資格、13年生で大学入学資格となるアビトゥア（Abitur）の取得を目指す。表9-5に示すように、7年生までは音楽・美術・宗教・スポーツは統合されたクラスで行い、8年生から10年生は各校の学級で行う。ドイツ語・数学・英語は各校のクラス別に行われるが、同時に同じ内容を教えている。これにより成績の状況に合わせて生徒がコースを変更した際にもスムーズな移行が可能になるという。以前であれば、例えばギムナジウムの学習についていけない生徒は、留年を繰り返した後に実科学校へ転校という大きな負担があったが、同じ進度で同じ学校内であれば「コース変更」という手続きで済む。

学級規模は、基幹学校が1クラス最大26人に対して2016年現在は20人、実

表9-5　共同型総合制学校ジッテンゼンの教育体制

共同型総合制学校ジッテンゼン（KGS：Kooperative Gesamtschule Sittensen）		
基幹学校（Hauptschule）	実科学校（Realschule）	ギムナジウム（Gymnasium）
学級別の主要科目	学級別の主要科目	学級別の主要科目
1クラス：20人（26人）	1クラス：30人（32人）	1クラス25人（30人）
ドイツ語、数学、英語は学級別で行われるが、同じ進度		
音楽、美術工房（Kunstwerkstatt）、宗教、スポーツは7年生まで統合して行う		

出典：共同型総合制学校ジッテンゼンの学校資料とインタビュー内容をもとに筆者ら作成。
　　　（　）内の人数は学級規模の最大人数を示す。実際の在籍はさらに少ない。

第2部　ニーダーザクセン編

写真 9-4　共同型総合制学校の職員室

科学校は最大32人に対して30人、ギムナジウムは最大30人に対して25人で維持されている。基幹学校は学力の面で相対的に低位の生徒が多く、かなり少人数となり、高度な教科教育を行うギムナジウムも25人という体制をとっている。ドイツでは入学試験によって進学が決まるのではなく、あくまで最終学年の成績と卒業資格によって決まるため、学力の差が大きな教育課程が同じ中等学校に設置されることも可能になっていると言える。

写真9-4 は、校舎のおよそ中央部分にある職員室である。この職員室は基幹学校・実科学校・ギムナジウムの教育に関わるすべての教師が利用している。ドイツの場合は基本的に授業準備や教材は教室のデスクに置かれているため、職員室は休憩時や打ち合わせや教員会議の場として活用されている。

エファース氏は「（20キロも離れた）ツェーベン市からも入学者が来ている。むこうの総合制学校では十分に（子どもの）能力に合った教育が受けられないのでは、という親の不安があると思います」と述べている。インタビューを通して、自身の学校で卒業資格によるコース別の教育課程を残しつつも幅広い学力の生徒に対応できる学校づくりに対して誇りを持っていることが伝わってきた。エファース氏のキャリアは、地元の学校を出てから隣州で教職を学び、ニーダーザクセン州北部で経験を積んで地元の教育に大きく貢献していると言える。

3）共同型総合制学校ジッテンゼンによる全日制学校の取り組み

エファース氏の学校には2016年2月からアフガンの難民の子ども9人が入学した。3か月は集中してドイツ語の授業を行った。10歳から16歳の子どもが来ているが、中には一度も学校へ行ったことがない子どももいる。同校では教科の授業以外にも様々な支援の場を提供している。

同校では、教科の授業が終わった午後、月曜日から木曜日まで全日制学校（Ganztag Schule）のプログラムを提供している。生徒の参加は義務ではなく自発的に選択しており、全体の20％の生徒が参加している。近年の参加率は上

第9章　ドイツにおける学校教員のキャリア形成

表9-6　共同型総合制学校ジッテンゼンの全日制学校プログラム（2015年度）

時間	内容
7:45 - 13:05	1時間目から6時間目の授業
13:05 - 14:00	お昼休み：一緒に昼食をとる。グループ遊びの時間。
13:15 - 13:55	宿題の補助　※昼休み中
14:00 - 15:25	午後のプログラム： ① 支援・促進コース（ドイツ語、英語、数学、レゴ教育のロボット工学） ② 音楽活動（グループバンド、スクールバンド、合唱） ③ 芸術活動（美術アトリエ、演劇、裁縫、手芸、工作） ④ スポーツ活動（空手、スポーツエンブレム、男女別サッカー、ホッケー、ステップ・エアロビ） ⑤ その他の活動：インターネットカフェ、自由な生徒の集い

出典：学校資料「全日制学校のお知らせ2015」（Ganztag-Banner -2015）より筆者ら作成。

昇の傾向にある。

　表9-6 に示すように、共同型総合制学校ジッテンゼンの全日制学校プログラムは、6時間目の授業が終わった後、お昼休みから始まる。13時過ぎからの遅めの昼食から始まり、食べ終わった生徒は宿題でわからない点について教師から支援を受けることができる。この昼食は可能な限り生徒と教師が一緒にとるため、生徒の側から見れば気軽に学校生活や宿題について質問することができるだろう。全日制プログラムは13時から15時25分に行われ、主要科目の支援やロボット工学を学ぶ支援・促進コース、合唱やスクールバンドの活動を行う音楽活動、美術や演劇・裁縫や手芸に取り組む芸術活動、そして空手やサッカーなどを行うスポーツ活動の4つが主な活動になっており、その他にインターネット利用や生徒間の自由な集まりにも放課後の時間帯が活用されている。これらの午後のプログラムは自由参加となっている点が特徴であり、家庭で親に宿題を見てもらえない場合や学校外の文化・スポーツ活動の機会がない生徒にとっては、非常に貴重な機会となっている。これらの活動の参加費用の多くは公費から予算を得て行われるため、貧困家庭や移民・難民の子どもにとっては、学校という同じ場所で充実した余暇や「居場所」を保障する機会にもなっている。インクルーシブ教育は、障害や移民・難民などに伴う困難・ニーズへ学校全体で対応することが求められるが、全日制学校は学習および余暇支援の場となっていることは注目に値する。

183

第2部　ニーダーザクセン編

註

1）校名の由来となったポーランドのユダヤ人医師、教育家のヤーヌシュ・コルチャックの生誕日。詳しくは、安井ら（2012）、p.172 を参照。

2）ドイツの教員養成課程を検討した渡邉・ノイマン（2010）によれば、「ドイツ全体では、すべての種類の学校における教員志望者である試補は、試補教員研修所での準備教育のなかで訓練を受け」、その期間が 18 か月に「統一されようとしている」という（p.72）。ドイツの教員養成課程は二段階で構成され、第一段階は大学、第二段階は実習校の指導教員に指導を受けつつ、各州の試補教員研修所にも通うことになっている。

第 3 部

ドイツにおける本人主体の余暇支援とスポーツ

第3部　ドイツにおける本人主体の余暇支援とスポーツ

第 **10** 章

障害者のスポーツ参加動向と支援環境

アスリート支援と地域スポーツ

　地域スポーツの普及が進むドイツでは、障害のある人についても、スポーツクラブに登録するなど多種多様なスポーツ活動を行っている。その背景には、国民のスポーツに親しむ文化をベースに、学校教育や地域におけるスポーツ体験の場の拡大、リハビリテーションスポーツ、障害にともなう二次障害の予防、健康の維持増進を図るスポーツの体験の場の確保、支援者の養成などの取り組みが行われてきたことがあげられる。さらにトップアスリートを支える経済的、環境的支援環境の形成も進められている。メディア戦略とともに所属チームなどの地域クラブとしての活動、インクルーシブなスポーツへの移行を通し、障害者のスポーツが多くの国民にとって、身近に感じられるようになる取り組みが進められている。このようなすそ野の広がりが、より多くの国民の障害者スポーツへの関心を高めることにつながり、さらに障害者の競技スポーツを支えるという構造を生み出している。

キーワード：ドイツ、地域スポーツクラブ、インクルージョン、リハビリテーションスポーツ

1．ドイツにおける障害者のスポーツ支援

　ドイツの人口は、2017年現在8252万人と日本の約2／3ほど、国土面は357,021km^2 と、日本とほぼ同じくらいの大きさで、それぞれが行政府と法律を持つ16州による連邦国家である。日本と同様に高齢化が進むドイツでは、日本に先駆けて公的介護保険制度を導入するなど、福祉や教育などの面で、日

本に多くの影響を与えてきた（野川：2018、安井：1997）。

　ドイツでは、エリートスポーツ、競技スポーツとともに「第2の道（zweiterweg）」として、早くから"sports for all"の理念が掲げられ、すべての国民のスポーツ参加を権利としてとらえるとともに、国民の約1／3がスポーツクラブ（Verein）^{註1)}へ登録するなど（DOSB: 2017、山口：2018）、地域スポーツを発展させてきた（Breuer: 2009、ブロイヤー：2014、Grupe: 1999、Heineman: 1999）。そのため日本で1995年から育成が始まった総合型地域スポーツクラブの形成においても、そのモデルとされてきた。ドイツでは多くの国民が地域でスポーツに親しむという文化的風土を背景に、障害のある人についても、スポーツクラブへの登録が進み、様々なスポーツ活動に日常的に参加するようになってきている。さらに競技性の高いスポーツに取り組む人も多く、国際大会においても強豪国として知られている。

　ドイツでは2009年に国連の障害者の権利条約を批准したが、この批准がドイツのスポーツへの取り組みに大きな影響を与えたことが指摘されている（DBS 2009）。ドイツのインクルーシブなスポーツへの取り組みについては、これまでも「インテグレーション（統合）スポーツ」としての活動が進められてきていたが（安井：2008）、条約批准を契機にインクルーシブスポーツに関する多様な取り組みが全国で進められることとなった。ドイツオリンピックスポーツ連盟（DOSB）^{註2)}では、「スポーツを通したインクルージョン」の取り組みが打ち出され、スポーツクラブにおけるインクルーシブなスポーツが推奨されるとともに、より多くの障害者の地域スポーツへの参加が進められようとしている（DBS: 2014）。このようなインクルーシブなスポーツ活動への取り組みが進む背景には、ドイツにおける地域スポーツクラブをベースにしたスポーツの広がりが関係している。

　ドイツではスポーツクラブを社会的公益団体としてとらえ、人々の関係性の構築やコミュニティの形成において重要な役割を果たしてきた。地域スポーツの先進国と見られているドイツではあるが、高齢化の進行と介護ニーズの増大、かつての東西ドイツ統合に伴う地域格差、移民、難民の受け入れにともなう課題など多くの課題を抱えている。このような課題に対し、スポーツは、これらの課題を解決する強力なツールとなるものとして認識されているのである（DOSB: 2013, DOSB: 2014）。

　本章では、ドイツにおける障害者のスポーツへの取り組みに関する状況と、その動向について紹介する。

2．障害者スポーツの組織と動向

　障害者スポーツの統括団体であるドイツ障害者スポーツ連盟（DBS）は、ドイツ全体のスポーツ組織を統括しているドイツオリンピックスポーツ連盟（DOSB）のもとに位置づけられている[注3]。図10-1 は、ドイツにおける障害者スポーツ組織の構造を示したものである。2017年現在、ドイツオリンピックスポーツ連盟（DOSB）には、オリンピックスポーツ種目（38団体）とオリンピックスポーツ種目以外の団体（26団体）が加盟しており、競技スポーツと地域のスポーツについて連邦政府との連携のもと運営が行われている。なおドイツ障害者スポーツ連盟（DBS）は、全スポーツ組織の中でも10番目に大きな団体となっている（DOSB: 2018）。

　またドイツ障害者スポーツ連盟（DBS）は、各州のスポーツ連盟、ドイツ車椅子スポーツ連盟と聴覚障害者スポーツ連盟、特別メンバー会議の団体などにより構成されている。基本方針などにおいてその取り組み内容が示されているが、特に近年は、インクルーシブなスポーツへの取り組みや女性、女児へのハラスメントへの対応などが重点事項としてあげられており、対応が進められている（DBS: 2009、DBS: 2014）。

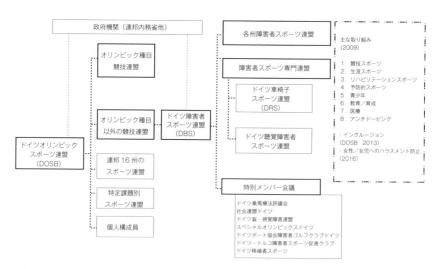

図10-1　ドイツオリンピックスポーツ連盟（DOSB）とドイツ障害者スポーツ連盟（DBS）の組織構造

第10章　障害者のスポーツ参加動向と支援環境

　図10-2 はドイツ障害者スポーツ連盟（DBS）の登録者数（各州スポーツクラブ連盟登録者の合計）と登録クラブ数の推移を示したものである[注4]。国連で障害者の権利条約が採択された2006年頃より急激に登録者数が増えてきており、この15年で約2倍に増えているのがわかる。一方、2012年をピークにやや減少してきているが、高齢化の進行、さらにインクルーシブなスポーツへの参加によりドイツ障害者スポーツ連盟に加入していないクラブへの移行などがその要因として推察されるが、それについては今後の検証が必要である[注5]。

　表10-1 はドイツオリンピックスポーツ連盟（DOSB）の登録者のうち、そのほとんどを占める州スポーツ連盟（LSB）への登録者数と、そのうちのドイツ障害者スポーツ連盟（DBS）への登録者数、人口比を年齢段階別に示したものである。登録率でみると、障害者人口の7.2%が障害者のスポーツクラブに登録している[注6]。なお各州のスポーツ連盟への登録率28.9%（各州スポーツクラブ連盟に属さないクラブへの登録者数を合わせると33.2%の登録率となる）と比べれば低いものの（DOSB：2017、DOSB：2018）、障害者の登録率はこの20年で倍以上になっている。

　年齢段階別に見ると、一般の登録率が「18歳以下」51.2%、「60歳以上」が20.2%と少ないのに対し、障害者スポーツ連盟の登録率では、「18歳まで」が、約15%と全体の登録率に比べると比較的高いが、「60歳以上」では5.8%と、特

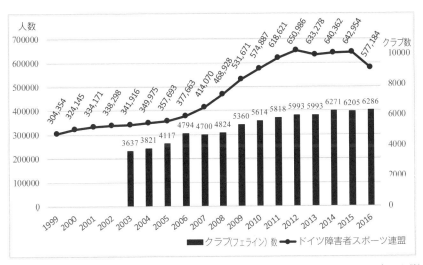

（各年度の人数は翌年1月1日現在の人数）

図10-2　ドイツ障害者スポーツ連盟（DBS）の登録者数とクラブ数の推移

第3部　ドイツにおける本人主体の余暇支援とスポーツ

に「60歳以上」の登録率が低い傾向にある。

　一方、構成比でみると（表10-1、図10-3）、「18歳以下」の一般の構成比が32%を占めるとともに「61歳以上」が18%と少ないのに対し、障害者スポーツ連盟では「61歳以上」が54%とその半数を占めていることがわかる（DOSB：2019）。

　このように、ドイツにおける障害者のスポーツクラブへの参加の特徴として、高齢者の占める割合が高いのに対し、一方でその登録率は低い傾向にあることがわかる。

　表10-2は各連盟への登録者数を年齢段階別・男女別に示したものである。ドイツオリンピックスポーツ連盟（DOSB）では、全体として男性の登録数が多いのに対し、ドイツ障害者スポーツ連盟（DBS）では、とりわけ27歳以降、女性の登録数が多い傾向にある。

3．障害者のスポーツクラブにおける運営形態

　障害者のスポーツクラブの多くは、一般のスポーツクラブと同様、法人格を取得して税制上の優遇措置[註7]や補助金の交付などが行われ公共的な施設の優先的な利用などもできる。またスポーツ活動への参加がリハビリテーションの一環として認められる場合は、ドイツ社会法典第5編（医療保険に関する規定）、43条、リハビリテーションを行う場合の医療保険の適用について、さらに第9編（障害者のリハビリテーションに関する法律）、第44条に医療的な診断をもとにしたリハビリテーションスポーツに参加する場合の医療保険の適用に関する規定があり（1項の3）、医療保険（疾病金庫）からの費用の補助が受けられる[註8]。

表10-1　障害者スポーツと州スポーツ登録率の年齢別比較

年齢区分	障害者スポーツ連盟 (DBS) 登録者数		障害者人口※	登録率※※	州スポーツ連盟 (LSB) 登録者数	人口※	登録率
	人数	構成比	人数	人口比	人数	人数	人口比
～18歳	27,286	4.9%	182,275	15.0%	7,267,585	14,380,092	50.5%
19～59歳	232,628	41.5%	2,303,045	10.1%	12,165,476	46,471,809	26.2%
60歳以上	300,430	53.6%	5,281,253	5.7%	4,478,113	21,940,450	20.4%
合計	560,344	100.0%	7,766,573	7.2%	23,911,174	82,792,351	28.9%

出典等：※：ドイツ統計局（Statistisches Deutschesamt）資料
　　　　※※：統計資料を基にした推計値
　　　　そのほかのデータはDOSB（2019）公開資料からの集計値（2018.1.1現在）

第 10 章　障害者のスポーツ参加動向と支援環境

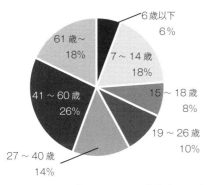 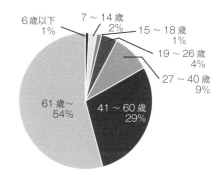

ドイツオリンピックスポーツ連盟（DOSB）　　ドイツ障害者スポーツ連盟（DBS）

2018.1.1 現在

図 10-3　各スポーツ組織の年齢別登録者の割合

表 10-2　各スポーツ組織の性別・年齢別登録者数

年齢	ドイツオリンピックスポーツ連盟 州スポーツ連盟（LSB）登録者			ドイツ障害者スポーツ連盟（DBS）登録者		
	男	女	Total	男	女	Total
6 以下	694,218	609,589	1,303,807	4,009	3,073	7,082
7 〜 14	2,428,752	1,744,356	4,173,108	7,465	5,173	12,638
15 〜 18	1,081,483	709,187	1,790,670	4,224	3,342	7,566
19 〜 26	1,551,011	872,960	2,423,971	10,536	10,622	21,158
27 〜 40	2,221,091	1,291,250	3,512,341	19,746	28,067	47,813
41 〜 60	3,768,339	2,460,825	6,229,164	58,456	105,201	163,657
61 〜	2,638,674	1,839,439	4,478,113	119,322	181,108	300,430
合計	14,383,568	9,527,606	23,911,174	223,758	336,586	560,344

出典：DOSB（2019）、DBS（2019）公表資料より作成　　　　2018 年 1 月 1 日現在

　これらの経済的な支援と優遇措置は、安定的なクラブの運営を行う上で、大きな支えとなっている。なおこのような補助の条件として、後述する DBS の認定する「リハビリテーションスポーツ指導者資格を有するもの」が、一定の条件で指導にあたっていることが求められており、スポーツ活動の内容とともにその運営に関しても、質的な向上が図られるようになっている。
　スポーツクラブの形態に関してみると、サッカーやテニスなど単独種目のクラブとしては、健常者を主体としたクラブに可能な範囲で障害のあるものをメ

第3部　ドイツにおける本人主体の余暇支援とスポーツ

ンバーとして受け入れているもの、障害のある人を主体にしてクラブが作られているものなどがある。さらに障害のあるなしにかかわらず完全に統合化されて運営されているクラブや、同じ種目のクラブとして登録されてはいても、健常者チームと障害者チームが別々に活動を行っているものなどがある。また単一種目のクラブチームで、その一部が統合化されて運営されているものもある。さらにこれらのクラブの連合体としていわゆる障害者を主体にした総合型地域スポーツクラブを形成している場合もあり、多種目、多世代が参加する総合型の地域スポーツクラブでは、障害者のグループも含めた様々な種目が運営されている。また多種目、多世代の障害者を主体として、"健常者も"参加するインクルーシブな「総合型障害者地域スポーツクラブ」なども運営されている。

4．障害者のスポーツにおける専門指導者

障害者のスポーツクラブの運営にあたっては、リハビリテーションスポーツ指導者の資格取得者による指導の体制整備が柱となっている。

図10-4 は、ドイツ障害者スポーツ連盟（DBS）が認定する障害者のスポーツ指導者資格の構造について示したものである。2009年に大幅な変更が行われ、全領域に関わる基礎資格（ブロック10）と、第2段階の障害者スポーツクラブなどでのリハビリテーションスポーツ指導者として各障害領域（ブロック30―80）の資格、障害（二次障害）の予防スポーツ指導者資格（ブロック90）、生涯スポーツ指導者資格、競技スポーツのトレーナー資格がモジュール形式で組み合わされて構成されている。資格を取得するためには、各地域で開催される専門分野の講義と実技を、それぞれ図中に示した所定の単位時間受講（1単位45分）する必要がある。なお資格によって大学や養成機関の単位を換算することもできる。開講内容の詳細については、DBS が毎年発行する講習プラン（Lehrgangsplan）に掲載される。

なお新しい動きとして、障害者のリハビリテーションなどに関する法改正を受けて[註9]、障害のある女性や女児のセクシャルハラスメントなどに対応した指導に関する講習内容が加わり、既資格取得者に対しても追加の講習が行われる規定が加えられるなど、障害とジェンダーに関する対応も進められている。

また2016年の講習リストから、「インクルーシブなスポーツ」に関する講習がわかりやすく示されるようになるなど DOSB や DBS のインクルージョンへの取り組みが反映されている。ちなみに2018年度の講習でインクルーシブな

第 10 章　障害者のスポーツ参加動向と支援環境

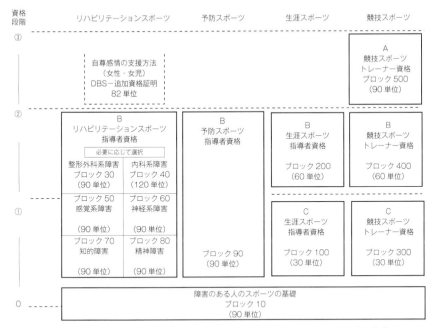

図 10-4　ドイツ障害者スポーツ連盟（DBS）のリハビリテーションスポーツ指導者資格と養成システム
出典：DBS（2018）Lehrgangsplan 2019 より

スポーツ指導法の講習が最も多いベルリン市州では、47講習のうち10講習が「インクルージョン」指定となっており、インクルーシブなスポーツに関する講習となっている。

　表10-3は、ドイツ障害者スポーツ連盟（DBS）が認定するリハビリテーションスポーツ指導者資格について、2016年の新規取得者と資格保持者数を示したものである。高齢化にともなう運動障害などへの対応のニーズから、「整形外科」「内部障害」などの取得者が多くなっている。そのほか、「知的障害」の資格取得者も新規取得者159人、全体の登録者数3004人になるなど有資格指導者が増加している。

　なおスポーツクラブの活動において医療保険による補助を受けるためには、クラブの活動内容に該当する指導者資格を有している必要があり、指導者の専門性とその質を担保する仕組みとなっている。なお活動にあたっては、有資格者がチーフとなり、その他のスタッフやボランティアなどが指導にあたるケースが多い。

第3部　ドイツにおける本人主体の余暇支援とスポーツ

表 10-3　2016 年のリハビリテーションスポーツ指導者

区分	新規取得者	資格所持者
リハビリテーションスポーツ		
整形外科系障害	3,222	26,581
内部障害	609	6,528
感覚系障害	47	349
神経系障害	377	4,215
知的障害	159	3,004
精神障害	94	756
予防スポーツ	7	23
生涯スポーツ C	75	1,326
生涯スポーツ B	0	0
競技スポーツ C	9	139
競技スポーツ B	1	16
競技スポーツ A	0	0
合計	4,600	42,937

2017.1.1 現在

出典：DBS（2018）発表資料より

5．競技スポーツ

1）トップアスリートの支援と育成

　ドイツの障害者スポーツについては、国際大会でも高い競技成績を残している。ドイツチーム・選手の高い競技力の背景には、国を挙げての競技力向上に向けたサポート体制の構築のほか、トップ選手のプロ化の進行があげられる。なかでも競技人口が多い車椅子バスケットボールでは、トップのブンデスリーグ（10チーム）と、2部リーグ（2リーグ各8チーム）があり、さらに地域リーグまで5段階のリーグが作られるなど、まさにピラミッド型の競技構造を形成している。なおこれらのトップチームを支えるのは、チームとパートナー契約を結ぶ企業スポンサーとともに、地域のサポーターによるチケットやグッズの売り上げなども貢献している。これらの経済基盤をもとに、チームは個々の選手とプロ契約を結んでいる（ただし現在のところ、すべての選手がプロ契約を結んでいるわけではない）。このように障害者のスポーツに関しても、いわゆる健常者のプロスポーツ競技と同様のビジネスモデルが成立するようになってきているといえる。

　パラリンピック種目については、全国 19 か所に各種目のトレーニングの拠

第10章　障害者のスポーツ参加動向と支援環境

点を置き、それぞれの種目に合わせた専門的な支援を行っている。陸上競技5
か所、水泳3か所、車椅子バスケットボール3か所、ゴールボール2か所のほ
か、卓球、自転車競技、シッティングバレーボール、アルペンスキー、ノルデ
ィックスキー、アイスホッケーが各1か所となっている。

　競技選手については、オリンピックと同様、強化指定A（国際水準）、B（国
内トップレベル）、C（ユースの有望選手）のクラスに分けられ、ランクに応じて
練習や競技へのサポートが受けられるようになっている。特にAランクの選
手については競技に専念できるよう、健常者のトップ選手と同様にデュアルキ
ャリアサポートシステムと呼ばれる仕組みが作られており、競技生活とともに
セカンドキャリアを見据え、職業支援や経済面を含めたサポートが受けられる
ようになっている。現在40人以上の選手が、このサポートプログラムに登録さ
れており、次回、東京パラリンピックの候補選手については、2020年までのサ
ポート契約が結ばれている。

2）ナショナルトレーニングセンター

(1)　キーンバウム・オリンピック・パラリンピック・ナショナルトレーニン
　　グセンター

　パラリンピック、オリンピックなどのトップアスリートの育成にあたっては、
各拠点でのトレーニングとともに、新たにキーンバーム・オリンピック・パ
ラリンピック・ナショナルトレーニングセンター（Kienbaum Olympisches und
Paralympisches Trainingszentrum für Deutschland; 以下キーンバウムNTC）が整
備された。

　首都ベルリンから東へ40kmほどのところに位置するキーンバームNTCは、
もともとブランデンブルク州にある旧東ドイツのスポーツ施設であったが、東
西統合後の1991年、競技スポーツのトレーニング施設として再整備が始めら
れたものである。1997年には陸上競技、卓球、カヌー、トライアスロン、ト
ゥルネン（体操）、スピードスケート、バレーボール、そり競技、アーチェリ
ーなどの競技団体とともに障害者スポーツ組織の利用も行われるようになった。
2013年以降の運営に関する組織の変更に伴いトレーニング施設や測定機材など
の高度な整備が進められ、2017年7月、ドイツのスポーツ改革の一環として、「ド
イツのオリンピック・パラリンピック・トレーニングセンター」として正式に
発足した（表10-4）。

195

第3部　ドイツにおける本人主体の余暇支援とスポーツ

　図10-5 はキーンバウムNTCの敷地の平面図である。右側が第1エリア、左が第2エリアそれぞれに全天候の400mトラックなどが整備され各種のトレーニング施設と宿泊棟が並ぶ。中央下は、ランニングやサイクリングなどに対応した一周約4kmのロードコース、上は湖を利用したヨット、カヌーなどのコースが示されている。

　なおパラリンピック選手のトレーニングについては、オリンピック競技団体との統合化が進んでおり、競技別のトレーニングでは、オリンピックのコーチがパラリンピックのコーチを兼ねる場合も多くなってきている。そのためパラリンピック専用のナショナルトレーニングセンターの設置は行われていない（ドルテッパー：2017）。

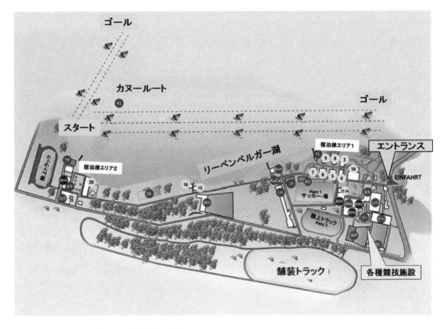

図10-5　キーンバウムの敷地平面図
出典：Kienbaum NTCの施設案内をもとに著者ら作成

第 10 章　障害者のスポーツ参加動向と支援環境

表10-4　キーンバウムの主な歩み

1949 年	保養地として開発が始まる
1952 年頃	スポーツ、トレーニング施設に
1960 年代	総合トレーニング施設として整備
1990 年	東ドイツの施設としての機能を終える
1995 年	ドイツ連邦の助成施設へ
1997 年	各競技種目に合わせた施設の再整備
2017 年 7 月 18 日	
	オリンピック・パラリンピック・ナショナルトレーニングセンターとして正式発足

(2)　キーンバウムの施設

　キーンバウムNTC は、リーベンベルガー湖沿いにあり、50ヘクタールの敷地を有する広大なエリアにスポーツ支援施設と宿泊施設を配置している。センターは、2つのエリアに分かれており様々なスポーツ施設が整備されている（写真10-1、10-4、10-5）。全体では約404 のベッドを備えた187室の客室があり第1エリアでは、7つの宿泊施設と管理棟、国際的なホテル基準のダブルルームとシングルルームに約200名を収容できる。

　第2エリアには、大型宿泊施設に1〜4人用ベッドルーム（全国標準ホテルに相当）があり約200名が利用できる。全客室には浴室（シャワー、車椅子対応）が備わっており、寝具等が用意される。パビリオンには30 の車椅子対応ルームがある。いずれの宿泊施設も、1階をバリアフリー化しており、車椅子利用者が利用することができる（写真10-5）。

　スポーツセンターには約300席の大きな食堂がある。 メイン施設の食堂では、ビュッフェ形式で食事（朝食、ランチ、ディナー）を提供している（写真10-2）。リクエストに応じてスナックや特別料理の提供も可能となっている。バーを備えた余暇コーナーでは、利用者がトレーニング後にコーヒーや白砂糖を使わないケーキなどの軽食を楽しむことができる。 レクリエーション活動には、ボーリング場とビリヤード、ダーツとキッカー（テーブルサッカー）ルームも用意されている。そのほか15 のセミナールームとミーティングルーム、約200名の収容の会議室などがある。またリフレッシュとリラクゼーション施設として約15名用と30名用の暖炉のあるフィンランド式サウナ、医療サウナなどが整備され、リフレッシュとともに心身の回復を促す環境が整えられている。

　宿泊料は、各エリアによって差があるものの、一部屋2人利用で一泊40ユー

第3部　ドイツにおける本人主体の余暇支援とスポーツ

表10-5　クラウスペーター・ノバク所長（Klaus-Peter Nowack）への聞き取りから

1．立地

　キーンバウムへの設置は、偶然もあったのだが、大都市から離れて静かなことで、選手がトレーニングに集中できる。ここは、もともと東ベルリンであったが空港も近く気候も良い。多くのスポーツ競技のセンターとして設立された施設だが、基本的な共有施設となるウェイト（筋力）トレーニング、体育館、プールが用意され、さらに医療ケアもできる。これらは多くの競技で必要とされる基本的部分である。

2．環境

　ここではスポーツを専門とする60人が生活し、チームとして良いサービスを展開している。スポーツ選手らにとって素晴らしい食事と宿泊施設がある。各競技用の特別なトレーニングを行う一方で、複数の競技に共通する基本的なトレーニングもあり、そうした共通する部分は、同じ施設で行うことが可能である。様々な施設が集中的に設置されることで経済的な効率性とともに練習に集中できることにつながる。連邦予算も各都市にトレーニングセンターを設置するよりは、1か所に集中してセンター化することで効率的な運営が可能になる。多様な種目に共通するトレーニングを行うとともにそれぞれの種目に合わせたトレーニングを効率よく行うことができる。16の様々なスポーツ関連の協会が協力しているが、コアな10のスポーツ協会がここのセンターを拠点にしている。他の競技も利用することはできるが、コアとなる10のスポーツ連盟が優先される。

3．障害のある選手とトレーニング

　2017年にリニューアルされた。これまで、ドイツ国内の6つの地域をカバーする連邦トレーニングセンターがあったが、施設名称に「パラリンピック」を含むようになった。名前を変えてアダプテッドなニーズに対応するようになってから、より多くのパラリンピック選手が利用するようになった。ここの施設では、コーチングだけではなく理学療法士によるケアや心理的ケア、医療的ケアなど総合的な支援を受けられるようになっている。トレーニングについては、ライプチッヒ大学のスポーツ科学の研究者と連携してデータを共有したり、分析が行われたりしている。

4．居住・生活

　居住施設については2階も障害者が利用できるようになっているが、車椅子利用者などについては、1階を利用することとなる。キーンバウムの運営で最も重要な点としては、良い食事、良い睡眠、充実したトレーニング施設、良いチームである。ここで働いている人達もチームの一員として、所属感や充実感を持って働けるようにしている。選手は栄養面の知識などを習得することもできる。たとえばジャガイモやライスだけでなく、多様な素材を使った食事の重要性を認識できるようにしている。こうした食事はパラリンピック選手にも対応している。パラリンピック選手もオリンピック選手も隔てなくすべての選手が、食事内容や栄養面などの支援を受けられる。各選手が自分にとって、ベストな選択肢を選べるように配慮している。

5．施設利用

　利用については、各種目の年間スケジュール（競技日程など）に合わせた利用ができるように配慮している。競技によってナショナルリーグや大会のシーズンが異なる。またコアとなる10の競技については競技成績に左右されることなく支援を行っている。あるスポーツ競技は成績が良くなかったが、徐々に向上し、今では世界6位までに上がったという実績もある。メダルを取れる競技以外を排除するようなことではなく、競技力を育てるという理念で運営されている。一つの競技で国際大会を行うこともあるが、複数の競技が1か所に集まってドイツの大会を開く新しい試みにも取り組んでいる。

（聞き取り：2018/8/31）

第10章　障害者のスポーツ参加動向と支援環境

写真10-1　キーンバウムNTCのエントランス

写真10-2　会議室や食堂の入るメイン施設

写真10-3　第1エリアの宿泊棟

写真10-4　各種のトレーニング機器が並ぶ

写真10-5　パラ陸上ナショナルチーム（ユース）の練習

ロ、1人利用で60ユーロ前後となっている。この料金には、トレーニング施設の基本的な使用料も含まれており、長期滞在の場合はさらに割引がある。食事は大人で朝6ユーロ、昼10ユーロ、夜8ユーロでの提供となる。

　なお表10-5に、センターの立地や環境、選手への配慮や運営上の留意点などに関するキーンバウムNTC所長のノバク氏からの聞き取り内容を示した。

第3部　ドイツにおける本人主体の余暇支援とスポーツ

6．地域スポーツクラブの運営

1）SGHベルリン

　ドイツにおけるスポーツクラブの活動例として、2005年から継続的に調査を行っているスポーツクラブの一つ、「SGHベルリン（Sportgemeinschaft Handicap Berlin）」について紹介する。SGHベルリンは、いくつかの障害者のクラブ（活動グループ）が統合されて、2004年に登録されたスポーツクラブで、障害のあるメンバーを中心に、いわゆる障害者版の総合型の地域スポーツクラブとして機能している。指導者はそれぞれ仕事を持ちながらクラブの運営に参加しており、クラブは法人格を持つことでドイツの一般的地域スポーツクラブの運営と同様税制上の優遇措置や補助金や寄付を受けることができる（安井：2008）。

　表10-6は、2018年度の活動プログラムを示したもので、子どもから高齢者まで知的障害や運動障害など障害に合わせて多様なグループが活動を行っていることがわかる。

　2016年1月1日現在の会員数は423人（男性288人、女性135人）、そのうち27歳以下の会員が34%となっている。一般会員の会費は月額15ユーロ、18歳以下の子どもや福祉手当受給者証所持者は10ユーロとなるほか、家族会員やボランティア会員などの割引もある。活動の際は、それぞれの活動内容に合わせた「リハビリテーションスポーツ指導者」が指導にあたっている。指導者は各参加者の障害状況や体力、能力に合わせた指導内容を考えるとともに活動の運営にも協力している。

　クラブの運営・管理にあたるメンバーは、年次総会で選出され（任期2年間）、定期的にミーティングを行うとともにクラブの取り組みや運営に関する課題などについて検討する。SGHベルリンのクラブ本部は、ペーター・ユスチノフ実科学校（Realschule）の体育棟に置かれている。施設の所有者である州政府と利用契約を結び、優先的に利用できるようになっている。

2）車椅子バスケットボールの活動

　金曜16時から行われた車椅子を使った活動では、車椅子バスケットボールチ

第 10 章　障害者のスポーツ参加動向と支援環境

表 10-6　SGH ベルリンの週間プログラム（2018 年度）

曜日	時間	グループと内容
月	17:00 － 19:00	子ども・青年のインクルーシブ運動
	18:00 － 20:00	サッカー／ステーグリッツ
	17:30 － 19:00	サッカー／ジロア
	19:00 － 22:00	車椅子バスケットボール
	19:30 － 21:00	水泳と水中運動
火	18:00 － 20:00	サッカー／リヒターフェルデ
	16:00 － 17:45	知的障害のユニホッケー
	18:00 － 19:30	ボッセルン[註10)
	19:30 － 22:00	サッカーテニス（フットテニス）[註11)
	16:30 － 17:45	リハ体操―A
	18:00 － 19:15	リハ体操―B
	19:00 － 21:00	水泳
水	16:00 － 17:00	パーキンソン患者のためのスポーツ
	16:00 － 19:00	知的障害のサッカー
	17:30 － 19:30	知的障害の遊びと楽しみ
	16:00 － 22:00	車椅子バスケットボール
木	16:00 － 17:15	リハ体操―C
	17:15 － 18:30	リハ体操―D
	20:00 － 22:00	車椅子バスケットボール
金	16:00 － 17:15	車椅子を使った青少年のためのグループ遊び
	17:15 － 18:00	車椅子バスケットボール
	16:00 － 17:30	知的障害の青少年のための遊びと楽しみ
	17:30 － 19:00	知的障害青年／成人のための遊びと楽しみ
	19:00 － 20:00	体操（ジム）
	20:00 － 21:30	ボール運動
土	18:00 － 22:00	SGH―チアリーディングトレーニング

ームのメンバーの一人がコーチとなり、子どものメンバーへの指導を行っていた（車椅子を使った青少年のためのグループ遊び）。参加者は指導4名のスタッフを含め16人で、その内訳はメンバーの母親を含む女性が4人、健常の児童4人と運動障害（軽度の痙直型脳性麻痺児1名、片麻痺の児童2名、不随意運動のある脳性麻痺児1名）である。

　体育館の倉庫には見学者や車椅子スポーツ体験を希望する初心者にも対応するため、様々な大きさのスポーツ用車椅子が用意されており、参加者がいつでも利用できるようにしている。初心者には、コーチの一人が、車椅子操作のコツやボールの扱い方などを丁寧に教え、ボールを使った遊びやゲームなどを行いながら楽しく活動に参加できるよう工夫されている。子どもの活動が終わると、指導にあたっていたスタッフメンバーが、次の車椅子バスケットボールク

201

第3部 ドイツにおける本人主体の余暇支援とスポーツ

写真10-6 インクルーシブな子どもの車椅子バスケットボール

写真10-7 車椅子バスケットボール2

ラブの練習に今度は選手として参加していた（記録2017年12月）。またなかには、紛争や移住後の事故で障害を負った移民の選手などもおり、スポーツクラブが多様な人々の居場所や交流の場となっている様子もうかがわれた。

なおクラブの指導者には謝金が払われるが、その原資はクラブ会員費とともに、リハビリテーションスポーツとして医療保険（疾病金庫）から支払われる費用で賄われている。これらの補助を受けるには、一定以上の有資格者が必要であり、これらの仕組みが、クラブ指導者の質の向上や、運営基盤の形成につながっていることがわかる。またクラブは有資格者を確保するために、資格取得のための受講費用などを負担することも多い。

また障害のある選手がクラブ後進の指導にあたることによって、ピアカウンセリングとしての機能や選手のセカンドキャリアにもつながっている。メンバーはクラブの活動として、地域のイベントや基礎学校、中・高等の学校（Gymnasium）に出向いて車椅子スポーツ体験会を開いたり、スポーツ大会やスポーツイベントの運営に協力したりするなど、地域社会における障害者スポーツへの理解を進める活動も行っている。まさに公益的な団体として地域福祉や障害者のスポーツ活動に対する啓発活動に取り組んできており、このような取り組みが、より多くの住民が「わが町のスポーツクラブ」としての認識を持つことにつながっている。

7．社会環境の形成とスポーツ参加

日本でも地域スポーツのモデルとして取り上げられることの多いドイツの障害者スポーツの動向を紹介した。ドイツでは、これまで健常者を中心に発展し

てきた地域スポーツクラブが、学校や福祉との相互関係の中で、障害者のスポーツ参加を促す新たな機能を発揮するようになってきている。近年ドイツにおける障害者のスポーツ参加数の増加が図られてきた背景には、公益性を役割の一つとして形成されてきた地域のスポーツクラブの存在がある。さらに医療保険制度などによる財政的な支援のシステムやインクルーシブなスポーツ活動への取り組みなど、多角的・多層的な取り組みが行われてきたことがあげられよう。特に国連の障害者の権利条約批准に伴い、教育を含めたインクルーシブな社会づくりに向けた国を挙げての取り組みが、スポーツ参加者のすそ野を広げるとともに、トップアスリートへの注目度、高度な練習環境の形成、さらにはプロフェッショナル化を支えるという構造の形成に影響している様子が見られた。

　日本ではパラリンピックなどのトップアスリートの活躍に目が向けられがちだが、障害のある児童生徒がいることを前提とした体育や教師の育成は行われておらず、またインクルーシブな地域スポーツ活動への取り組みも進んでいるとはいえない。障害児者のスポーツ参加を促す仕組みづくりとともに、教育と地域スポーツ、競技スポーツをつなげる息の長い取り組みを進めることが求められる。

註
1）ドイツのスポーツクラブについては、「歴史的な事情に配慮して、フェラインとクラブという用語を使い分けるという考え方もある」との指摘もあるが、本章では、「フェラインVerein」を「スポーツクラブ」と表記した。
2）ドイツスポーツ連盟とドイツオリンピック委員会が2006年に統合し、ドイツオリンピックスポーツ連盟（DOSB）となった。
3）ドイツ障害者スポーツ連盟（DBS）は「オリンピック種目関連以外の団体」として位置づけられている。
4）資料の収集と分析については、ドイツオリンピックスポーツ連盟（DOSB）、ドイツ障害者スポーツ連盟（DBS）、近年のドイツにおける障害者のスポーツ参加動向を分析した。
5）このような登録者数の減少は主にノルトライン・ウェストファーレン州の減少が影響している。その要因について「ドイツ障害者スポーツ情報センター」を通して州の障害者スポーツ連盟に問い合わせたが（2018年5月11日）「明確な要因は現在のところ不明」とのことであった。ただし同州のスポーツクラブ登録者の総数は漸増していることから、推定要因としてインクルーシブ

スポーツへの移行などが指摘された。

6）ドイツ統計局（Statistisches Bundesamt）によるドイツの法的定義（SGBIX
-2）に基づく重度障害者の人数。

7）非営利団体が、税法上の優遇措置を受けるための条件が租税通則法（AO:
Abgabennordnung）に定められており、スポーツクラブについては、67条a
（Abgabennordnung § 67a Sportliche Veranstaltungen）に規定が示されている。

8）ドイツ社会法典第9編（障害者のリハビリテーションに関する法律）第44条、
医療的な診断をもとにしたリハビリテーションスポーツに参加する場合の医
療保険の適用に関する規定1項の3（SGBIX § 44（1）3.）。

9）2009年の資格制度改定で、新たに予防的スポーツ、生涯スポーツ資格が加
わった。

10）上部に柄のついた木製ストーンを、カーリングのように転がして当てる競
技。

11）中央にネットを設置したコートで、テニスボールの代わりにサッカーボー
ルを蹴り合う、テニスとサッカーを融合させた競技。

ッセ通りで運営されている。本章では、余暇支援機関フィラ・ドナースマークのガーデニングの活動と、障害者の旅行センターが企画する日帰りクルーズ旅行の様子を紹介する。

余暇支援の拠点となっている「フィラ・ドナースマーク」は、重度の肢体不自由者の余暇と社会教育ニーズに対応する施設として、1962年に個人の邸宅を買い取って運営を始めたもので（Weinert: 2016）、現在は表11-1に示すような日常的なプログラムを行っている。

月曜から週末まで毎日様々なメニューを用意することで、自分の好みの活動に参加することができる。参加費は1回1ユーロ（2019年現在130円程度）が多く、いわゆるワンコインで1回の活動に参加できるというリーズナブルな設定になっている。また以前は半期15回分の費用をまとめて払うというものが多かったが、半期で作品を仕上げるような活動やスポーツのグループを除き、その都度払うという形式のものが増えており、より気軽に参加できるようになった。活動の内容を見ると下肢に障害があっても取り組みやすい手芸などの作品作りのほか、健康作りのための運動や武道なども人気の活動である。さらに高齢化に対応し、認知能力を高める活動やゲームなども行われている。

また一人ではなかなか外出できなくても介護者や仲間とともに、地域を散策したり芸術鑑賞に行ったりするなど、行動範囲を広げるような活動も見られる。

定期的にこれらのグループに参加することで、仲間作りや新たな交流が生まれるとともに、地域での孤立を防ぎ、いわゆる引きこもりの防止にもつながっている。ベルリンの街を歩くと、障害のある人々の多さに驚かされるが、それは、日常的に外出の機会が保障され、様々な余暇活動への参加機会があるからかもしれない。

2．ガーデニング活動

余暇活動プログラムの一つ、ガーデニング活動は、1991年に、「ガーデン・プロジェクト」として、フィラ・ドナースマークの敷地内に車椅子対応のガーデンを造成したのを機に始まった。

なおガーデニング活動の観察および施設長のクリステル・レカート氏、ガーデニングの支援者ジョセフィーネ・グリマー氏からドナースマークの余暇の取り組みや、ガーデニング活動の活動経緯などについて話をうかがった。ちなみに施設長のレカート氏とは、2010年にベルリン市街地で開催されていた障害者

第 11 章

ドナースマークによる余暇支援プログラム
ガーデニングと旅行支援

　障害者の地域生活への移行が進む中、地域における余暇支援環境の構築が求められるようになってきている。余暇活動については、精神面へのリフレッシュ効果とともに、多様な感覚刺激や身体活動の増加につながることもあり、その支援のあり方を検討することが求められる。重度の障害者を主な対象としたドイツ・ベルリン市州に本拠を置く福祉機関フュスト・ドナースマーク（Fürst Donnersmarck-Stiftung、以下ドナースマーク）では、複数の福祉施設の運営とともに、余暇支援センターを運営している（安井ら：2012）。本章では、ドイツ・ベルリン市州において、ドナースマークにより運営されている障害者の余暇支援センター「フィラ・ドナースマーク」と、旅行センターについて紹介する。

キーワード：福祉機関、肢体不自由、旅行支援、ガーデニング

1．ドナースマークの余暇支援

　2016年に設立100周年を迎えたドナースマークは、1916年にベルリン市の郊外に肢体不自由児のための施設として設立された法人で、現在は運動のリハビリテーション施設とともに、ベルリン市内を中心に220か所で肢体不自由者を主な対象とした居住・生活支援、就労の支援、余暇支援センター、旅行支援など多岐にわたる活動を行っている。ドナースマークの余暇支援として運営しているのが「フィラ・ドナースマーク」である。ベルリン西部ツェーレンドルフ地区にあり、かつての高級住宅街の一角の落ち着いた雰囲気の中で運営されている。また旅行センターは、ベルリンの中心に

第 11 章　ドナースマークによる余暇支援プログラム

表 11-1　余暇センターのプログラム（2019 年）

曜日	時間	グループと内容	費用
月曜日	15:00 - 17:00	編み物	1 ユーロ／ 1 回
	15:00 - 16:00	歌唱サークル	1 ユーロ／ 1 回
	16:00 - 18:00	物語創作	1 ユーロ／ 1 回
	16:30 - 18:30	合唱団	1 ユーロ／ 1 回
	18:00 - 20:30	演劇グループ	無料
	11:00 - 13:00	記憶力トレーニンググループ	無料
	13:00 - 16:00	モナ・グループ（自由活動）	1 ユーロ／ 1 回
火曜日	9:30 - 12:30	アート・グループ I	15 ユーロ／ 15 回
	16:00 - 18:00	朗読（輪読）サークル	1 ユーロ／ 1 回
	12:00 - 14:00	太極拳	1 ユーロ／ 1 回
	17:30 - 19:30	空手	1 ユーロ／ 1 回
	9:30 - 10:30	転倒防止トレーニング I	保険（AOK）から
	10:45 - 11:45	転倒防止トレーニング II	保険（AOK）から
水曜日	10:30 ～	散歩・散策	無料
	10:30 - 12:00	スポーツグループ I	45 ユーロ／ 15 回
	12:30 - 14:00	スポーツグループ II	45 ユーロ／ 15 回
	10:00 - 13:00	アート・グループ II	15 ユーロ／ 15 回
	13:00 - 16:30	プローミー・グループ（自由な会話）	1 ユーロ／ 1 回
	16:00 - 18:00	コンピューターゲーム（wii）	無料
木曜日	9:30 - 10:30	転倒防止トレーニング I	保険（AOK）から
	10:45 - 11:45	転倒防止トレーニング II	保険（AOK）から
金曜日	10:00 - 12:30	DIY（工芸）グループ	無料
	14:00 - 17:00	ガーデニング「野草」	無料
土曜日	14:00 - 16:00	インクルーシブなタンゴ	1 ユーロ／ 1 回
不定期	12:00 - 16:00	ベルリン市内散策	1 ユーロ／ 1 回
第 2 火曜日	14:00 - 17:00	ゲーム遊びサークル	無料

出典：フィラ・ドナースマーク、余暇プログラム 2019 より。

　のディスコに訪問した時（安井ら：2012）からのお付き合いである。なおガーデニング活動への訪問は 2015 年 6 月に行ったが、2019 年現在も同様の活動が行われている。

　ガーデニングの活動では、車椅子対応の通路整備や、高さのある花壇、苗床の設置など、障害に合わせた屋外の環境整備が行われている（写真11-1、11-2）。さらに座位や片手でも使える多様なガーデニング用具を取りそろえ参加者の意欲を継続させるような工夫が行われている（写真11-3）。当日は 13：40 に参加者がガーデンに設置されているテーブルの周りに集まり、お茶とお菓子を楽しみながら個々の近況を伝え合ったり、当日の作業の予定を確認したりするところから活動が始まった（写真11-4）。近況の報告や、たわいもないおしゃべりなどで笑顔がはじける様子から、団らんの時間を存分に楽しんでいる様子が伝わ

ってくる。

　その後ガーデンに移動し、各自作業を始める（写真11-5）。活動の責任者グリマー氏によれば「障害のある人々はどうしても家に閉じこもりがちなので、仲間と会うことが重要です」また「障害があっても自分で作業できるような環境を整備することが大切と考えています。土を触ることは心の健康にも良く、ガーデンセラピーとしても有効であると考えているのです。一年を通して毎週行っており、寒い日も暑い日も気温、季節を感じながら生活することが大切なのです」とのことであった。

　重度の肢体不自由者の生活支援に取り組んできたドナースマークでは、地域生活の柱として余暇・社会教育の支援を位置づけ、多様なプログラムを展開していた。重度肢体不自由者については、日常的な余暇活動の場所を確保することが難しく、外出の機会などの減少につながりやすい。しかし気軽に参加できる多様な余暇プログラムを提供することによって、生活の質向上につながる様子がみられた。特に自然との関わりの中で植物を育てるガーデニング活動は、気温や風といった感覚刺激や身体活動のほか、役割、目的意識、達成感など心理面とともに社会的な活動にもつながる取り組みとして認識されており（Berting-Hueneke et al.：2016）、継続的に取り組まれていた。

　図11-1は、1991年に車椅子対応のガーデンを計画した際の、ガーデンプランである。現在もこの当時に計画されたレイアウトのまま、活動が続けられており、将来を見越した計画であったことが伝わってくる。かつて親子で参加していて、親が他界した現在も活動を続けているという参加者も見られた。

　なお作っているのは、おもにベリー系の実の食べられるものや野菜、ハーブ等で、育てる楽しみ、収穫する楽しみ、そしてお茶と収穫物での語らいを楽し

写真11-1　車椅子対応としてかさ上げされた畑と花壇

写真11-2　ステンレス製の台を活用した畑と花壇

第 11 章　ドナースマークによる余暇支援プログラム

写真 11-3　車椅子利用者が作業しやすい各種の園芸用具

写真 11-4　開始前の団らんの様子　　　写真 11-5　活動の様子

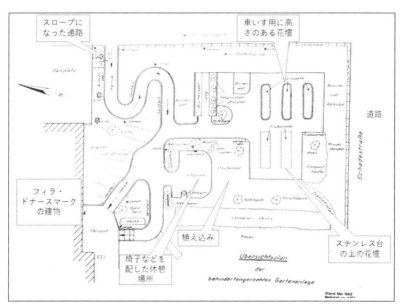

図 11-1　1991 年に計画されたガーデンプラン・現在も同じレイアウトが続く
出典：ドナースマーク資料　Das Gartenprojekt 1992 をもとに著者ら作図。

209

第3部　ドイツにおける本人主体の余暇支援とスポーツ

むという連続的で多様な楽しみ方ができるよう、配慮されていた。

3．日帰り旅行とクルーズ

　近年、わが国においても加齢によって介護が必要になった高齢者や障害者の旅行が注目されている。このような旅行については、「ユニバーサルツーリズム」「バリアフリー旅行」「アクセシブル観光」などと呼ばれる、様々な取り組みが行われるようになってきている。これらの取り組みは、高齢者や障害者の「自由に移動する権利の保障」という観点からだけではなく、「新たな観光需要の創出」「地域の活性化や環境整備」としても、国や自治体、民間事業者、NPOなどによって積極的に進められている。

　とりわけ障害者にとっての旅行（移動）は、スポーツや他の文化活動への参加（大会、イベントなど）にも深く関わっており、障害者の余暇活動の中でも重要視されている活動である。一方で、障害者が充実した余暇活動を行うためには、ハードウェア、ソフトウェアの課題に加え、採算性などの経済的問題も存在するなど、様々な制約により自由に旅行を楽しむことが困難な状況にあることも指摘されている。

　このような現状の中で、「ユニバーサルツーリズム」「バリアフリー旅行」「アクセシブル観光」は、障害による制約を取り除く旅行として企画されているもので、民間事業者、NPOなどを中心に様々な取り組みが行われるようになってきている。障害者が自由に旅行を楽しめる環境のあり方を考えるにあたり、ドナースマークが取り組むクルーズ船を利用した日帰り小旅行について紹介する。

　ドナースマーク旅行オフィス（Reisebüro）では、年間を通して様々な日帰り旅行や小旅行を企画、実施している。表11-2 は、旅行オフィスが企画する2015年度の日帰り・宿泊旅行プログラムの一覧である。参加者数に応じて、移送サービスを展開する事業者から車椅子対応のバスを手配し、近隣のテーマパークや公演、歴史的建造物や季節ごとに開かれる特色あるお祭りなどテーマを決めての企画が展開されている。これらの企画については、情報誌やパンフレット、インターネットなどを通じて広報され、最少催行人員はあるものの（10名）、希望する企画に自由に参加する形態を取っている。

　ここでは、重度肢体不自由者の小旅行として実施された肢体不自由者のためのリバークルーズについて（表11-2、日帰り旅行7）、「ポツダム・クルーズ」の

210

第11章　ドナースマークによる余暇支援プログラム

表11-2　日帰り・宿泊旅行の年間スケジュール（2015年）

内容	日時	参加費 （ユーロ）
日帰り旅行		
1. 説明会	3月16日（金）　15.00-17.00	−
2. オラニエンブルク	4月15日（水）　11.00-17.00	65
3. ミュンヘ農園と乳製品	4月24日（金）　10.00-17.00	63
4. ブガ・ブランデンブルク	5月 6日（水）　 9.00-18.00	82
5. アスパラガス農園	5月27日（水）　10.00-17.00	63
6. シュトイアー　熊の森	6月 2日（火）　10.00-18.00	66
7. ポツダム・クルーズ	6月 4日（木）　 8.30-16.00	65
8. ノイシュトレリッツ、お城のガーデンフェスト	7月 9日（木）　10.00-21:30	94
9. ブガ・ラーテノウ	7月15日（水）　10.00-16.00	82
10. エルシュタール、カールスイチゴ園	7月20日（月）　10.00-17.00	65
11. ノホテン・フィンドリングスパーク	7月30日（木）　 9.00-19.00	65
12. コーリンナー・ミュージックサマー	8月23日（日）　11.00-20.00	83
13. ザクセンのスイス	8月25日（火）　 8.30-19.30	77
14. ブガ・ハーフェルベルク	9月17日（木）　 9.30-17.30	82
15. ギュストロー	9月30日（水）　 9.00-19.00	64
16. クライストウ・かぼちゃ展	10月24日（土）　10.00-17.00	65
17. ライトアップ行列	12月16日（水）　16.00-20.00	39
宿泊旅行		
1. ベーリンゲン	6月8日－6月12日	657
2. ラインスベルク	8月3日－8月 6日	565
3. ウゼドーム	9月1日－9月 7日	961

（参加費は一人あたりの旅行費用）

様子を紹介する。日帰り旅行企画に参加したのは、40～75歳の肢体不自由者（電動車椅子1台を含む、車椅子利用者9名、歩行器使用者2名）とその家族等9名、福祉法人の旅行専門スタッフ（添乗員）1名である。参加費は一人あたり65ユーロである。この料金には、移送にかかるバス代とクルーズ船の料金、昼食とドリンク代が含まれている。

　リバークルーズを案内するのは、ドナースマークの旅行インストラクター、クリスナーナ・ノッシュさん（52歳女性）で、福祉法人の旅行専門スタッフとして、年間を通して定期的に障害者の旅行を企画、運営を行っている。ブッシュさんは、大学（ベルリン自由大学）でソーシャルワーカー、理学療法士の資格を取得した上、障害者の支援スタッフとして働く傍ら、旅行業の資格を取得している。

　8：00旅行センターが開き、参加者が集まってくる。移送用のバスが到着するまで、受付や料金の支払いを行う。またセンターにある様々な障害対応の旅行情報などを集める参加者もいる。8：30バス2台が到着。徒歩での移動が可

第3部　ドイツにおける本人主体の余暇支援とスポーツ

表11-3　ポツダムのリバークルーズ

8:00	旅行センターが開き参加者が集まってくる
8:30	移送用のバスが到着
	徒歩での移動が可能な参加者が乗り込む
8:45	車椅子、電動車椅子利用者が乗り込む
	運転手が各車椅子を固定
8:50	出発
9:05	途中で参加者が合流
9:25	ヴァンゼー（湖）に
9:37	ポツダムの運河船着き場着
10:15	乗船
	船旅開始：各自思い思いに過ごす
12:00	昼食
14:30	ポツダム船着き場着
14:58	バス発
15:50	旅行オフィス帰着　下車後解散

（記録：2015/6/4）

能な参加者が乗り込む。続いて8：45には車椅子、電動車椅子利用者が乗り込み、バスの運転手が各車椅子を固定する。

　8：50バスが出発する。途中で参加者が合流し、9：37にポツダムの運河船着き場に到着する。10：15乗船開始。船のクルーが数名で、手際よく車椅子を移動させながら乗船させていく。乗船後は各自思い思いに過ごす。ほとんどの参加者は、屋外のデッキで外の風に吹かれながら景色などを楽しんでいる。

　12：00昼食。事前に好みのメニューなどを伝えるとともに、ドリンクを選ぶ。ちなみにドリンクの2杯目からは自分で料金を支払うことになる。14：30ポツダム船着き場にもどる。乗船時と同じように船のクルーがサポートしながらスムーズに下船していき、バスに移動する。14：58船着き場をバスが出発、15：50旅行オフィス帰着し下車後解散した（表11-3、11-4）。

　ブッシュさんによれは、「障害のある方にとって旅行は，世界が広がり余暇活動の中でも重要」とのことで、実際のリバークルーズ中も開放的なデッキの上で参加者たちが楽しく過ごす様子がみられた。移動に関わるハードウェアについては，移動バスやクルーズ船のリフト（エレベーター）が整備されており，その運用に関しても十分にトレーニングを受けたスタッフが従事していた。

　また，旅行を企画するにあたっては、車椅子移動の動線を考え、景色や活動、

第 11 章　ドナースマークによる余暇支援プログラム

食事などを楽しめるコースを考えているとのこと。さらにトイレの場所や車椅子利用者が使えるかどうか、通路の幅やトイレのサイズ、スロープの設置状況や準備状況などについて確認する。これら以外にも車椅子での移動に際して課題となる「天候の急変への対応」や、車椅子で「様々な場面で、どう注意すればいいのか」などについて検討を続けている。実際にドレスデンへの旅行の際には、予定していた船での対応が困難であったため、急遽船を変えるなどの対

表 11-4　ポツダムのリバークルーズの様子

事項	様子	状況
旅行センターに集合		旅行センターに集合 センター内では、2名のスタッフが、受付や参加料の支払いなどに対応する。 センター内では、様々な旅行情報を入手できる。
バスへ乗車		2台の車椅子対応の移送用バスに分乗する。
バス乗務員による車椅子の固定		それぞれの移送用バスの運転手が、車椅子を固定していく。

213

第3部　ドイツにおける本人主体の余暇支援とスポーツ

乗船の様子①		段差の解消などバリアフリー化による移動環境の確保が行われている。
乗船時の乗組員によるサポート		船のスタッフによる乗船の補助。インストラクターは、乗り込みの順番などを調整するが、ほとんどの利用者は船のスタッフが分業で乗り込みを手助けする。
設備リフトなど		船内にエレベーターが設置されており、すべての場所への移動が保証されている。
クルージングの様子①		遊覧中、甲板で自由に過ごす参加者 グループで過ごしたり、個々のパートナーと過ごしたりしている クルーズを楽しみながらの昼食料理とドリンク1杯まで参加料金に含まれる。
クルージングの様子②		4時間余りの船旅を思い思いに過ごす。
クルージングの様子③		少数ながら船の中でくつろぐ人たちも。

214

下船の様子		船のスタッフの支援により下船
解散		旅行センター前で、解散

応を迫られたこともあったとのことである。

　近年、障害者の旅行は、「ユニバーサルツーリズム」「バリアフリー旅行」「アクセシブル観光」という表現とともに認知されるようになってきている。しかし、歴史的にみると障害者の旅行は困難な時代が長く、現在においても「自由に旅行を楽しむ」という環境が十分に整備されているとはいえない。井上（2010）は、わが国における障害者の旅行について時代別に４つの段階に類型化し、それぞれの時代における「排除」の形態について説明している。1970年代以前の第1段階では、産業優先社会において労働力に資さない障害者は物理的・空間的に社会の片隅に追いやられ、「隔離型排除」という状態であったという。1980年代からの第２段階では、国連による「国際障害者年」の実施に伴い、各種のイベントや旅行が実施されたが、障害者は分離された「特別に保護される存在」として「分離型排除」という形態が生まれたと述べている。1990年代からの第３段階では、障害者の社会参加が実現し、障害者の旅行も実現するようになったが「リスク」「コスト」「採算がとれない」「前例がない」といった理由から、「顧客」として扱うことは稀であり、福祉の対象としての「分離」が行われ、1990年代の中盤以降にようやくその解消傾向がみられたという。そして、「2000年代以降の第４段階では、これまでの『排除』はほぼ解消されたが、障害者自立支援法の施行により、福祉サービスを購入するシステムが確立し、経済的な困窮度が増した一部の障害者は経済的なアンダークラスとして旅行などの活動から排除された」と述べており、新たな課題が顕在化していると指摘している。

第3部　ドイツにおける本人主体の余暇支援とスポーツ

障害者の旅行環境については、ある程度の改善がみられるものの、多くの課題が積み残されたままである。

　平井（2015）は、観光産業やまちづくりの視点からユニバーサルツーリズムの可能性に言及した上で、「ソフト面の整備の改善」「ユニバーサルツーリズムの社会的認知度の向上」「関係組織の連携体制の構築」という3つの課題を指摘している。ソフトウェア面の改善については「移動的補助に対するハード面での整備は進みつつあるものの、情報補助やソフト面での対策が不十分である」（平井：2015）とし、予測不能なアクシデントに見舞われたときの対応などの重要性を指摘している。「ユニバーサルツーリズムの社会的認知度の向上」については、「利用者の年齢層や障がいの特性などを考慮し文字情報や音声情報の他、画像などの言語に拠らない表現を含めた広告表現や、テレビCMや雑誌といった従来の宣伝手法を利用するなど、すべての人々が的確に情報を享受できる情報支援を検討しなければならない」（平井：2015）と述べ、広報の改善が重要であると指摘している。また、「関連組織の連携体制の構築」については、「ユニバーサルツーリズムは、宿泊、飲食、観光、移送、福祉といった様々なサービスが関連しており、これらに関係する民間企業の連携に加え、観光分野のみならず、法制度や都市計画等の面からも、行政がネットワークに加わることが必須である」など、関係諸機関の情報共有の重要性が指摘されている。

4．重度障害者の余暇保障

　本章では、重度障害者のガーデニングと旅行について紹介した。ガーデニングでは、障害の状況に合わせて環境を整えるとともに、様々な用具を活用することで自然とふれあう活動が継続的に行われていた。これらの活動は、ともすると家に閉じこもりがちになる重度の障害者の外出の機会創出につながるとともに、生活上の張り合いや人との交流の場にもなっていた。

　またクルーズでは、重度の障害のある人々に対してより効率的な移動手段を提供することの重要性が指摘されるとともに、その運用におけるハードウェアならびにソフトウェアの開発、それを直接支えるサポーター（介助者、添乗員など）や「周囲の人々」の意識と行動が、障害があっても気軽に外出できる環境を作り出していた（図11-2）。障害に合わせた様々な選択肢と参加を可能にする環境作りを進めることで、重度の障害のある人を含めたすべての人々の余暇参加を保障することが求められる。

第 11 章　ドナースマークによる余暇支援プログラム

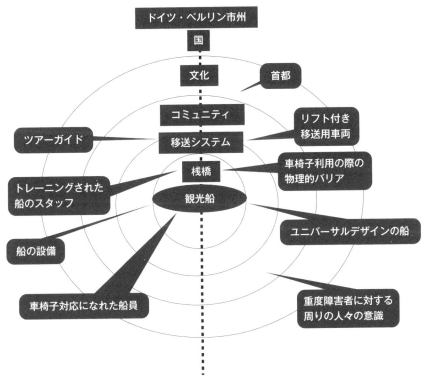

図 11-2　クルーズ旅行に見る障害と対応

第3部　ドイツにおける本人主体の余暇支援とスポーツ

第 12 章

地方小規模集落におけるスポーツクラブ

クラインメッケルゼン村のクラブづくり

　本章では、ドイツ北部ニーダーザクセン州クラインメッケルゼン村で展開されているスポーツクラブの活動と地域における公益性について、インタビュー調査および文献調査から紹介する。クラインメッケルゼン村のスポーツクラブは、青年団や他の文化的な活動団体と重層的なネットワークを形成しながら、社会的統合（移民、難民）、市民の社会進出、女性の積極的関与、社会インフラ整備、納税などの公益性を発揮し、地域住民の生活課題の改善に重要な役割を担っていた。しかし、運営資金の確保、人材の育成・確保など新たな課題にも直面している。
キーワード：公益性、地域形成、スポーツクラブ

1．注目される地域スポーツクラブ

　近年、スポーツクラブの公益性が注目されている。スポーツクラブの公益性とは、愛好者の集団であるスポーツクラブが、クラブに直接的な関わりを持たない（会員ではない）地域住民に対してもたらす「便益」のことであり、環境問題や教育問題など地域の生活課題の解決に関わるものである。このようなスポーツクラブの公益性は、わが国において、東日本大震災のあとのスポーツクラブによる救援物資の輸送や生活環境の改善活動などで注目を集めたが、現在、わが国の多くの地方で喫緊の課題となっている人口減少問題などの解決にも期待が寄せられている。また、（公財）日本体育協会（現日本スポーツ協会）の調査によれば、スポーツクラブ（わが国の総合型地域スポーツクラブ）の継続要因として「ボランタリー性」「ネットワーキング性」「事業の多様性」「活動基盤

218

の整備」「理念の設定・共有」「日常生活圏」「クラブ・アイデンティティ」が
重要であることが指摘されている。この中の「クラブ・アイデンティティ」と
は、地域住民がスポーツクラブをどのように積極的に評価しているかというこ
とであり、公益性の発揮がクラブの継続にも大きな意味を持つと考えられる。

　ドイツでは、これまでスポーツクラブが地域の形成に大きな役割を果たして
きた。これは、スポーツ環境の整備だけではなく公益性に関わる地域の生活課
題の克服に関わるものも含まれる。これらは、青少年の健全育成からインフラ
整備に至るまで多岐にわたっている。また、近年ドイツでは、人口減少、移民
や難民の流入による経済格差、学力格差の増大という社会的な課題が顕在化し、
スポーツクラブも財政破綻や若年層の離脱といった問題を抱えている。ドイツ
におけるスポーツクラブの現実を記述することは、少子化、人口減少、経済格
差の拡大など同様の課題を持つわが国の今後の地域におけるスポーツクラブの
あり方を考える上でも重要な意味を持つ。本章では、ドイツ・ニーダーザクセ
ン州クラインメッケルゼン村で展開されているスポーツクラブの活動を紹介す
るとともに、地域の多様な住民が集うことによる公益性について考える。

2. ドイツにおけるスポーツクラブと公益性

　ドイツにおいては、「3人寄ればフェライン（クラブ）をつくる」と言われるほど、
多くの地域で住民が主体的にスポーツクラブを設立・運営している。このよう
なドイツのスポーツクラブでは、「フェアプレイや寛容さといった価値を伝え
ること」「安価にスポーツをする場を提供すること」「青少年の健全育成事業に
特に責任を負うこと」「共同性や連帯性に重きをおくこと」（Breuer, C., Haase,
A.: 2007, 314）が、スポーツクラブのめざす重要な目標とされている。これらの
クラブは、ドイツの人々のスポーツ環境の基礎をなすと同時に、地域における
様々な課題に対しても多くの役割を果たしている。

　このような特徴について、ブロイアーは、「ドイツにおけるスポーツクラブは、
参加者にとっての有用性だけでなく、同時に、参加しない『第三者』あるいは
社会全体に対しても公共の福祉（Gemeinwohl）を促進するという『社会公益性』
を有していることにある」（クリストフ・ブロイアー: 2010, 15）と指摘している。
ブロイアーが指摘する社会公益性は、具体的には「社会統合（移民など）」「健
康増進」「市民の社会参加の促進」「経済的な付加価値」「納税者としてのスポ
ーツクラブ」「諸機関との連携」「職場の提供」「社会的インフラ整備」「社交の

第3部　ドイツにおける本人主体の余暇支援とスポーツ

場の提供」「外国においてドイツを代表」「青少年の社会教育の場」「女性の積極的関与」などである（クリストフ・ブロイアー: 2010, 15-19）。このような公益性は、地域住民の生活の質に直結しており、ドイツにおいてスポーツクラブが地域社会に果たす役割は大きい。

　ドイツにおけるスポーツクラブが公益性をその特徴としているということは、ブロイアーの指摘からも明らかなように、スポーツ愛好者のみに利益をもたらすものではなく、スポーツ的な課題を超えて、教育的、社会的，文化的な課題を引き受けることが求められているということである。さらに、スポーツクラブが公益性を有しているということは、他の公益団体との協調や協働が求められているということでもある。

3．クラインメッケルゼン村の概要と人口動態

1）クラインメッケルゼン村の概要

　クラインメッケルゼン村は、ニーダーザクセン州のローテンブルク郡に属する村で、統合市町村である「ゲザムト・ゲマインデ・ジッテンゼン」を構成する自治体の一つである。クラインメッケルゼン村があるニーダーザクセン州は、ドイツ連邦共和国の北西部に位置し、面積でバイエルン州に次ぐ連邦第2位、人口密度の低さで連邦第1位という特徴を持ち、農業が盛んな地域である。2015年のクラインメッケルゼン村の人口は、945人（280世帯）で、このうち909人が村内居住者である。村内居住者以外の36人は、住民登録はしているが他の地域に居住（23人）、もしくは他の地域にも居所を有している（13人）。

　クラインメッケルゼン村は、ドイツで50年以上の歴史がある「わが村は美しく」[註1]というコンクールにおいて1971年と2001年に金賞を受賞している。これは町並みの美しさだけでなく、有機飼料を用いた豚の飼育、合唱団や民族衣装クラブなど伝統的な文化を大切にする活動など、村民の日常的な取り組みが評価されたものでもある。クラインメッケルゼン村には、これらの活動の核となる青年団や消防団があり、文化的な活動団体として、男性合唱団、民族衣装クラブ、オールドタイマークラブ、スポーツクラブが存在する（表12-1）。老若男女を問わず、村民の多くがいずれかの団体、もしくは複数の団体に加入している。

第 12 章　地方小規模集落におけるスポーツクラブ

表 12-1　クラインメッケルゼン村の文化活動団体

活動団体	活動内容
男声合唱団	男声合唱団は、1907 年に設立された（その後、戦争で一時中断する）。主に村のイベントなどで成果を披露している。ピアノの伴奏は学校の教員が担っている。
民族衣装クラブ	民族衣装クラブは、1960 年代の終わり頃に活動の準備を始め、1971 年 2 月 26 日に設立された。民族衣装クラブの主な活動は、衣装祭り、結婚式、記念祭、その他のお祭りに民族衣装を身につけて参加し、伝統的な文化を継承していくことである。
オールドタイマークラブ	オールドタイマークラブは、実際に使用されてきた農業用のトラクターなどを保存し、展示イベントなどを開催している。
スポーツクラブ	スポーツクラブは、1929 年に設立された。基礎学校（小学校）の体育館などを利用しながら、体操、テニス、卓球、バレーボールなどのスポーツ活動を行っている。

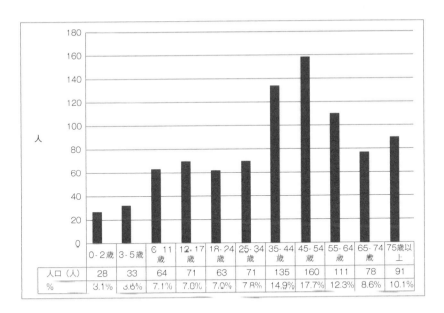

図 12-1　2012 年の年齢別人口
出典：http://www.urbistat.it/AdminStat/en/de/demografia/dati-sintesi/klein-meckelsen/1357405032/4 より筆者ら作成。

第３部　ドイツにおける本人主体の余暇支援とスポーツ

２）クラインメッケルゼン村の人口

　近年、ドイツでは、総人口、生産年齢人口の減少が進んでいる（内閣府：2014）。クラインメッケルゼン村があるローテンブルク郡においても人口減少は深刻な問題となっている。しかし、クラインメッケルゼン村の人口は、過去10年間ほぼ横ばいであり、2015年以降は微増している。また、18歳から54歳までの人口が約半数（47.4％）を占め、生産年齢人口の大きな減少はみられない（図12-1）。

４.「クラインメッケルゼン体操・スポーツクラブ」の活動[注2]

１）スポーツクラブの歴史

　クラインメッケルゼン体操・スポーツクラブ（以下スポーツクラブ）は、1929年に16名の青年たちによって設立された法人格を有するクラブ（Verein）である。村史による同年の記録によれば、この年にさらに９名のメンバーが加わっている（Ardag. E. & Burfeind. F.：2000, 209）。設立当初のメンバーは、スポーツクラブが設立される以前に、トゥルネン（体操）やスポーツの大会に個人でエントリーし、大会出場のために不定期で練習のために集まっていた仲間同士であった。村史には、「1929年、16人の青年が体操・スポーツクラブを設立するために August Thies のゲストハウスに集まった。この若者たちはスポーツクラブ創設の数年前にスポーツ競技会のために集まっていた」（Ardag. E. & Burfeind. F.：2000, 209）と記されている。

　彼らは、スポーツクラブを設立することによって、活動の場を確保し、定期的に活動ができるようになるとともに、「地域の代表」として各種大会に出場するようになった。設立当初の活動は、主にトゥルネン（体操）と陸上競技（走・跳）であり、シーズン制（夏は陸上競技、冬は体操）で行われていた。当時は、自前の体育館も競技場もなく、トゥルネン（体操）はレストランのホールで、陸上競技は家畜を放牧している草地で行われていた（写真12-1、12-2、12-3）。

　1934年には、初めて女性がメンバーに加わった。その後、1939年には戦争により一時活動が中断されるが、1946年に再び活動を開始した。1953年には、卓球に興味がある人たちが集まって小さなグループを結成し、レストランのホールだけでなく、農家の納屋でも活動を始めた。卓球部門は、翌年の1954年の

第 12 章　地方小規模集落におけるスポーツクラブ

写真 12-1　活動の場として使用されたレストラン[注3]

写真 12-2　トゥルンフェストに参加する女性
　　　　　メンバー[注3]（1938）

写真 12-3　活動の場となったレストランの
　　　　　ホール[注3]（1954）

春には最初の競技大会に出場するようになり、その後、「1970年代から80年代に卓球クラブでは活発な活動が展開され、様々な地方大会のあらゆる年齢・性別部門に参加選手を送り込むまでになっていた」（Ardag. E. & Burfeind. F.：2000, 209）。しかし、1990年代後半には卓球部門の規模は縮小している。

　1967年になると地域の基礎学校（小学校）に体育館が整備され、クラブの活動拠点として利用されるようになった。その結果、床運動やダンス、バレーボールをはじめとしたボールゲームなど活動内容が拡充された。「1967年の中央基礎学校（Mittelpunktschule）における体育館の建設は、新しいグループを誕生させるための前提条件となった。これにより、男性と女性のための体操チームが設立され、女性のダンスおよび体操グループ、学齢グループの器械体操と床運動のチームができた」（Ardag. E. & Burfeind. F.：2000, 215）と村史には記されている。その後も活動内容の拡充に伴い会員は増加し続け、1970年には約250名（当時の村の人口はおよそ900名）となった。

　スポーツクラブは、この後も順調に成長を続け、会員数、種目ともに増加し続けている。近年は、会員や地域住民のニーズに応える形で様々な活動を行っている。これらは、インラインスケートやノルディックウォーキングから高齢者のための健康運動体操まで多様である。また、その活動範囲は、トゥルネン

223

第3部　ドイツにおける本人主体の余暇支援とスポーツ

（体操）やスポーツだけでなく、旅行や料理教室など多岐にわたっている。

２）現在の活動

　スポーツクラブの会員は、2015年現在およそ800名である。近隣の村からの参加者も多く、村民全体（人口約945人）に占める会員の割合はおよそ６割程度（残りの４割の会員は近隣の市町村民）である。会員構成は、男性、女性ともにほぼすべての年代にわたっており、90歳代の会員が今も現役で活動している。会員組織は、会長、副会長、会計などからなっており、近年は女性役員も増えている。

　年会費は、表12-2 に示すとおり、複数のカテゴリーに分かれており、それぞれの活動スタイルに対応できるようになっている。スポーツクラブへの貢献を示すものとして、活動を休止したメンバーが会費を払い続けるケースもみられる。活動内容は、トゥルネン（体操）、陸上競技、卓球、バレーボールが中心であり、主な活動拠点である基礎学校（小学校）の体育館を利用した活動は、表12-3 に示したとおりである。

　クラインメッケルゼン村のスポーツクラブではサッカー、バスケットのような若い人たちに人気のある種目を準備していない。これらの種目に関しては、比較的規模の大きい近隣の市町村のスポーツクラブが提供している（競合しないようにしている）。その理由についてスポーツクラブの会長であるマグレット・コッゲマーテンス（Magret Kogge-Martens）氏は、「サッカーは指導者が有資格者のため経費がかかり、会費を高く設定する必要がある」と述べている。

表 12-2　年会費

会員カテゴリー	2008 年	2015 年
２歳までの乳幼児 （母親と合わせて）		12 ユーロ
６歳未満	9 ユーロ	12 ユーロ
18 歳未満	18 ユーロ	24 ユーロ
19 歳以上	24 ユーロ	30 ユーロ
夫婦	39 ユーロ	廃止
夫婦休会	30 ユーロ	
家族	48 ユーロ	60 ユーロ
休会		15 ユーロ

第 12 章　地方小規模集落におけるスポーツクラブ

表 12-3　基礎学校の体育館を利用したスポーツクラブの活動（2015）

曜日	活動時間	活動内容
月曜日	16：00 ～ 17：00	ハイハイグループ（乳児の活動）
	17：00 ～ 18：00	幼児のトゥルネン（体操）、ダンス、遊び（4 ～ 6 歳）
	18：00 ～ 19：00	ステップ・エアロビック
	19：15 ～ 20：30	50 代からの女性グループの運動
	20：30 ～ 21：30	優しいフィットネス / 運動機能体操
火曜日	15：00 ～ 16：00	イスを使った体操
	16：00 ～ 17：00	高齢者の体操
	17：00 ～ 18：00	背中（腰痛予防）の体操
	18：00 ～ 19：00	バレーボール 1．女子チーム
	19：00 ～ 20：00	背中（腰痛予防）の体操
	20：00 ～ 22：00	卓球クラブ（成人）
水曜日	14：00 ～ 15：00	背中（腰痛予防）の体操
	16：00 ～ 17：00	バレーボール（初心者の子ども）
	17：00 ～ 18：00	バレーボール（子ども）
	18：00 ～ 20：00	バレーボール（女性チーム）
	20：00 ～ 22：00	バレーボール（混合）
木曜日	15：30 ～ 16：30	親子トゥルネン（体操）教室（2 ～ 4 歳）
	17：00 ～ 18：00	スポーツ、遊び、楽しい活動（6 歳以上）
	18：30 ～ 19：30	ピラティスに重点を置いた運動
	19：30 ～ 20：30	グループ体操（40 代からの女性）
	20：30 ～ 22：00	運動、脊柱体操、プレイ（男性）
金曜日	16：00 ～ 17：00	青少年のための軽スポーツ運動
	17：00 ～ 18：00	ティーンエージャーのフィットネスとファンスポーツ
	18：15 ～ 20：00	卓球（初級段階）
	20：00 ～ 22：00	卓球（成人）
土曜日	10：30 ～ 11：30	ズンバダンスコース

5．スポーツクラブの公益性

1）クラブの枠を超えた多様な活動

スポーツクラブでは、トゥルネン（体操）やスポーツ活動だけでなく、様々

225

第3部　ドイツにおける本人主体の余暇支援とスポーツ

表12-4　主な年間行事（イベント）

時期	年間行事（イベント）
2月	子どものカーニバル
3月（2年ごと）	トゥルネン（体操）発表会
3月と9月	古紙回収
9月	ランタン行列（ランプやランタンをもって村内を練り歩く）
11月	ビンゴの夜（パーティー）

な活動を行っている。村史には、「長年にわたり、クラインメッケルゼンのTuSは多くのイベントを組織化してきた」（Ardag. E. & Burfeind. F. : 2000, 214）と記されており、会員相互の親睦を図るだけではなく、クラブの枠を超えてイベントを開催するとともに、古紙の回収や地域の美化運動なども積極的に行っている。主なイベントは表12-4のとおりである。また、1993年にはスポーツクラブの会員で男性バレエ団を結成し、村のイベント（結婚式や銀婚式など）に出演している。前会長のヘアマン・バッハマン（Herman Bachmann）氏は、「男性バレエ団は村民から親しまれ、引き合いが後を絶たない」と述べている。

2）地域間交流と地域プライドの醸成

　ドイツのスポーツクラブには、トゥルネン（体操）文化がその背景にあり、4年に一度、トゥルンフェスト（体操祭）という全国大会が行われている。この全国大会以外にも地方大会が開催されており、多くのスポーツクラブが参加している。クラインメッケルゼン村のスポーツクラブも当初から各種大会を通して、他地域との交流が盛んに行われていた。「地方大会や各種スポーツ大会は、毎年行われ、それぞれの地域がホスト役として持ち回りで大会を運営してきている。クラインメッケルゼン村においてもスポーツクラブがホストとなり、数多くの大会が開催されてきた」（バッハマン氏）。村史には「最初の大規模なトゥルネン（体操）・スポーツ大会は、1930年10月19日に開かれた。発表によれば上級3学年（※9年制ギムナジウム）の男性を対象に、100m走、砲丸投げ、高跳び、幅跳び、遠投投げ（Ballweitwurf）が行われた」（Ardag. E. & Burfeind. F. : 2000, 215）と記されている。これらの大会は、スポーツクラブがそれぞれのクラブのエンブレムを描いた旗を持って参加する伝統があり、大会での結果を含めて、地域プライドの醸成に繋がっている。

しかし、2009年にフランクフルトで開催されたトゥルンフェスト（体操祭）にクラインメッケルゼン村のスポーツクラブから参加したのはクラブの会長であるコッゲマーテンス氏のみであった。コッゲマーテンス氏は、「クラインメッケルゼンは、かつて大人数で大会に参加したこともあった。今よりもバレーボールが盛んだったころは、陸上競技の選手と合わせて、ハノーファーの大会に多くの会員が参加した。このような大会に参加することは、地域の凝集性やプライド形成にある程度の役割を果たしてきたが、キーパーソン（集団を引っ張る人）がいないとうまくいかない側面がある」と述べ、スポーツクラブの種目や運営に関わる人材が大会への参加者数に影響を与えていると指摘している。

また、「特にトゥルンフェスト（体操祭）の参加形態（学校の教室に宿泊）は、必ずしも快適とはいえず、最近の人々には（少なくともクラインメッケルゼンの会員には）あまり受け入れられていない。今も昔も家族単位での参加は多いが、ライフスタイルの変化などで変わりつつある。学校が休みの期間に行われるため、むしろ子どもたちが参加しづらい（家族旅行や休日前のテスト）。これまではすべての日程で申し込むスタイルだったので、柔軟性に欠けていた。このような状況を打破するために、前回のベルリン大会から前半、後半、すべてという３つのカテゴリーができるとともに、家族が楽しめるように工夫されている。近年は、12歳から15歳ぐらいの女性の参加者が増加している」とも述べており、ライフスタイルの変化とそれに伴う大会運営のあり方も参加者数に影響を与えていると指摘している。さらに、「大会の参加者数は、開催地によっても異なる」（コッゲマーテンス氏）と述べており、移動にかかる経費や大会の内容によっても参加者数に変動があることを指摘している。

会長自身が大会に参加する意味については、「これまでに７回参加している。今回は自分１人だけの参加となったが、様々なセミナーに参加し、最新の情報（全日制学校に対するクラブの対応といったセミナーもあり、会長もこのセミナーに参加した）を収集するとともに、新しい器具や用具を購入している」（コッゲマーテンス氏）と述べ、スポーツの大会としてだけではなく、クラブの運営や新しい用具などの情報を得ることの重要性を指摘している。

3）社会的統合

クラインメッケルゼン村では、第二次世界大戦後、ポーランドなどからの移民（主にドイツ系ポーランド人）が増加し、人口の半数を占めるようになった。

第3部　ドイツにおける本人主体の余暇支援とスポーツ

当時の状況について村長のハイコ・シュマイヒェル（Heiko Schmeichel）氏は、「私自身がドイツ系ポーランド人という背景を持っている。1947年まで父親がポーランドに住んでおり、その後、移民としてクラインメッケルゼン村に定住した。1960年には父親が土地を購入し、農業を営み始めた。第二次世界大戦後は、多くのポーランド人がクラインメッケルゼン村に移住し、450人程度だった人口が850人に膨れあがり、人口の半数近くが移民で構成されていた。1950年代には一部の移民が他の場所に移動したが、多くの人はそのまま村で暮らすようになった」（シュマイヒェル氏）と述べている。また、スポーツクラブの前会長であるバッハマン氏は、「クラインメッケルゼン村の1970年代の人口は、およそ900人で、そのうちの半数が移民的な背景を持っていた。当時のスポーツクラブの会員数は250名で、多くの移民的な背景を持つ人々が参加していた」と述べている。

　このような状況におけるスポーツクラブの役割について、シュマイヒェル氏は、「クラインメッケルゼン村では、村の青年団が地域住民の活動の核を形成している。これに加え、スポーツクラブ、民族衣装クラブ、オールドタイマークラブなどが地域住民の絆づくりに貢献している。ドイツ系ポーランド人は言語による壁がなく、村の様々な活動に参加することが容易であった」と述べている。近年の動向について会長のコッゲマーテンス氏は、「1990年代にも旧ユーゴスラビアからの移民が流入した時期があるが、スポーツクラブは、移民などの社会的統合に重要な役割を果たしてきた。現在もシリアとアフガニスタンからの難民（2世帯9名）が、クラインメッケルゼン村に移住しており、すでにスポーツクラブの会員登録をしている。しかし、子どもが小さいこともあり実際の活動には参加していない」と述べている。

　クラインメッケルゼン村においては、村の青年団を核にしながら、スポーツクラブや他の文化的な組織が重層的に機能し、移民や難民などの社会的統合に寄与していることがわかる。シュマイヒェル氏は、「クラインメッケルゼン村は、近隣の町村に比べ、このような文化的活動が充実している。特にスポーツクラブは、近隣の町村にあるクラブよりも内容が充実していて会費が安く[註4]、クラインメッケルゼン村を超えて地域に貢献している」と述べている。また、「15年前に民族衣装クラブへ積極的に子どもを参加させる取り組みを行った。現在、多くの子どもたちが民族衣装クラブに参加している。現在活動している子どもの中で最年少の子どもは3歳である。近隣の町村（ジッテンゼン）などでは、民族衣装クラブが存在するが実質的なメンバーはいない（紙の上だけの存在）」

第 12 章　地方小規模集落におけるスポーツクラブ

と述べ、文化的な活動を維持・継承するための取り組みも積極的に行っていることがわかる。

4）社会インフラの整備

　スポーツクラブでは、自分たちが活動するスポーツ環境（陸上競技用の走路、クラブハウスなど）を会員自らの力で積極的に整備してきた。前会長のバッハマン氏は、「1989年の初頭、クラインメッケルゼン村に住む数名の男性がテニスクラブの立ち上げを計画し、暫定的にスポーツクラブのテニス部門として設立された。このような活動内容の拡充により35名の新たな会員が加わった。活動の場であるテニスコートは、地主のヨハン・デッチェン（Johann Detjen）氏から基礎学校に隣接した土地を25年契約で借り受け、スポーツクラブの会員自らが建設した。建設費用は、郡と村が約4割を負担し、残りをメンバーが負担した（メンバーの積立金が建設費全体の5割）」と述べている。また、村史には、「計画の後、1989年10月に建設工事が開始され、1990年6月にはこれらはすで

写真 12-4　ジュニア陸上大会①

写真 12-5　2009年に開催されたジュニア陸上大会②

写真 12-6　現在（2016年）の陸上競技場（走路）

写真 12-7　現在（2016年）のクラブハウス

に完成していた」(Ardag. E. & Burfeind. F. : 2000, 219) と記述されている。

　1999年には、基礎学校（小学校）の校庭にビーチバレーボールのコートを建設し、2009年には、陸上競技場の整備（光電管の設置など）が行われた。特に陸上競技場の整備は、地方大会の誘致にも繋がり、地域活性化の資源としてスポーツクラブの会員以外にも多くの益をもたらしている（写真12-4～12-7）。

5）市民（地域住民）の社会参加の促進と女性の積極的関与

　クラインメッケルゼン村では、前述した「わが村は美しく」の受賞に関して、村民の協力体制が不可欠であった。特に、村の清掃や壁の塗り替えなどコンクールに向けて行われた活動の中心は女性や子どもたちの組織的な活動であった。女性の社会参画について、会長であるコッゲマーテンス氏は、「女性が特別なわけではない。基本的には男性も女性も関係なく、積極的に地域社会の活動に参画している。スポーツクラブにおいても、特に女性の参画（役員など）を意識しているわけではない」と述べている。しかし、クラブの歴史を振り返ると彼女自身が初の女性役員であり、彼女自身が「当初、女性は書記だけだったが、その後、役員や指導者として女性が参画するようになった。近年は、健康や美容に関わるプログラムが増え、会員そのものも女性が増加している」とも述べており、社会の変化に伴って女性のスポーツクラブへの関わりが変化し、女性の指導者や役員が増加するとともにクラブへの関わりもより積極的になってきたことがわかる（写真12-8、12-9）。

　また、現在、2歳から4歳児を対象とした「親子トゥルネン（体操）教室」

写真12-8　女性グループの活動[注3)]

写真12-9　シニアグループの活動[注3)]

第12章　地方小規模集落におけるスポーツクラブ

の指導者であるレジーナ・ピルスメイヤー（Regina Pils-Meyer）氏（10歳の男の子と6歳の女の子の母）は、「当初は、会員であったが、現在は指導者として関わっている。資格の取得に際してはクラブが250ユーロを支出してくれた。この教室の参加者は子育て世代のほぼ全員（約40名）であり、スポーツクラブの活動が母親のネットワーク構築に役立っている」と述べており、女性が新たなやりがいを得ること、女性（母親）同士の情報ネットワークを構築することに関して、スポーツクラブが一定の役割を担っていることがわかる。

6）クラブの運営課題

　クラブの最も大きな運営課題は、運営資金の確保である（コッゲマーテンス氏）。現在、会費収入の3分の1を納税しているが、収支のバランスを取るために3年前に会費を値上げした（表12-2）。二つ目の運営課題は、運営に関わる人材の確保である。近年は、役員の引き受け手が少なく、会長を含め、一部の役員の負担が大きい（コッゲマーテンス氏）。また、クラブでは指導者を会員のうち能力のある人がボランティアとして行い、専門性が必要な場合はクラブがお金を出して資格の取得を援助しているため、人材育成に関わる資金も必要となっている。近年は、地域住民の意識やライフスタイルが変化し、若い人は種目などの問題（空手をやりたいなど）から、都会ほどではないが民間スポーツクラブに行く人も増えた（コッゲマーテンス氏）。前会長バッハマン氏は、「以前から、会員歴25年以上で表彰を行っているが、早く辞める人が増えた」と指摘している。クラブ運営のあり方は、時代とともに変化してきており、近年は「運営資金の確保」「人材の育成・確保」が大きな課題となっている。

6．地域スポーツクラブのあり方

　近年、わが国においては、人口減少問題などを背景にスポーツを活用した「まちづくり」が注目され、各地域においてスポーツイベントなどが盛んに行われるようになってきている。しかし、これらの取り組みの中には「　過性」のものが多く、地域住民の「日常生活の質の向上」に貢献しているとは必ずしもいえない。「まちづくり」の本質は、地域住民の「くらしづくり」であり、日常の中で感じる「生活の質」の豊かさである。具体的には、芸術やスポーツに代表される文化の日常化であり、それらを次世代に引き継ぐシステムとしての学

第3部　ドイツにおける本人主体の余暇支援とスポーツ

びの場（学校やクラブ）の充実である。それらがなければ、仮に雇用が十分に存在していたとしてもその地域に「住みたい」と願う住民は増加しないであろう。

　クラインメッケルゼン村のスポーツクラブは、青年団や他の文化的な活動団体と重層的なネットワークを形成しながら、社会的統合（移民、難民、障害者[註5]）、市民の社会進出、女性の積極的関与、社会インフラ整備、納税などの公益性を発揮し、地域住民の生活課題の改善に重要な役割を担っていた。これらは、地域住民の生活の質を向上させるものであり、スポーツクラブが地域住民の「くらしづくり」に貢献していることがうかがわれた。

　一方、近年スポーツクラブは、運営資金の確保、人材の育成・確保など新たな課題にも直面しており、クラブ運営に関して様々な改革が求められている。また現在、クラインメッケルゼン村は、地域住民の「くらし」の充実を目指して学校改革（インクルーシブ教育の統合型基礎学校の整備）にも取り組んでいる。その結果、児童数が増加に転じるなど、新たな地域づくりへの模索が続けられている。

註
1）「1961年以来、農村の景観とアメニティを創出・保存する試みとして『わが村は美しくコンクール』が隔年に開催されている。これは、政府と農村開発企画委員会の共催による。審査の基準は公表され ①集落の緑のデザイン30ポイント、②集落の建築デザイン30ポイント、③村の景観構成15ポイント、④住民活動と相互扶助15ポイント、⑤全般的な集落の発展とデザイン10ポイントとなっている」（http://world.kakurezato.com/sakaino/rout.html）

2）「クラインメッケルゼン体操・スポーツクラブ」（TuS Klein Meckelsen）の歴史については、「障害児者の教育と余暇・スポーツ」（2012年，明石書店）に掲載された内容に加筆修正をした。

3）写真12-1、12-2、12-3、12-8、12-9 は、スポーツクラブの前会長であるヘアマン・バッハマン氏から提供を受けた。

4）ドイツにおいては「スポーツクラブの50％は、子どもの会費が月3ユーロ以下、青少年では3.6ユーロ以下、成人では6.5ユーロ以下である。また、スポーツクラブの61％は家族会員に特別な料金設定をしている。その中のスポーツクラブの50％は、家族会員の月会費を12ユーロ以下としている」（Breuer,C.，Haase,A.2007，316）。「クラインメッケルゼン体操・スポーツクラブ」（TuS Klein Meckelsen）の会費は、一般成人（19歳以上）の会費が「年」

30ユーロであり、非常に安価であることがわかる。

5）クラインメッケルゼン体操・スポーツクラブへの障害のある子どもの参加については、安井・千賀・山本（2012, pp.230-233）で、その内容について報告している。

文献資料

　文献調査は、クラインメッケルゼン村の村史が記述されている"Ardag. E. & Burfeind.F. (2000) Gemeinde Klein Meckelsen Dorfchronic; Eine geschichtliche Aufzeichnung von der Frühgeschichite bis zur Gegenwart."（クラインメッケルゼン村の実態：初期から現在までの歴史的記録）を対象とした。

付記

　インタビュー調査は、4期（2008年11月2日～11月12日、2009年5月22日～6月5日、2010年8月25日～9月5日、2016年2月28日～3月7日）にわたって実施された。本章は、2016年のインタビュー調査を中心に構成されており、クラインメッケルゼン村の当時の村長ハイコ・シュマイヒェル氏（Heiko Schmeichel: 1965年生まれ）、スポーツクラブの当時の会長マグリット・コッゲマーテンス氏（Magret Kogge-Martens: 1952年生まれ）および前会長ヘアマン・バッハマン氏（Herman Bachmann: 生年不明）、スポーツクラブの指導者レジーナ・ピルスメイヤー氏（Regina Pils-Meyer: 1971生まれ）を主な情報提供者としている。

　なお、情報提供者とは研究倫理に関わる取り決めを行い、実名掲載の許可を得た。

文献等

〈初出〉

　本書の初出は以下の通りである。出版にあたっては、それぞれの論文をもとにデータの補足と加筆をするとともに再構成を行った。

千賀愛・安井友康・山本理人（2019）ベルリン市州フレーミング基礎学校における内的分化とステーション型授業——インクルーシブ教育の実践、北海道教育大学紀要教育科学編、69(2)、95-109.【第１章、第２章】

安井友康・千賀愛・山本理人（2019）インクルーシブなスポーツ授業に向けたベルリン市州の新たな取り組み——2017-2018 の学習指導要領の改訂から、アダプテッド・スポーツ科学、17(1)、15-28.【第１章、第３章】

安井友康・千賀愛・山本理人（2018）ベルリン市州における盲学校と通常学校の余暇・スポーツを通した地域連携——ヨハン・アウグスト・ツォイネ盲学校とフレーミング基礎学校の実践事例から、北海道教育大学紀要教育科学編、68(2)、99-114.【第４章】

安井友康・千賀愛(2015)ドイツ・ニーダーザクセン州における特別支援学校のセンター的機能の拡大——インクルージョンの実践事例から、北海道教育大学紀要教育科学編、65(2)、55-71.【第５章】

山本理人・安井友康・千賀愛(2018)地域の多様なニーズに対応した学校づくりとスポーツ——ドイツ・ニーダーザクセン州ゼルジンゲン基礎学校の事例から、北海道教育大学紀要（教育科学編）、69(1)、321-330.【第６章】

安井友康・千賀愛・山本理人（2016）ドイツにおける学校と余暇・スポーツの連携——ニーダーザクセン州リンデン特別学校とローテンブルガー・ヴェルケの実践から、北海道教育大学紀要教育科学編、66(2)、37-53.【第７章】

山本理人・千賀愛・安井友康・宮田浩二（2013）ドイツで展開されている「森の幼稚園」における教師と子どもたちの関わり——「自己形成空間」という視点から、北海道教育大学紀要教育科学編、63(2)、57-72.【第８章】

安井友康（2018）ドイツにおける障害者のスポーツ——地域スポーツクラブをベースにしたインクルーシブな社会形成へ、発達障害研究、40(3)、196-204.【第10章】

山本理人・安井友康・千賀愛（2019）重度障害者の余暇活動に影響する要因——日本とドイツの旅行に関する事例研究から、北海道教育大学紀要人文科学・社会科学編、70(1)、111-119.【第11章】

山本理人・安井友康・千賀愛（2016）ドイツにおけるスポーツクラブの活動と地域に

おける公益性——ニーダーザクセン州クラインメッケルゼン村における TuS Klein Meckelsen の事例から、北海道教育大学紀要教育科学編、67(1)、425-439.【第12章】

なお、発達障害研究に掲載された「安井友康（2018）ドイツにおける障害者のスポーツ——地域スポーツクラブをベースにしたインクルーシブな社会形成へ」については、日本発達障害学会より転載の許諾を得た。

〈文献〉

赤堀三郎（2014）システム理論は社会学的でありうるか，東京女子大学社会学年報，第2号，31-42.

荒川智（1990）ドイツ障害児教育史研究：補助学校教育の確立と変容，亜紀書房.

Ardag, E. & Burfeind, F.（2000）Gemeinde Klein Meckelsen Dorfchronic: Eine geschichtliche Aufzeichnung von der Frühgeschichite bis zur Gegenwart.

ベルリン市学校統計（2017）Blickpunkt Schule Schuljahr 2016/2017.

ベルリン市学校統計（2018）Blickpunkt Schule Schuljahr 2017/2018.

ベルリン市学校統計（2019）Blickpunkt Schule. Tabellen- Allgemeinbildende Schulen 2018/2019.

ベルリン市職業学校統計（2019）Zahlen, Daten, Fakten: Ausgewählte Eckdaten Befufliche Schule 2018/2019.

ベルリン市特殊学校 http://www.sonderschulen-berlin.de（2018/9/25参照）

ベルリン教育法 http://www.schulgesetz-berlin.de（2016/10/12参照）

ベルリン市家族教育局 Senatsverwaltung für Bildung, Jugend und Familie https://www.berlin.de/sen/bjf/（2018/9/25参照）

ベルリン市州教育局（2018）学校心理士およびインクルーシブ教育相談支援センター（der Schulpsychologischen Beratungszentren）SIBUZ, Senatsverwaltung für Bildung, Jugend und Familie（2018）Schulpsychologie. https://www.berlin.de/sen/bildung/unterstuetzung/schulpsychologie/（2018/9/25/閲覧）

ベルリン市学習指導要領コンパクト版2017, Senatsverwaltung für Bildung, Jugend und Familie（2017）Rahmenlehrplan 1-10 kompakt Themen und Inhalte des Berliner Unterrichts im Überblick.

ベルリン市・ブランデンブルグ市学習指導要領：スポーツ編C部門1 10年生2017, Senatsverwaltung für Bildung, Jugend undFamile（2017）Rahmen- lehrplan Teil C Sport: Jahgangsstufen 1-10.

ベルリン市（2011）精神発達（Geistige Entwicklung）を中心に特殊教育学的な支援を必要とする児童生徒の学習指導要領 Rahmenplan：Eingangsstufe bis Oberstufe bzw. Jahrgangsstufe 1 bis Jahrgangsstufe 10 für Schülerinnen und Schüler mit dem sonderpädagogischen Förderschwerpunkt "Geistige Entwicklung".

ベルリン市・ブランデンブルグ市統計局（2018）人口・住民統計基本データ, Amt für Statistic Berlin-Brandenburg（2019）Einwohnerinnen und Einwohner im Land Berlin Grunddaten am 31. Dezember 2018, halbjährlich.

Berting-Hueneke, C. et al.（2016）Gartentherapie（3rd.ed）, Neue Reihe Ergotherapie, Deutscher Verband der Ergotherapeuten e.V.

Bracke, Julia（2001）Lernzirkel Sport 1: Erlebnisorientiertes Bewegung an an Stationen. Buch Verlag Kempen.

Bracke, Julia（2006）Lernzirkel Sport 4: Turnen lernen an Stationen. Buch Verlag Kempen.

Bracke, Julia（2011）Lernzirkel Sport 5: Ballspiele. Buch Verlag Kempen.

Breuer, C.（2007）Sportentwicklungsbericht 2005/2006 Analyse zur Situation der Sportvereine in Deutschland. Sportverlag: Köln.

Breuer, C. & Haase, A.（2007）Sportvereine in Deutschland. In C. Beruer（Hersg.）, Sportentwicklungsbereicht 2005/2006: Analyse zur Situation der Sportvereine in Deutschland（S.313-633）. Köln: Sportverlag Strauß.

Breuer, C.（Hersg.）（2009）Sportentwicklungsbereicht 2007/2008: Analyse zur Situation der Sportvereine in Deutschland. Bundesinstitut für Sportwissenschaft.

ブロイアー・クリストフ編著・黒須充監訳（2010）ドイツに学ぶスポーツクラブの発展と社会公益性, 創文企画.

ブロイアー・クリストフ編著・黒須充監訳（2014）ドイツに学ぶ地方自治体のスポーツ政策とクラブ, 創文企画.

Deutschen Behindertensportverbandes/National Paralympic Committee Germany（2009）Positionspapier. Des Deutschen Behindertensportverbandes（DBS）e.V. und Nationalen Paralympischen Komitees für Deutschland（NPC）. Deutschen Behindertensportverband（DBS）.

Deutschen Behindertensportverbandes/National Paralympic Committee Germany（Hrsg.）（2014）Index für Inklusion im und durch Sport. Ein Wegweiser zur Förderung der Vielfalt im organisierten Sport in Deutschland. Frechen: Selbstverlag. DBS/NPC.

Deutschen Behindertensportverbandes/National Paralympic Committee Germany（2016）Allgemeine Kaderkriterien des Deutschen Behindertensportverbandes e.V., DBS.

Deutschen Behindertensportverbandes/National Paralympic Committee Germany

（2017）DBS-Lehrgangsplan, 2018, DBS.

Deutschen Behindertensportverbandes/National Paralympic Committee Germany（2017）Strukturplan 2017-2020. Spitzensport im DBS. DBS.

Deutschen Behindertensportverbandes/National Paralympic Committee Germany（2017）Nahezu 43.000 gültige Lizenzen im DBS 2016. DOSB.

Deutschen Behindertensportverbandes/National Paralympic Committee Germany（2018）Stützpunktkonzept DBS 2.Fortschreibung 2017-2022. DBS.

Deutscher Olympischer Sport Bund（2009）Memorandum zum Schulsport beschlossen von DOSB, DSLV und dvs im September 2009. DOSB.

Deutscher Olympischer Sport Bund（2013）Strategie im Programm "Integration druch Sport" Integration druch Sport-Vielfalt verbinden!. DOSB.

Deutscher Olympischer Sport Bund（2014） DOSB 1 Integration und Sport –Ein Zukunftsfaktor von Sportvereinen und Gesellschaft. DOSB.

Deutscher Olympischer SportBund（2017）Jahrebuch des Sports 2017・2018. Schors.

Deutscher Olympischer SportBund（2018）Bestandserhebung 2017. DOSB.

Deutscher Olympischer SportBund（2019）Bestandserhebung 2018. DOSB.

Die Bundesregierung（2007）Der Nationale Integrationsplan: Neue Wege – Neue Chancen.

Doll-Tepper, G.（2016）The Paralympic Movement and the Olympics in Germany, パラリンピック研究会紀要. 5. 1-21.

ドルテッパー, グードルン・安井友康・山本理人・千賀愛（2017）地域スポーツに変革をもたらす牽引力としてのパラリンピックと日本の取り組みに向けて，アダプテッド・スポーツ科学, 15（1）, 87-96.

Fläming-Grundschule Berlin（2015）Schulprogramm.

福田靖（2006）森の幼稚園と環境教育のかかわり，VISIO, No.35, pp.83-88.

Grupe, O., Krüger, M.（1999）Einführung in die Sportpädagogik. Hofmann:Schorndorf.（永島惇正・岡出美則・市場俊之・有賀郁敏・越川茂樹共訳（2000）スポーツと教育　ドイツ・スポーツ教育学への誘い．ベースボールマガジン社）.

Grupe, O.（2000）Vom Sinn des Sports Kulturelle,pädagogische und ethische Aspekte. Hofmann: Schorndorf.（永島惇正・岡出美則　市場俊之・瀧澤文雄・有賀郁敏・越川茂樹共訳（2004）スポーツと人間［文化的・教育的・倫理的側面］世界思想社）.

Grupe,O.,Krüger,M.（1999）Einführung in die Sportpädagogik. Hofmann: Schorndorf.（永島惇正・岡出美則・市場俊之・有賀郁敏・越川茂樹共訳（2000）スポーツと教育——ドイツ・スポーツ教育学への誘い，ベースボールマガジン社）.

Heineman, K. Ed.（1999）Sport Clubs in Various European Countries. Verlag Karl

Hofmann.（川西正志・野川春夫監訳（2010）ヨーロッパ諸国のスポーツクラブ――異文化比較のためのスポーツ社会学，ドイツ，市村出版，103-120.）

Heubach, P.（2013）Inklusion im Sport: Schul-und Vereinssport im Fokus. disserta Verlag.

ヘフナー，ペーター著・佐藤笠訳（2009）ドイツの自然・森の幼稚園――就学前教育における正規の幼稚園の代替物，公人社.

Heyer, J.（2018）Supervision und Lehreberatung an der Fläming-Grundschule（フレーミング基礎学校のスーパーヴィジョンと教師相談），フレーミング基礎学校校内資料.

平井木綿子・大西一嘉（2015）ユニバーサルツーリズム推進に向けた取組状況の研究――行政，旅行代理店，利用者，NPO法人への調査を通じて，神戸大学大学院工学研究科・システム情報学研究科紀要，第7号，1-7.

Klippert, Heinz（2010）Heterogeniät im Klassenzimmer. Beltz Verlag.

井上寛（2010）障害者旅行の段階的発展,流通経済大学出版会.

観光庁観光産業課（2012）ユニバーサルツーリズムにおけるサービス提供に関する調査.

観光庁観光産業課（2018）ユニバーサルツーリズムの促進に関する検討業務.

川上泰彦（2004）教員人事システムの定着過程――県立学校と教育委員会の人事交流を題材に,東京大学大学院教育学研究科紀要, 44, 371 – 377.

川上泰彦（2013）公立学校の教員人事システム,学術出版会.

木戸裕（2009）現代ドイツ教育の課題――教育格差の現状を中心に，レファレンス，59（8），5-29.

KMK（2014）Schüler Klassen, Lehrer und Absolventen Der Schulen 2004 bis 2013, Statistische Veröffentlichungen Der Kultusministerkonferenz, Dokumentation Nr.206- Januar 2014.

KMK（2015）Ganztagschule in Deutschland, Bericht der Kultusministerkonferenz vom 03.12.2015.

KMK（2016）Schüler Klassen, Lehrer und Absolventen Der Schulen 2006 bis 2015, Statistische Veröffentlichungen Der Kultusministerkonferenz, Dokumentation Nr.211- Januar 2016.

KMK（2019a）Schüler Klassen, Lehrer und Absolventen Der Schulen 2008 bis 2017, Statistische Veröffentlichungen der Kultusministerkonferenz, Dokumentation Nr.217- Janar 2019.

KMK（2019b）Aufgaben der Kultusministerkonferenz（https://www.kmk.org/kmk/aufgaben.html：2019年6月3日閲覧）

小嶋一（2011）日本におけるバリントグループの展開,日本プライマリ・ケア連合学会誌,

34（2），167-170.

近藤尚也・安井友康（2014）重度肢体不自由者のスポーツ参加と「見るスポーツ」，北海道教育大学紀要（教育科学編），65（1），403-412.

窪島務（1998）ドイツにおける障害児の統合教育の展開，文理閣.

窪島務（2016）ドイツにおけるインクルーシブ教育の展開，ヨーロッパのインクルーシブ教育と福祉の課題，黒田学編，クリエイツかもがわ，14-28.

Lanig, Jonas（2013）Inklusion in der Praxis Deutsch inklusive.Verlag an der Ruhr.

松浦孝明（2017）：障害児の通常の学級での体育学習における合理的配慮に関する調査研究，アダプテッド・スポーツ科学，15（1），69-80.

水野映子（2012）要介護者の旅行を阻害する要因――介護者を対象とする意識調査から，ライフデザインレポート，第一生命経済研究所，16-27.

文部科学省（2013）諸外国の教育行財政――7か国と日本の比較――アメリカ・イギリス・フランス・ドイツ・フィンランド・中国・韓国・日本、ジアース教育新社.

森川洋（2005）ドイツ市町村の地域改革と現状，古今書院.

Müller, Bernd（2001）Ball – Grundschule. borgmann publisching.

内閣府（2014）人口減少化の経済成長：ドイツの事例を中心に（成長・発展に関する補足資料②）

成田十次郎（1977）近代ドイツ　スポーツ史Ⅰ　学校・社会体育の成立過程，不昧堂.

成田十次郎（1991）近代ドイツ　スポーツ史Ⅱ　社会・学校体操制度の成立，不昧堂.

成田十次郎（2002）近代ドイツ　スポーツ史Ⅲ　ドイツ体操連盟の発展，不昧堂.

Naujokat J.（2015）Sport und Bewegungsangebote für sehbehinderte und blinde Menschen in Berlin, Übersicht zum Sehbehindertentag 2015 unter dem Motto "Fit auch mit Sehbehinderung".

Niedersächsisches Kultusministerium（2011）Übersicht über das niedersächsische Schulwesen, allgemein bildende Schulen.

Niedersächsisches Kultusministerium（2013）Informationen zum Sonderpädagogischen Unterstützungsbedarf.

Niedersächsisches Kultusministerium（2014）Unser Schulwesen in Nidersachsen.

野川春夫（2018）1章（1）生涯スポーツの歴史と定義，生涯スポーツ実践論（改訂4版），川西正志・野川春夫編著，市村出版，1-4.

OECD（2013）Programme for International Student Assessment（PISA）Result from PISA 2012.（http://www.oecd.org/pisa/keyfindings/PISA 2012 results-germany.pdf 2019/9/10参照）

Paradies, Liane & Linser, Hans Jürgen（2010）Differenzieren im Unterricht. Cornelsen.

Reiter, R., Stahl B., Wendland-Park, J.（Hrsg.）（2011）Geschichte und Geschichten der Weg der Rotenburger Werke der Inneren Mission von 1945 ins 21.Jahrhundert, ABW・Wissenschaftsverlag.

Reuschel, Karina（2015）Springen im iklusiven Sportunterricht: Höher, weiter und ....? Inklusiver Sportunterricht in Theorie und Praxis.Heinz Aschebrock & Rolf-Peter Pack（Hrsg.）, Meyer & Meyer Verlag.

Rotenburger Werke（2009）100 Jahre Lindenschule, Rotenburger Werke.

笹川スポーツ財団（2011）ドイツ. スポーツ政策調査研究報告書, 笹川スポーツ財団. 61-97.

Senatsverwaltung für Bildung, Jugend und Familie（2018a）Zahlen, Daten, Fakten. Ausgewählte Eckdaten Allgemein bildende Schulen. 2018/2019.

Senatsverwaltung für Bildung, Jugend und Familie（2018b）Zahlen, Daten, Fakten. Ausgewählte Eckdaten Berufliche Schulen. 2018/2019.

坂野慎二（2017）ドイツの幼稚園教諭・保育士養成政策に関する研究——養成の高度化・専門化に着目して, 玉川大学教育学部紀要, 16, 1-23.

佐藤晴雄（2017）コミュニティ・スクールの成果と展望　スクール・ガバナンスとソーシャル・キャピタルとしての役割, ミネルヴァ書房.

千賀愛・安井友康（2008）ドイツ・ニーダーザクセン州特別支援学校における発達障害児の支援——ヤーヌシュ・コルチャック特別支援学校におけるセンター的役割と移行支援を中心に, 北海道特別支援教育研究, 2（1）, 45-57.

千賀愛・安井友康・山本理人（2019）ベルリン市フレーミング基礎学校における内的分化とステーション型授業——インクルーシブ教育の実践, 北海道教育大学紀要（教育科学編）, 69（2）, 95-109.

スリフカ, アンネ（Sliwka, Anne）（2014）均質性重視から多様性重視へと変わるドイツの教育, 多様性を拓く教師教育, OECD教育研究革新センター編・斎藤里美監訳, 明石書店, 263-278.

社会福祉法人全日本手をつなぐ育成会（2013）知的障害者を含む世帯における地域生活のハイリスク要因に関する調査, 平成24年度障害者総合福祉推進事業, 報告書.

Statistische Veröffentlichungen der Kultusministerkonferenz（2019）Schüler, Klassen, Lehrer und Absolventen der Schulen 2008 bis 2017, Dok.Nr.217.

高田憲治（2001）自然と触れあう環境づくりの実践と課題——その１子どもとつくる"森の幼稚園"の取り組み, 日本保育学会大会論文集（54）, 342-343.

髙橋勝（1997）子どもの自己形成空間, 川島書店.

Weinert, S.（2016）100 Jahre Fuest Donnersmarck-Stifung 1916-2016, Fuest Donnersmarck-Stifung, pp.84-87, 236-240.

山口泰雄（2018）（1）ヨーロッパの生涯スポーツ. 川西正志・野川春夫編著, 生涯スポーツ実践論（改訂4版）. 市村出版, 16-18.

山本理人・安井友康・千賀愛（2016）ドイツにおけるスポーツクラブの活動と地域における公益性——ニーダーザクセン州クラインメッケルゼン村における TuS Klein Meckelsen の事例から，北海道教育大学紀要（教育科学編），67（1），425-439.

安井友康（1997）ドイツの公的介護保険と障害者福祉——その現状と課題，北海道教育大学紀要第1部（C），47（2），127-134.

安井友康（1998）障害者の余暇活動支援システムに関する研究——ドイツ・ベルリン市におけるスポーツ身体活動プログラムを通して，北海道教育大学紀要第1部（C），48（2），93-101.

安井友康（2008）ドイツ・ベルリン市州における障害者の地域スポーツ活動，障害者スポーツ科学，6（1），40-50, 2008.

安井友康・千賀愛・山本理人（2009）ドイツ・ベルリン市州のインクルーシブ・スポーツ授業——フレーミング基礎学校の取り組みから，障害者スポーツ科学，7（1），93-106.

安井友康・千賀愛・山本理人（2011）リンデン特別支援学校の教育実践と分教室による共同教育——ニーダーザクセン州ローテンブルク地域の調査から，北海道教育大学紀要（教育科学編），61（2），61-76.

安井友康・千賀愛・山本理人（2012）障害児者の教育と余暇・スポーツ——ドイツの実践に学ぶインクルージョンと地域形成，明石書店.

安井友康・千賀愛・山本理人（2009）ベルリン市州のインクルーシブ・スポーツ授業——フレーミング基礎学校の取り組みから，障害者スポーツ科学，7（1），93-106.

安井友康・千賀愛（2015）ドイツ・ニーダーザクセン州における特別支援学校のセンター的機能の拡大——インクルージョンの実践事例から，北海道教育大学紀要（教育科学編），65（2），55－71.

安井友康・千賀愛・山本理人（2016）ドイツにおける学校と余暇・スポーツの連携——ニーダーザクセン州リンデン特殊学校とローテンブルガーヴェルケの実践から，北海道教育大学紀要（教育科学編），66（2），37-53.

安井友康・千賀愛・山本理人（2018）ベルリン市州における盲学校と通常学校の余暇・スポーツを通した地域連携——ヨハン・アウグスト・ツォイネ盲学校とフレーミング基礎学校の実践事例から，北海道教育大学紀要（教育科学編），68（2），99 114.

吉田成章（2013）第4章 学校の終日制化で変わる子どもの学習と生活，PISA後の教育をどうとらえるか——ドイツをとおしてみる，久田敏彦監修・ドイツ教授学研究会編，八千代出版.

吉田茂孝（2013）インクルーシブ教育からみたスタンダード化の問題，PISA後の教育をどうみるか——ドイツをとおしてみる，久田敏彦監修，八千代出版, 161-179.

吉田茂孝（2018）ドイツのインクルーシブ教育における教授学の構造——ゲオルグ・

フォイザー(Georg Feuser)論の検討を中心に，インクルーシブ授業の国際比較研究，湯浅恭正・新井英靖編，福村出版.

吉中康子・今村悟（2003）ドイツ体操祭，晃洋書房.

楊　川（2016）人事システムが教員のキャリアに与える影響に関する事例研究，九州国際大学教養研究，23（2），17-37.

湯浅恭正・新井英靖編（2018）インクルーシブ授業の国際比較研究，福村出版.

渡邉眞衣子（2013）第3章　子どもとともに創る授業――ドイツにおけるプロジェクト授業の展開．PISA後の教育をどうみるか　ドイツをとおしてみる．久田敏彦監修，八千代出版，83-110.

渡邊満・カール　ノイマン編著（2010）日本とドイツの教師教育改革――未来のための教師をどう育てるか，東信堂.

【関連Webページ】

ベルリン市・ブランデンブルク市学習指導要領
　https://www.berlin.de/sen/bildung/unterricht/faecher-rahmenlehrplaene/
　rahmenlehrplaene/　（2019/6/12閲覧）

ベルリン市・ブランデンブルク市統計局
　https://www.statistik-berlin-brandenburg.de/Statistiken/statistik_SB.asp?Ptyp=7
　00&Sageb=12041&creg=BBB　（2019/6/12閲覧）

文部大臣会議（KMK）統計データ関連
　https://www.kmk.org/dokumentation-statistik/statistik.html　（2019/6/12閲覧）

フレーミング基礎学校
　http://www.flaeming-grundschule.de/　（2019/6/12閲覧）

ニーダーザクセン州教育省
　http://www.mk.niedersachsen.de/startseite/　（2019/9/24閲覧）

索　引

あ行

アスリート支援　186
アダプテッド体育　3, 198
移民　2, 11, 12, 14, 19, 21, 25, 26, 110, 111, 115, 123,
　　　168, 183, 187, 202, 219, 228, 232
医療保険　190, 193, 203, 204
インクルーシブ教育　10-12, 14-16, 25, 26, 28, 30-34,
　　　43, 45, 66, 68, 75, 76, 84, 85, 88-90, 107-109,
　　　127, 167, 168, 172, 175, 179, 183, 232
インクルーシブスポーツ　187, 203
インクルーシブ体育　63
インクルーシブなスポーツ授業　64, 65, 77, 122
インクルージョン　3, 243
インテグレーション　12, 26
インラインスケート　48, 69, 70-72, 223
ウェイブボード　48, 52, 55, 57
ウェルカム学級　10, 11, 14, 15, 69
運動遊び　48, 72, 73, 76-78, 136, 137, 139-141
運動障害　100, 140, 193, 200, 201, 205
演劇　21, 123, 145, 183, 207
オーバーシューレ（中等学校）　112
オリンピック　84, 118, 134, 187-191, 195-198, 203
音楽　12, 21, 22, 58, 59, 72, 73, 80, 82, 136-138, 145,
　　　181, 183

か行

外国人　14, 15, 23
外的分化　32, 93, 94, 109
学習指導要領　2, 3, 10, 12, 14, 15, 18-25, 39, 43-45,
　　　47, 48, 52, 63, 64, 71, 73, 90, 152, 153
学習障害　91, 93, 94, 100, 101, 114
学習遅滞　14, 19, 18, 95, 103
学級規模　14, 18, 108, 181
学級編制　93, 94
学校心理士　16
カリキュラム　19-21, 23, 25, 118, 139, 144
ヤーンバウム　195-198
基幹学校　12, 14, 18, 19, 22, 23, 25, 32, 89, 100, 179,
　　　180-182
基礎学校　2, 4, 10, 12, 14, 15, 17, 18, 21-24, 26, 28,
　　　31, 32, 36, 39, 44, 48, 51, 52, 67, 69, 71, 73,
　　　75, 89, 93, 94, 99, 100, 102, 103, 108, 110,
　　　114, 118, 124, 134, 167-170, 177, 181, 202,
　　　221, 223, 224, 229

義務教育　15, 18, 21, 24, 39
ギムナジウム　12, 14, 17-19, 21-24, 25, 32, 55, 69, 89,
　　　100, 179-182, 226
キャスターボード　55, 57, 62
キャリア形成　3, 167-169
教育課程　24, 35, 47, 64, 71, 103, 182
教育システム　22, 84, 88, 89, 107, 108
教育的配慮　93
教育法　10, 16
教科教育　47, 182
競技スポーツ　186-188, 192-195, 203
共同授業　27, 69
クライミング　48, 53, 77, 79, 144, 146
クラインメッケルゼン村　218-222, 224, 226-230, 232
クラブハウス　229
クルーズ　206, 210-213, 216, 217
車椅子　33, 36, 48, 69, 70-72, 80, 115, 130, 134-137,
　　　144-146, 169, 197, 198, 200, 201, 206-213
車椅子バスケットボール　48, 194, 195, 200-202
芸術　12, 25, 43, 44, 123, 183, 206, 232
ＫＭＫ（常設各州文部大臣会議）　10-13, 15
言語障害　18, 93, 94, 101, 103, 114, 171, 176, 178
言語発達遅滞　91, 100
行為能力　47, 49, 51, 64
公益性　203, 218-220, 225, 232
校内支援体制　32, 34, 43
コーディネーション　48, 119, 121, 122, 137, 140
個別学習　38, 43, 104
個別課題　89
個別指導　33
コミュニティ・スクール　111, 114, 126
コンピテンス　15, 43, 46, 47, 50, 51, 55

さ行

サッカー　106, 123, 124, 137, 169, 173, 174, 183, 191,
　　　201, 224
算数　21, 22, 38, 43, 145
視覚障害　66, 68, 74-76, 82-85
時間割　94, 118
自己形成空間　149-151, 164, 165
自己決定　127, 128, 143, 144, 146, 147
肢体不自由児　129, 205
肢体不自由者　136, 205, 206, 208, 210, 211
実科学校　12, 14, 18, 22, 23, 25, 32, 89, 169, 179-182,
　　　200

自閉症　18, 33, 35, 51
弱視　18, 68-71, 73, 75, 76, 79
就学前教育　13, 68, 164
就労支援　147, 246
シュタイナー学校　23
巡回指導　74-76, 84, 90, 94, 101, 102, 107, 168
巡回相談　66
障害者スポーツ　142, 186, 188, 193-195, 202, 203
障害者の権利条約　88, 90, 99-101, 107, 127-129, 143,
　　　　147, 168, 175, 187, 189, 203
障害のある子ども　2, 11, 16, 17, 24, 26-28, 32, 38,
　　　　44, 55, 63, 64, 95, 99, 103, 107-109, 111, 114,
　　　　122, 129, 155, 167, 169, 170
小学校（→基礎学校参照）　10, 12, 18, 64, 150
小規模集落　218
情緒障害　18, 103
乗馬　66, 68, 77, 79-84
職業学校　13, 15, 18, 25, 69, 100, 118, 128
初等教育　13, 64, 128, 181
身体活動　205, 208
身体感覚　53
身体障害　18, 128
心理－運動　72, 85, 122, 136, 137
水泳　48, 80, 82-84, 118, 137, 141, 174, 178, 195
数学　21, 22, 51, 90, 97, 98, 123, 179, 181, 183
図工　21, 22, 26, 38-41, 43, 44
ステーション／ステーション型　32, 45, 58-62, 64,
　　　　65, 90, 92, 94, 108
スポーツ活動　11, 12, 27, 53, 82-84, 110, 116-118,
　　　　124, 146, 164, 174, 183, 186, 190, 191, 202,
　　　　203, 221, 225
スポーツクラブ　2, 3, 66, 68, 79, 80, 84, 85, 114, 118,
　　　　122, 123, 127-129, 134, 138, 141-143, 146,
　　　　147, 174, 186, 187-193, 200, 202-204, 219,
　　　　229, 223-229, 233
スポーツ支援　3, 122, 141, 147, 186, 197
スポーツ授業　19, 21, 38, 45-65, 66-73, 76, 79, 80, 84,
　　　　115, 118, 119, 122, 127, 129, 130, 134, 136,
　　　　146, 147, 246
スラックライン　33, 48, 53, 144, 146
生活支援　82, 147, 169, 205, 208
成績　12, 19, 22, 69, 95-99, 118, 119, 134, 170, 174,
　　　　181, 182, 198
セカンドキャリア　195, 202
セルジンゲン基礎学校　91, 102, 108-116, 123-126
前期中等教育　64, 100, 181
センター的機能　14, 88, 107, 168
全日制学校　3, 11, 25, 27, 43, 66, 110, 111, 117, 123,
　　　　125, 126, 182, 183, 211, 227

総合型地域スポーツクラブ　187, 192, 218
総合制学校（統合型 IGS/ 共同型 KGS）　12, 14, 23,
　　　　66, 89, 112, 167, 168, 176, 179, 180-183
ソーシャルワーカー　31, 114, 116, 211
卒業資格　12, 18, 19, 22-25, 51, 55, 95, 100, 181, 182

た行

体育　25, 64, 65, 203
ダウン症　35, 39, 41, 51, 114, 130, 143
卓球　82, 83, 131, 137, 195, 221-225
単元　33, 36, 38, 43, 45, 52, 58, 61, 65, 70, 134
ダンス　36, 48, 49, 80, 82-84, 137, 145, 147, 223, 225
地域格差　187
地域スポーツ　2, 10, 186, 187, 202, 203, 246
地域スポーツクラブ　66, 80, 84, 123, 130, 136, 141,
　　　　186, 187, 192, 200, 202, 218, 231
知的障害　14, 18, 19, 24, 25, 36, 38, 45, 68, 95, 100,
　　　　103, 112, 122, 128, 130, 140, 143, 144, 169-
　　　　171, 193, 194, 200, 201
中等学校　12, 17, 18, 69, 112, 180, 182
中等教育　12, 13, 18, 22, 24, 55, 64, 89, 141, 179, 181
聴覚障害　21, 69, 100, 103-105, 188
テニス　191, 221
ドイツオリンピックスポーツ連盟（DOSB）　84,
　　　　188-191, 203
ドイツ語　2, 10-19, 21, 22, 26, 27, 32, 33, 36, 38, 43,
　　　　51, 96, 97, 104, 116, 123, 124, 168, 173, 181,
　　　　182, 242
ドイツ語支援　11, 12, 25, 38
ドイツ語手話　21
ドイツ障害者スポーツ連盟（DBS）　188-193, 203
トゥルネン（体操）　45, 48, 51-55, 77, 78, 130, 195,
　　　　222-224, 226
特殊学校　2, 10, 12-14, 16, 18, 24, 25, 35, 127-129,
　　　　134-136, 168-170
特殊教育　31, 38, 88, 89, 91, 93, 171
特別支援学級　68
特別支援学校　2, 14, 18-19, 23, 30, 35, 45, 68, 74, 80,
　　　　84, 85, 88-96, 99-103, 107-109, 114, 115, 167-
　　　　172, 175, 176, 179
ドナースマーク　205, 206, 208, 210, 211
トランポリン　33, 53, 72-74, 130-135

な行

内的分化　26, 32, 33, 35, 36, 38, 58, 65, 93
ナショナルトレーニングセンター　195-197
難民　2, 3, 11, 12, 14, 15, 21, 25, 26, 110, 111, 115-

索 引

117, 123, 125, 126, 182, 183, 187, 218, 219, 228, 232

ニーダーザクセン州　2, 10, 11, 13, 14, 88-91, 95, 103, 107, 110, 114, 118, 127-129, 147, 149, 151, 153, 167, 168, 170, 179, 180, 182, 218-220

は行

パートタイム就労　15
バイエルン州　220
バスケットボール　52, 120, 174
発達障害　24, 51, 64, 75, 91, 100, 107, 122
パフォーマンス　49, 64
パラリンピック　195-198, 203
バリアフリー旅行　210-215
バレーボール　48, 174, 195, 221, 223-225, 227, 230
ハンブルク　122-124
ビーチバレーボール　230
美術　21, 22, 39, 82, 123, 181, 183
フィットネス　50, 51, 137, 174, 225
福祉施設　100, 205
ブランデンブルグ州　18
フレーミング基礎学校　2, 4, 26-30, 32-34, 39, 43, 45, 51, 52, 63-65, 68, 74-76
ブレーメン　111-124
ブレーメン大学　179
プロジェクト学習　11, 164
分教室　129, 180, 181
ヘムスリンゲン基礎学校　134-136
ベルリン　3, 10, 17-19, 23, 152, 168, 205, 206
ベルリン自由大学　4, 211
保育／保育士　44, 152, 154, 169
ボール運動　49, 119, 137, 139-141, 201
保護者　11, 16, 26, 32, 34, 43, 76, 89, 97, 98, 101, 112, 114, 116, 134, 136, 152-154, 166, 167, 174, 175, 179
補助教師／補助教員　27, 28, 30, 32, 33, 35, 37-39, 42, 43, 58, 59, 65, 70, 71, 75-77, 80, 92, 130, 152, 169, 170

ま行

まちづくり　110, 111, 124-126, 216, 231
メディア教育　19, 20
メンタルケア　26, 29, 30, 32, 43
盲学校　66, 68, 72, 74, 75, 76, 77, 80, 82, 84, 85
木工　145

やらわ行

ヤーヌシュ・コルチャック特別支援学校　90-92, 94, 100, 102, 103, 107, 108, 112, 171, 173, 174
ユニホッケー　201
幼稚園　149-155, 157, 164-166
余暇　10, 66, 68, 82, 84, 85, 127, 128, 141, 143, 144, 147, 174, 183, 206, 208
　　―活動　82, 145, 147, 205, 206, 208, 210, 212
　　―支援　2, 11, 183, 205, 206
　　―支援センター　205
読み書き困難　16
陸上競技　70, 141, 195, 222, 224, 227, 229
リハビリテーション　85, 174, 190, 192, 194
リハビリテーションスポーツ　186, 188, 190-194, 202, 204
リハビリテーションスポーツ指導者　136, 191-194, 200
留年　22, 181
旅行　82, 156, 210-213, 216, 224
旅行センター　205, 206, 211, 212
リンデン学校／特殊学校　4, 14, 127-129, 134-136, 144
ローテンブルガー・ヴェルケ　127, 128, 143
ローテンブルク市／群　112, 114, 115, 127-129, 141, 147, 148, 220, 222

欧文索引

ADHD　35, 91, 100
DBS　188-194, 203
DOSB　84, 187-190
DSLV　84
dvs　84
IGS　89, 112, 176
KMK　10-15, 67, 88
LSB　189-191
OECD　90
PISA　11, 90
Psychomotorik　72, 85

245

おわりに

　本書は、国連の障害者権利条約批准（2009）以降、インクルーシブな社会への移行が進むドイツのベルリン市州とニーダーザクセン州の教育と余暇・スポーツに関する取り組みについて、特に2012年以降の動向に焦点をあてて検討したものである。

　本書の執筆にあたっては、おもに千賀が教育制度や学校教育に関する実践とドイツ語の資料の分析を、安井が障害者のスポーツ授業と地域の余暇・スポーツ活動を、山本が地域スポーツの取り組みに関する部分を担当した。ただし相互に議論を重ねたうえで筆を入れるという作業を繰り返しながら書き進めたものであり厳密な意味での担当区分はない。

　ドイツでは、もともと障害児者の統合を意味したインテグラツィオーン（インテグレーション・統合）については、移民・難民の社会的統合を、障害児者についてはインクルージオン（インクルージョン・包括）を使うことが示されるようになってきている。このように社会の急激な変革が求められるなか、教育的、社会的ニーズのある人々に対する教育とともにその居場所づくりについて喫緊の課題として対応が迫られている。まさに手探りの試行錯誤の取り組みが進む中で、従来の教育学的知見の蓄積をもとにした新しい取り組みが進められようとしている。

　本書では実際に学校や地域の現場で起こっていること、その取り組みについてできる限りリアルな形でお伝えすることを念頭に執筆を進めたが、課題の多様さや複雑さもあり十分伝えきれなかった部分が多い。特に中等教育段階の取り組みと就労支援について、資料の整理が進まずに紹介しきれなかったのは、今後の課題である。

付記

　本書のもととなった調査については、2014-2017年度日本学術振興会科学研究費補助金「ドイツにおける障害児者の余暇とアダプテッド・スポーツ：移行支援を中心に」（基盤研究B．課題番号6301027）の補助を受けた。

執筆担当

第1章　千賀 愛、安井友康
第2章　千賀 愛、安井友康
第3章　安井友康、山本理人、千賀 愛
第4章　安井友康、千賀 愛、山本理人
第5章　千賀 愛、安井友康、山本理人
第6章　山本理人、安井友康、千賀 愛
第7章　安井友康、山本理人、千賀 愛
第8章　山本理人、千賀 愛
第9章　千賀 愛、安井友康、山本理人
第10章　安井友康、山本理人、千賀 愛
第11章　安井友康、山本理人、千賀 愛
第12章　山本理人、千賀 愛、安井友康

【著者略歴】

安井友康（やすい・ともやす）

北海道教育大学札幌校教授、横浜国立大学大学院教育学研究科修了。ドイツ・ベルリン自由大学客員研究員（1996）、客員教授（2005）。日本アダプテッド体育・スポーツ学会会長（2005 ～ 2012）、アジア障害者体育スポーツ学会（ASAPE）会長（2012 ～ 2014）、国際アダプテッド身体活動連盟（国際障害者体育・スポーツ学会 IFAPA）アジア地区代表役員（2009 ～ 2011、2012 ～）、日本障害者スポーツ協会技術委員（2011 ～ 2017）など。

主な著書は、『身体意識』（編著、コレール社、1988）、『障害児者の教育と福祉』（分担執筆、福村出版、2001）、『障害児教育用語事典』（分担執筆、川島書店、2002）、『アダプテッドスポーツの科学』（分担執筆、市村出版、2004）、『事例で学ぶ障害者福祉』（編著、保育出版、2008）、『障害児者の教育と余暇・スポーツ──ドイツの実践に学ぶインクルージョンと地域形成』（共著、明石書店、2012）、『教養としてのアダプテッド体育・スポーツ学』（分担執筆、大修館書店、2018）ほか。

千賀　愛（せんが・あい）

北海道教育大学札幌校准教授、東京学芸大学大学院連合学校教育研究科修了、博士（教育学）。

主な著書は、『インクルージョン時代の障害理解と生涯発達支援』（分担執筆、日本科学社、2007）、『デューイ教育学と特別な教育的配慮のパラダイム』（単著、風間書房、2009）、『障害児者の教育と余暇・スポーツ──ドイツの実践に学ぶインクルージョンと地域形成』（共著、明石書店、2012）、『新しい特別支援教育のかたち──インクルーシブ教育の実現に向けて』（分担執筆、培風館、2016）ほか。

山本理人（やまもと・りひと）

北海道教育大学岩見沢校教授、東京学芸大学大学院教育学研究科修了。日本体育学会体育社会学専門領域評議員（2017 ～ 2019）、日本体育科教育学会理事（2019 ～）北海道体育学会副会長（2018 ～）。公益財団法人日本体育協会（現日本スポーツ協会）地域スポーツクラブ育成委員会中央企画班員（2013 ～ 2015）、公益財団法人北海道スポーツ協会評議員、普及・生涯スポーツ委員会委員など。

主な著書は、『生涯学習生活とスポーツ指導』（分担執筆、北樹出版、2000 年）、『スポーツプロモーション論』（分担執筆、明和出版、2006 年）、『ジグソーパズルで考える総合型地域スポーツクラブ』（分担執筆、大修館書店、2002 年）、『障害児者の教育と余暇・スポーツ──ドイツの実践に学ぶインクルージョンと地域形成』（共著、明石書店、2012）、『中学校・高校の体育授業づくり入門』（編著、学文社、2015 年）、『教科教育学シリーズ⑥　体育科教育』（分担執筆、一藝社、2016 年）、『スポーツと君たち』（分担執筆、大修館書店、2019 年）ほか。

ドイツのインクルーシブ教育と障害児者の余暇・スポーツ
移民・難民を含む多様性に対する学校と地域の挑戦

2019 年 11 月 15 日　初版第 1 刷発行

著　者　安　井　友　康
　　　　千　賀　　　愛
　　　　山　本　理　人
発行者　大　江　道　雅
発行所　株式会社 明石書店
　　　　〒 101-0021　東京都千代田区外神田 6-9-5
　　　　電　話　03（5818）1171
　　　　ＦＡＸ　03（5818）1174
　　　　振　替　00100-7-24505
　　　　http://www.akashi.co.jp

装　　丁　明石書店デザイン室
印刷・製本　モリモト印刷株式会社

（定価はカバーに表示してあります）　　　　ISBN978-4-7503-4928-2

[JCOPY] 〈出版者著作権管理機構 委託出版物〉
本書の無断複製は著作権法上での例外を除き禁じられています。複製される
場合は、そのつど事前に、出版者著作権管理機構（電話 03-5244-5088、FAX
03-5244-5089、e-mail: info@jcopy.or.jp）の許諾を得てください。

障害児者の
教育と余暇・スポーツ
ドイツの実践に学ぶインクルージョンと地域形成

安井友康、千賀愛、山本理人 [著]

◎A5判／並製／256頁　◎2,700円

障害者の生活や就労を支えるのは、地域における豊かな余暇・スポーツ環境だった。首都ベルリンとニーダーザクセンをフィールドに学校教育とスポーツ授業、地域への移行支援における障害者の余暇・スポーツ参加の現状を、現地取材を元に豊富な資料と写真とあわせ紹介。

《内容構成》

第1部　ベルリンのインクルーシブ教育と余暇・スポーツ

第1章　首都ベルリンの教育システムと地域特性
第2章　移民・貧困地区におけるヴェッディング基礎学校の実践
第3章　フレーミング基礎学校のインクルーシブ教育
第4章　フレーミング基礎学校のスポーツ活動
第5章　ベルリンにおける障害者の地域スポーツ活動
第6章　ベルリンにおける地域スポーツの実践86
第7章　ドナースマークの生活・就労支援と余暇実践

第2部　地方・小規模地域の教育と余暇・スポーツ支援──ニーダーザクセン州から

第8章　ニーダーザクセン州の教育システムと地域特性
第9章　リンデン特別支援学校の実践と共同教育
第10章　リンデン学校のスポーツ授業
第11章　ローテンブルガー・ヴェルケの余暇・スポーツ支援
第12章　ヤーヌシュ・コルチャック特別支援学校の教育
第13章　特別支援学校と職業学校の就労移行支援
第14章　移行期におけるスポーツの支援
第15章　クラインメッケルゼン村の地域スポーツ活動
終　章　ドイツにおける障害児者の教育と余暇・スポーツ

《価格は本体価格です》

身体性コンピテンスと未来の子どもの育ち
未来の子どもの育ち支援のために人間科学の越境と連携実践③
澤江幸則、木塚朝博、中込四郎編著
筑波大学「未来の子ども育与」プロジェクト企画
◎2400円

障害理解のための医学・生理学
シリーズ障害科学の展開4
筑波大学障害科学系責任編集
宮本信也、竹田一則編著
◎6000円

障害理解のための心理学
シリーズ障害科学の展開5
筑波大学障害科学系責任編集
長崎勤、前川久男編著
◎4800円

生活支援の障害福祉学
シリーズ障害科学の展開3
筑波大学障害科学系責任編集
奥野英子、結城俊哉編著
◎4200円

障がいの重い子どもと係わり合う教育
実践事例から読みとく特別支援教育Ⅰ
障がいの重い子どもの事例研究刊行会編
◎3800円

障がいの重い子どもと係わり合う教育
実践事例から読みとく特別支援教育Ⅱ
障がいの重い子どもの事例研究刊行会編
◎3800円

障碍児心理学ものがたり 小さな秩序系の記録 Ⅰ
中野尚彦著
◎2500円

障碍児心理学ものがたり 小さな秩序系の記録 Ⅱ
中野尚彦著
◎3200円

聴覚障害児の学習と指導 発達と心理学的基礎
ハリー・クノールス、マーク・マーシャーク編
四日市章、鄭仁豪、澤隆史、松下淑、坂本幸編訳
◎3000円

聴覚障害児の読み書き能力を育てる 家庭でできる実践ガイド
デイヴィド・A・スチュワート、ブライアン・R・クラーク著
松下淑、坂本幸訳
◎2500円

学力・リテラシーを伸ばす ろう、難聴児教育 エビデンスに基づいた教育実践
パトリシア・エリザベス・スペンサー、マーク・マーシャーク著
松下淑、坂本幸訳
◎3800円

20世紀ロシアの挑戦 盲ろう児教育の歴史 事例研究にみる障害児教育の成立と発展
タチヤナ・アレクサンドロヴナ・バシロワ著
広瀬信雄訳
明石ライブラリー 163
◎3800円

ダウン症をめぐる政治 誰もが排除されない社会へ向けて
キーロン・スミス著
臼井陽一郎監訳 結城俊哉訳者代表
◎2200円

障害者権利擁護運動事典
フレッド・ペルカ著
中村満紀男、二文字理明、岡田英己子監訳
◎9200円

障害児教育の歴史
[オンデマンド版] 中村満紀男、荒川智編著
◎3000円

日本障害児教育史【戦前編】
中村満紀男編著
◎17000円

〈価格は本体価格です〉

希望の対話的リカバリー 心に生きづらさをもつ人たちの蘇生法
ダニエル・フィッシャー著　松田博幸訳
◎3500円

精神に障害のある人々の政策への参画
当事者委員が実践するアドボカシー
松本真由美著
◎3200円

「社会モデル」による新たな障害者介助制度の構築
障害者のエンパワメントを実現するために
橋本眞奈美著
◎4800円

地域に帰る　知的障害者と脱施設化
カナダにおける州立施設トランキルの閉鎖過程
ジョン・ロード、シェリル・ハーン著　鈴木良訳
◎2700円

精神科病院長期入院患者の地域生活移行プロセス
作られた「長期入院」から退院意思協同形成へ
杉原努著
◎3200円

教室の困っている発達障害をもつ子どもの理解と認知的アプローチ
非行少年の支援から学ぶ学校支援
宮口幸治著
◎1800円

家庭や地域における発達障害のある子のポジティブ行動支援PTR-F
子どもの問題行動を改善する家族支援ガイド
グレン・ダンラップほか著　神山努、庭山和貴監訳
◎2800円

親と教師が今日からできる特別なニーズをもつ子どもの身辺自立から問題行動への対処まで　家庭・社会生活のためのABA指導プログラム
ブルース・L・ベイカー、アラン・J・ブライトマン著　井上雅彦監訳
◎2400円

Q&A　家族のための自閉症ガイドブック
専門医による診断・特性理解・支援の相談室
服部陵子著
◎2000円

発達障害白書　2020年版
日本発達障害連盟編
◎3000円

乳幼児　育ちが気になる子どもを支える
心の発達支援シリーズ1
永田雅子、松本真理子監修　野邑健二編著
◎2000円

幼稚園・保育園児　集団生活で気になる子どもを支える
心の発達支援シリーズ2
野邑健二、永田雅子、松本真理子監修　野邑健二編著
◎2000円

小学生　学習が気になる子どもを支える
心の発達支援シリーズ3
野邑健二、永田雅子、松本真理子監修　福元理英編著
◎2000円

小学生・中学生　情緒と自己理解の育ちを支える
心の発達支援シリーズ4
松本真理子、永田雅子、野邑健二監修　松本真理子、永田雅子編著
◎2000円

中学生・高校生　学習・行動が気になる生徒を支える
心の発達支援シリーズ5
松本真理子、永田雅子、野邑健二監修　酒井貴庸編著
◎2000円

大学生　大学生活の適応が気になる学生を支える
心の発達支援シリーズ6
松本真理子、永田雅子、野邑健二監修　安田道子、鈴木健一編著
◎2000円

〈価格は本体価格です〉